"十二五"职业教育国家规划教材修订版

国家级精品资源共享课配套教材修订版

高等职业教育市场营销类 **新专业教学标准** 配套规划教材

市场调查与分析

Shichang Diaocha yu Fenxi

（第二版）

主　编　宋文光
副主编　侯　瑾　李　松　刘若汀

高等教育出版社·北京

内容简介

本书是"十二五"职业教育国家规划教材修订版,也是国家级精品资源共享课"市场调查与分析"配套教材修订版。

在市场经济活动中,市场调查已经成为企业进行市场经营活动的前提和基础,是企业开展营销策划活动、获取市场信息的有效信息工具。本书从市场调查人员必备的基础知识入手,系统讲解了市场调查前准备工作、市场调查方案的设计、调查问卷的设计、抽样调查的技术、调查资料采集的方法、市场调查的组织实施、调查数据的整理与分析、市场发展趋势的预测和市场调查报告的撰写九个项目的内容。

本书按照市场调查工作的流程及岗位能力素质的实际需要修订编写项目内容,第二版的结构编排体例新颖、内容丰富、载体多样,便于自主学习,符合新形态教材校企合作、双元开发的最新思路。

本书可作为高等职业院校、应用型本科、成人院校经济类、管理类、统计类等相关专业的基础教材,也可作为各类企业的管理人员、市场调研人员的培训用书。

本书配有PPT、习题答案、视频等配套资源。本书使用者可通过访问国家精品开放课程共享平台(爱课程网,http://www.icourses.cn)上的资源共享课"市场调查与分析"在线学习相关资源,亦可按照"郑重声明"页的资源服务提示获取其他资源服务。

图书在版编目(CIP)数据

市场调查与分析 / 宋文光主编 . -- 2版 . -- 北京:高等教育出版社,2019.11
ISBN 978-7-04-053196-1

Ⅰ.①市… Ⅱ.①宋… Ⅲ.①市场调查-高等职业教育-教材②市场分析-高等职业教育-教材 Ⅳ.①F713.52

中国版本图书馆CIP数据核字(2019)第275455号

市场调查与分析(第二版)
SHICHANG DIAOCHA YU FENXI

| 策划编辑 | 贾若曦 | 责任编辑 | 贾若曦 | 封面设计 | 张雨微 | 版式设计 | 张 杰 |
| 插图绘制 | 于 博 | 责任校对 | 刘丽娴 | 责任印制 | 刁 毅 | | |

出版发行	高等教育出版社	网 址	http://www.hep.edu.cn
社 址	北京市西城区德外大街4号		http://www.hep.com.cn
邮政编码	100120	网上订购	http://www.hepmall.com.cn
印 刷	天津嘉恒印务有限公司		http://www.hepmall.com
开 本	787mm×1092mm 1/16		http://www.hepmall.cn
印 张	14.75	版 次	2015年1月第1版
字 数	290千字		2019年11月第2版
购书热线	010-58581118	印 次	2019年11月第1次印刷
咨询电话	400-810-0598	定 价	42.00元

本书如有缺页、倒页、脱页等质量问题,请到所购图书销售部门联系调换
版权所有 侵权必究
物 料 号 53196-00

iCourse · 数字课程

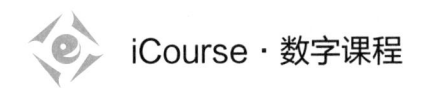

市场调查与分析　主编　宋文光

立体化教学资源

爱课程网络学习资源

课程网址：http://www.icourses.cn/coursestatic/course_3482.html
课程资源：学习手册　教学课件　电子教材　任务工单　常见问题　文献资料　名词术语　习题作业

主编简介

　　宋文光，女，教授，北京市工业职业技术学院电子商务与新媒体营销专业带头人，北京市教学名师，北京市高层次创新创业人才支持计划领军人才。在长期的教学中，注重将真实项目引入课堂教学，创造性地提出了"导、做、学、训、行"的课程教学模式，促使学生的基础知识学习、课程实训与行业岗位实践有机结合；负责的"统计学基础"和"市场调查与分析"两门课程均被评为国家级精品资源共享课。

　　近年来，在全国中文核心期刊等刊物发表专业论文三十多篇；主编三部"十二五"职业教育国家规划教材；作为主讲老师参加教师信息化教学设计大赛，荣获国家一等奖与二等奖各一项，北京市一等奖两项；作为主研人完成国家级教学成果一等奖一项，主持完成北京市教学成果一等奖一项，二等奖两项。

第二版前言

教材是课程改革的重要载体和教学资源,对于提高高职教育人才培养质量发挥着不可或缺的重要作用。《市场调查与分析》(第二版)是在第一版的基础上修订完善而成的。为做好本书的修订工作,编者团队进行了广泛的调查研究,充分吸收并借鉴了多方人员的意见:一是听取高职院校专业教师与学习者的建议,更新部分内容和案例,增强了知识趣味性和时代感,使教师更容易教,学生更愿意学;二是融入用人单位对人才的要求和诉求,使教材更加贴合实际,符合最新市场营销类专业教学标准、课程标准的需要。

作为国家精品资源开放课程配套教材的修订版,本书编写原则是:教学中实现"教、学、做"合一,促进学生知识、能力、素质的协调发展。基于此,本书具有如下特点:

1. 框架清晰,结构完整

本书强调以工作过程为导向、项目引导、任务驱动的新理念,打破传统的教材编写模式和方法,建立了以工作过程(项目)为导向,用任务进行驱动,以行动(工作)体系为框架的现代课程教材体系。

2. 体例新颖,内容丰富

本书采用了项目教学的体例格式,按照统计工作过程的程序和方法设计教学内容,将市场调查知识的讲授融入到实际工作情景与案例中。每个项目都有明确的知识目标、技能目标;有与项目内容相匹配的立体化教学资源提示、知识导图、案例引入、案例解读、知识链接、同步案例、课堂能力训练、同步训练、综合实训等丰富的内容和栏目。

3. 载体多样,自主学习

本书力求尽可能地贴近实际及高职学生的特点,按照学习和理解知识的规律来安排教材的结构、层次和内容,为增加学生自主学习,帮助学生掌握学习方法、交互使用教学资源,在教材中穿插了"旁引(旁注)",及时引导学生结合课程网站相关内容,通过互动学习提高自主学习能力。

本书由北京工业职业技术学院宋文光教授任主编，负责拟定全书的编写大纲、框架设计以及最后的统稿工作；由北京工业职业技术学院侯瑾、李松，正大集团中国区电子商务部助理副总裁刘若汀任副主编；北京工业职业技术学院张婷婷、王丽也参加了教材的编写；北京昌平职业学校于芳、纪晓远亦参加了本书部分案例编写工作。本书各项目编写的具体分工如下：宋文光（项目五）；侯瑾（项目一、项目二、）；李松（项目四、项目八）；刘若汀（项目九）；张婷婷（项目七）；王丽（项目三、项目六）。

本书是国家精品资源开放课程"市场调查与分析"的配套教材，因而以课程教学为依托为广大教师与学生可提供包括课程标准、教师手册、学生手册、电子教案、教学课件、教学录像、综合训练题库、学生实践指南等完备、立体化的辅助教学资源，为学生的自主学习和教师的教学组织实施奠定了坚实的基础。

本书在编写过程中，参阅采撷了大量国内外同类教材和专家学者的研究成果，恕不能一一列出，在此谨向各位作者致谢！同时，在本书编写过程中，我们得到了正大集团中国区农牧食品企业等相关企业专业人员及专家学者的指导和大力帮助，在此一并致以由衷的感谢！

尽管我们在本书的编写中致力于探索高职高专院校工学结合的人才培养模式并以此来设计教材内容，但是限于编者的水平和能力，本书还有许多不成熟的地方，恳请同行及读者批评指正。

编　者

2019 年 8 月

第一版前言

教材是课程改革的重要载体和教学资源，对提高高职教育人才培养质量发挥着不可或缺的重要作用。近几年，在我国高职教育教学改革与发展过程中，理念的更新和人才培养模式的转变推动了专业和课程的建设，人们积极探索基于工作过程导向、项目引导、任务驱动等的教材设计和创新。我们基于长期的高职教学实践，顺应高职课程改革的潮流，以市场调查工作过程为导向，重组传统的市场调查与分析课程的内容体系，按照市场调查工作的流程及岗位能力素质的实际需要编写项目内容。全书的结构编排、内容及形式新颖，符合国家关于高职教材开发的最新思路。

作为国家级精品资源共享课立项项目"市场调查与分析"的配套教材，我们联合校外市场调查咨询公司及行业专家共同开发本教材，其编写原则是：教学中实现"教、学、做"合一，促进学生知识、能力、素质的协调发展。基于此，本教材具有如下特点：

1. 框架清晰，结构完整。强调工作过程导向、项目引导、任务驱动新理念，打破传统的教材编写模式和方法，建立了以工作过程（项目）为导向，用任务进行驱动，以行动（工作）体系为框架的现代课程教材体系。

2. 体例新颖，内容丰富。本教材采用了项目教学的体例格式，按照统计工作过程的程序和方法设计教学内容，将市场调查知识的讲授融入实际工作情景与案例之中。每个项目都有明确的知识点、技能点；有与项目内容相匹配的知识导图、案例引入、同步案例、课堂能力训练、职业资格与技能同步训练、综合实训等。

3. 载体多样，自主学习。本教材力求贴近工作实际及高职学生的特点，按照学习和理解知识的规律来安排书中的结构、层次和内容。为增加学生自主学习，帮助学生掌握学习方法、交互使用教学资源，在教材边白处做了资源标注，及时引导学生结合爱课程网站相关内容，通过互动学习提高自主学习能力。

本教材由北京工业职业技术学院宋文光教授任主编，负责拟定全书的编写大纲、框架设计以及最后的统稿工作；由北京工业职业技术学院侯瑾、张婷婷任副主编；北京工业职业技术学院杨文忠、李晓纯、陈翠翠、何灵、何方、李松，北京商智通信息技术有限公司技术总监匡晓波参加了本书的编写工作。参与本教材各项目编写的具体分工为：宋文光、李松（项目五、项目九）；侯瑾（项目一、项目二）；宋文光、陈翠翠（项目三）；张婷婷、匡晓波（项目四、项目七）；李晓纯、何灵（项目六）；杨文忠、何方（项目八）。

本教材既是"十二五"职业教育国家规划教材，又是国家级精品资源共享课立项项目"市场调查与分析"的配套教材，以课程教学为依托为广大教师与学生提供包括课程标准、教师手册、学生手册、电子教案、教学课件、教学录像、综合训练等完备、立体化的辅助教学资源，为学生的自主学习和教师的教学组织实施奠定坚实的基础。

本教材在编写过程中，参阅采撷了大量国内外同类教材和专家学者的研究成果，恕不能一一列出，在此谨向各位作者致谢！同时，在本书编写过程中，我们得到了北京海兰信数据科技股份有限公司技术总监马建国、相关企业专业人员及专家学者的指导和大力帮助，在此一并致以由衷的感谢！

尽管我们在本教材的编写中，致力于探索高职高专院校工学结合的人才培养模式并以此来设计教材内容，但是限于编者的水平和能力，书中还有许多不成熟的地方，恳请同行及读者批评指正。

编　者
二〇一四年十月

目 录

项目一 市场调查前准备工作 / 001
案例引入 / 002
1.1 市场调查的含义、特点与作用认知 / 003
1.2 市场调查的类型和内容 / 005
1.3 市场调查的基本流程 / 009
1.4 市场调查机构 / 012
同步案例 / 015
课堂能力训练 / 016
职业资格与技能同步训练 / 017
综合实训 / 018

项目二 市场调查方案的设计 / 019
案例引入 / 020
2.1 市场调查方案认知 / 021
2.2 市场调查方案的制定 / 025
同步案例 / 028
课堂能力训练 / 029
职业资格与技能同步训练 / 031
综合实训 / 033

项目三 调查问卷的设计 / 035
案例引入 / 036
3.1 调查问卷设计认知 / 037
3.2 调查问卷问题的设计 / 044
3.3 制作问卷和综合评估 / 050
同步案例 / 054
课堂能力训练 / 057
职业资格与技能同步训练 / 060
综合实训 / 062

项目四 抽样调查的技术 / 063
案例引入 / 064
4.1 抽样调查技术认知 / 065
4.2 抽样调查方案设计的程序 / 067
4.3 抽样调查的方法 / 071
同步案例 / 081
课堂能力训练 / 082
职业资格与技能同步训练 / 083
综合实训 / 085

项目五　调查资料采集的方法 / 087

案例引入 / 088

5.1　文案调查法 / 089

5.2　实地调查法——访问法 / 092

5.3　实地调查法——观察法 / 098

5.4　实地调查法——实验法 / 100

5.5　网络调查法 / 101

同步案例 / 104

课堂能力训练 / 105

职业资格与技能同步训练 / 106

综合实训 / 107

项目六　市场调查的组织实施 / 111

案例引入 / 112

6.1　组建调查队伍 / 113

6.2　对调查员的培训 / 115

6.3　管理控制市场调查 / 118

同步案例 / 120

课堂能力训练 / 122

职业资格与技能同步训练 / 123

综合实训 / 124

项目七　调查数据的整理与分析 / 127

案例引入 / 128

7.1　认知资料的整理 / 129

7.2　确认市场调查资料 / 131

7.3　市场调查资料的编码和汇总 / 134

7.4　市场调查资料展示 / 138

7.5　市场调查资料分析 / 144

同步案例 / 146

课堂能力训练 / 149

职业资格与技能同步训练 / 151

综合实训 / 152

项目八　市场发展趋势的预测 / 155

案例引入 / 156

8.1　市场调查预测认知 / 157

8.2　经验判断分析法 / 165

8.3　时间序列分析法 / 173

8.4　回归分析法 / 180

同步案例 / 187

课堂能力训练 / 189

职业资格与技能同步训练 / 191

综合实训 / 193

项目九　市场调查报告的撰写 / 195

案例引入 / 196

9.1　市场调查报告认知 / 197

9.2　市场调查报告的内容和格式 / 200

9.3　市场调查报告的写作技巧 / 205

9.4　市场调查结果的沟通 / 208

同步案例 / 209

课堂能力训练 / 215

职业资格与技能同步训练 / 219

综合实训 / 220

参考文献 / 223

项目一
市场调查前准备工作

本项目知识点

- 市场调查的含义、特点及作用
- 市场调查的类型和内容
- 市场调查的基本流程
- 市场调查机构的类型

本项目技能点

- 掌握市场调查的基本流程
- 培养对调查方案进行可行性分析研究的能力
- 能解释说明市场基本环境调查的主体内容

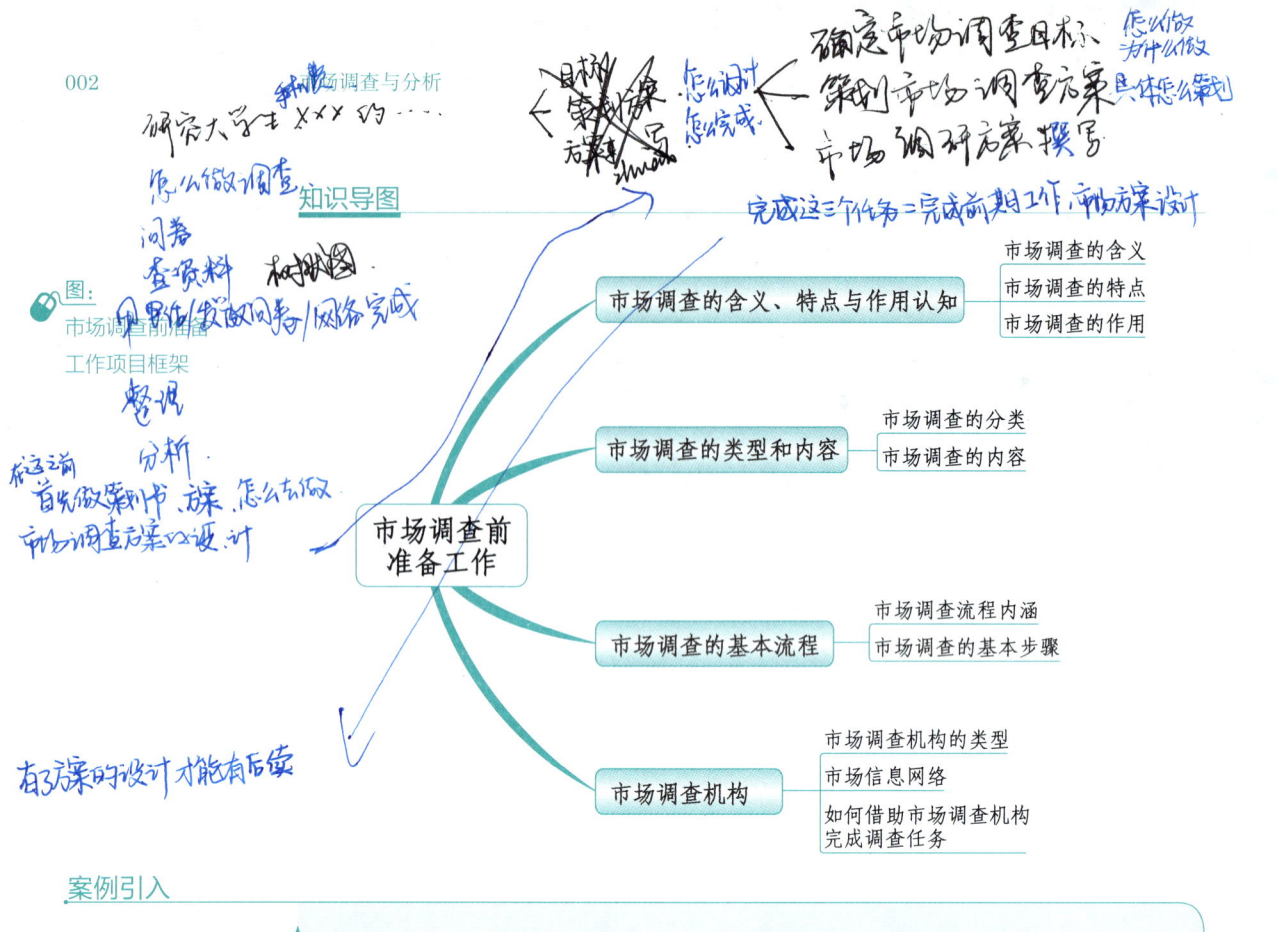

知识导图

- 图：市场调查前期工作项目框架

```
市场调查前准备工作
├── 市场调查的含义、特点与作用认知
│   ├── 市场调查的含义
│   ├── 市场调查的特点
│   └── 市场调查的作用
├── 市场调查的类型和内容
│   ├── 市场调查的分类
│   └── 市场调查的内容
├── 市场调查的基本流程
│   ├── 市场调查流程内涵
│   └── 市场调查的基本步骤
└── 市场调查机构
    ├── 市场调查机构的类型
    ├── 市场信息网络
    └── 如何借助市场调查机构完成调查任务
```

案例引入

案例引入： 市场调查的重要性

卡夫公司推出 Easy Mac 方便通心粉

当卡夫（Kraft）公司推出新的产品系列 Easy Mac 方便通心粉时，其管理层普遍认为这将是一次成功的尝试。毕竟这种新产品是该品牌的拓展，而卡夫通心粉和奶酪曾经风靡一时，在整个美国食品文化中占有重要地位，在美国家庭中，这两个词的使用率仅次于"妈妈"和"苹果饼"。Easy Mac 作为该品牌的微波专用产品，在速度和便捷方面满足了消费者的需求。但自 Easy Mac 投放市场以来，并没有达到预期效果——占有 5% 的市场份额，实际份额只是该数字的一半。品牌管理人员大伤脑筋，他们确信 Easy Mac 是一种优良产品，因为它在微波炉中仍然能保留其原有味道。那么到底是什么原因抑制了该产品的销售呢？

管理人员对 2 000 多名消费者进行了调查，结果显示人们曾经关注过 Easy Mac，但对该产品的感觉要比期望差一些，所以尽管有些人留意过 Easy Mac，但是却没有购买。这揭示出人们对 Easy Mac 的口味和质量还持怀疑态度。该发现令品牌管理人员极度震惊，他们曾经认为卡富通心粉和奶酪的品牌效应一定能保证消费者相信 Easy Mac 的质量和口味。

此外，卡夫公司管理人员在研究了市场调查结果后，发现在那些品尝过 Easy Mac 的顾客中存在很大差异，高达 55% 的食用者说该产品口味不错，而只有 20% 的人认为不佳。管理人员由此得出结论，出现问题的原因不是产品本身，而是在于和消费者如何沟通。

> 一系列的调查显示，母亲们喜欢 Easy Mac 是因为年纪大一点的孩子可以自己做来吃。Easy Mac 可以培养孩子的自立意识，由此减轻了母亲家庭劳务的负担。鉴于此，卡夫公司决定修改其广告方案，重点不再是快捷方便，而是集中在"年纪大的孩子可以自己动手做"。广告播出之后的调查显示，卡夫 Easy Mac 在品牌和广告知名度方面都有提升，消费量上涨 30%，成为卡夫通心粉和奶酪拓展业务中最成功的产品。
>
> 可见，在促使 Easy Mac 成功的诸多因素中，市场调查发挥了最重要的作用。
>
> 资料来源：张宇．市场调查与预测［M］．北京：机械工业出版社，2016.

1.1 市场调查的含义、特点与作用认知

本节重点和难点：市场调查的特点及

1.1.1 市场调查的含义

市场调查（Market Research）是以提高营销效益为目的，有计划地收集、整理和分析市场的信息资料，为解决问题提出建议的一种科学方法。市场调查也是一种以顾客为中心的研究活动。

市场是企业经营的起点，是商品流通的桥梁。竞争不仅表现在价格上，而且更多地转向开发新产品、提高产品质量、提供完备的服务、改进促销方式和完善销售渠道等方面。此外，随着人民生活水平的提高，消费心理也在变化，企业产品不仅要满足消费者的量感，更要满足消费者的质感。哪个企业信息掌握得迅速、准确、可靠，产品更新换代快，生产计划安排得当，适销对路，哪个企业才能在竞争中取胜。因此，企业不得不投入人力、物力进行专门的市场调查。

1.1.2 市场调查的特点

市场调查具有五大主要特点，各有不同表现，其比较如表 1-1 所示。

表 1-1　市场调查的特点

特点	表现
系统性	市场调查从对研究问题的确认到提出研究报告以及事后的追踪反馈，是一个完整的过程。市场调查这一过程包括编制调查计划、设计调查、抽取样本、访问、收集资料、整理资料、分析资料和撰写分析报告等，各种活动和各个阶段互相联系、互相依存、互相影响，共同组成了市场调查的有机系统
目的性	市场调查是个人或组织的一种有目的的活动。它是个人或组织为解决管理问题，进行管理决策提供信息而开展的活动。任何一种调查都应有明确的目的，并围绕目的进行具体的调查，提高预测和决策的科学性。市场调查本身不是目的，为决策提供信息才是市场调查的最终目的
经济性	市场调查同其他营销决策一样，也有投入产出问题，即需要比较企业的信息需求与成本。为此，企业要事先确定哪些项目需要调查、哪种方案可以采用、哪些资料需要实地收集、哪种调查方法更加有效，为此在调查中用尽可能少的花费完成预期的目标。企业在做调查经费预算时，还要考虑以下几个问题：第一，企业已收集了哪些资料；第二，企业要进行调查的信息数量是多少；第三，企业是委托调查还是自行调查
科学性	市场调查强调的是方法适应问题，而并非问题适应方法。为解决某一问题，调查者可以采用多种方法收集信息。市场调查的方法有很多，如实地观察、问卷访问、现场实验、随机抽样、计算机处理、预测模型分析等。企业只有采用科学的方法，才能保证调查的真实性，才能保证调查结果正确可靠。需要说明的是，任何一种调查方法都有其局限性，企业同时采用几种方法收集信息或采用几种方法对资料进行分析验证，可以使调查结论更具说服力，可以提高市场调研的价值
不确定性	市场调查由于会受到多种因素的影响，使结果常常具有不确定，特别是在消费品调查中，消费者的心理状态、价值观念及消费者偏好的变化等因素，均会影响到调查的结果。由于调查工作本身的问题，如调查问卷过于简单、调查样本太少、调查人员缺乏训练等，也会影响到调查结果的准确性。因此，对于决策者来说，市场调查不是万能的，它只是决策的必要条件，而非充分条件，它只能作为决策的参考依据，而不能代替企业决策

1.1.3　市场调查的作用

市场调查的作用主要体现在以下几个方面：

1. 市场调查是企业营销活动的开始，又贯穿其全过程

企业的营销活动是从市场调查开始的，通过市场调查识别和确定市场机会，制定营销计划，选择目标市场，设计营销组合，对营销计划的执行情况进行监控和信息反馈。在这一过程中，企业的每一步都离不开市场调查，都需要市场调查为决策提供支持和帮助。需要强调的是市场调查对企业的决策还有检验和修正作用。

2. 市场调查是企业战略决策的基础

企业的决策有三种类型，一是战略决策。指对较长期的，关系到企业长远发展的问题的决策，如投资方向的选择、营销策略；二是战术决策，指对短期内出现的、并非重复发生的问题所做的决策。如企业对竞争者提高价格的反应、促销资金的使用等；三是常规决策，指对短期内经常重复发生的问题的决策，如订货数量、营业时间长短等。

3. 市场调查有利于企业满足目标顾客的要求

随着市场经济的发展，消费者需求的变化越来越快。产品的生命周期日趋渐短，市场竞争更加激烈。企业通过市场调查，可以发现市场中未被满足或未被充分满足的需求，确定本企业的目标市场。同时，可以根据消费者需求的变化特点，开发和生产适销对路的产品，并采取有效的营销策略和手段，将产品及时送到消费者手中，满足目标顾客的需要。

4. 市场调查有利于提高企业的竞争能力

通过市场调查，企业可以了解市场营销环境的变化，可以及时调整自己的产品、价格、渠道、促销和服务策略。与竞争对手开展差异化的竞争，逐渐树立自己的竞争优势。同时，企业还可以通过收集竞争对手的情报，了解竞争对手的优势和弱点，然后扬长避短，有的放矢地开展针对性营销，从而增强企业的竞争能力。

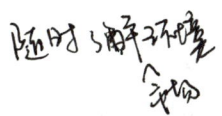

1.2 市场调查的类型和内容

本节重点和难点：
市场调查的类型和内容

1.2.1 市场调查的分类

1. 按市场调查的范围不同分类

（1）全面调查。它是对构成市场总体的全部个体单位一一进行调查，是一种专门组织的不连续的一次性调查，所取得的资料主要是市场总体在一定时点上的总量资料，如人口普查、物资库存普查等，通过全面调查可以了解总体的详尽资料，准确把握市场的变化方向和程度，但此类调查由于调查单位众多相当费时费力，一般企业难以采用，只有政府部门才可以组织实施。此调查方法的优点在于可以获得有关总体全面情况的准确信息，缺点是工作量大、时间长、费用高。

（2）非全面调查。对构成市场总体的部分单位进行调查，以了解市场现象的基本情况或据此对市场总体进行推断，有重点调查、典型调查、抽样调查。目前所进行的市场调查多为非全面调查，此类调查运用灵活，花费少，适用面广。

技能点：
不同调查分类的应用

市场调查应用案例

2. 按照调查的目的和功能分类

（1）探测性调查。探测性调查，又称探索性调查，是为了界定问题的性质以及更好地理解问题所处环境而进行的小规模调研活动，特别有助于把一个大而模糊的问题表达为小而精确的子问题以使问题更明确，并识别出需要进一步调研的信息（通常以具体的假设形式出现）。通常，探索性调查所选择的样本规模较小，且并不强调其代表性；获取的信息资料主要是反映事物本质的定性信息；调查结果应被视为进一步调查的基础。探索性调查一般采用简便易行的调查方法，如二手资料调查、经验调查、焦点小组访谈等。

（2）描述性调查。描述性调查是对所研究问题的特征和功能进行如实记录的调查。描述性调查寻求对"谁""什么""什么时候""哪里"和"怎样"这样一些问题的回答。描述性调查的前提是调查人员事先对所研究问题已经有了清晰的认知。描述性调查一般以有代表性的大样本为基础，通过完整的调查计划、精确的问卷设计以及对调查过程的有效控制来对所研究的问题做尽可能准确的描述。通常，描述性调查的结果可以用统计表或统计图来表示。

（3）因果性调查。因果性调研是调查一个变量是否引起或决定另一个变量的研究，目的是识别变量间的因果关系。因果性调查是在描述性调查的基础上进一步研究产生某种结果的内在原因，是对事物的更深入认识。一般地，将能够引起其他市场变量发生变化的变量称为自变量；而那些随着其他变量的变化而发生变化的变量称为因变量。

（4）预测性调查。预测性调查是利用已有的市场经验和科学的预测技术对市场未来的发展趋势进行估计和判断的调查方法。预测性调查要求必须对影响市场未来发展的各种因素进行调查，并且对未来可能出现的各种状况及其出现概率进行估计和测算。

3. 按市场调查的方法的不同分类

（1）观察调查。观察调查就是调查人员通过直接观察和记录调查对象的言行来收集信息资料，这种方法的特点是调查人员与调查对象不发生对话，甚至不让调查对象知道正在被观察，使得调查对象的言行完全自然地表现出来，从而可以观察了解调查对象的真实反应。例如为考察某一道路或路段的商业价值，可派调查人员观察人口流速流量，为了解某橱窗设计是否具有吸引力，可派人在橱窗前观察驻足观望的顾客人数等。

（2）询问调查。询问调查就是利用调查人员和调查对象之间的语言交流来获取信息的调查方法，例如某企业走访并听取用户对本企业产品质量、性能、售后服务等方面的意见和建议，以问卷形式向消费者了解其对某种产品的消费心理、购买习惯、购买频率等。

（3）实验调查。实验调查就是将调查对象置于一定的条件下，通过小规模的实验来收集有关资料，了解其发展变化情况，以测定各种经营手段取得效果的市场调查方法。

（4）文案调查。文案调查就是指利用企业内部和外部现有的各种信息、情报资料，对调查内容进行分析研究的一种调查方法，也称间接调查法、室内调查法、桌面调查法。

（5）实地调查。实地调查就是运用科学的方法，系统地现场收集、记录、整理和分析有关市场信息，了解产品或劳务在供需双方之间流动的状况和趋势，为市场预测和经常性决策提供正确可靠的信息。

4. 按市场调查的主体不同分类

（1）政府的市场调查。政府在社会经济活动中承担着宏观管理者和协调者的职能。有时，政府也会从事某些直接经营活动。无论是执行宏观管理和调节职能，还是直接从事经营活动，都需要了解和掌握充分的市场信息。因此，政府部门经常需要开展市场调查工作。一般而言，政府部门从事市场调查活动所涉及的内容比较多，范围比较广，对于国计民生的意义比较重大。

（2）企业的市场调查。在经营管理过程中，面对激烈的市场竞争，企业经常需要通过市场调查了解各种市场信息作为决策的依据。企业的市场调查可以由企业自己进行，也可以委托专业的市场调查公司进行。

（3）社会组织的市场调查。各种社会组织机构为了学术研究、提供咨询以及本身业务发展等需要也会开展市场调查，如消费者保护组织对某个地区或某个市场的某种产品质量进行的调查。由于社会组织具有非营利性，所以，社会组织的市场调查受功利性影响比较小，其调查结果的可靠性比较高。

（4）个人的市场调查。个人由于某些原因有时也会进行一些市场调查。个人的市场调查一般范围较小、内容较少、历时较短。

1.2.2 市场调查的内容

1. 市场环境调查

企业的经营活动是在复杂的社会环境中进行的，企业的经营活动要受企业本身条件和外部环境的制约。环境的变化，极可能给企业带来市场机会，也可能形成某种威胁。所以，对企业市场环境的调查研究，是企业有效开展经营活动的基本前提。

（1）政治环境调查。政治环境主要指政府的经济政策。在我国，由于各地区生产力水平、经济发展程度的不同，政府对各地区的经济政策也不同。有些地区的经济政策宽松些，有的严格些。对某些行业采取倾斜政策，对不同的行业采取不同的优惠、扶持或限制政策，这些都会对企业的经营活动产生影响。

（2）经济环境调查。经济环境主要指当地的经济发展水平。它主要影响市场容量和市场需求结构，经济发展水平增长快，就业人口就会相应增加。而失业率低，企业用工率高以及经济形势的宽松，必然引起消费需求的增加和消费结构的改变；反之，需求量就会减少。

（3）文化环境调查。在构成文化的诸因素中，知识水平影响着人的需求构成及对产品的评判能力。在知识水平高的地区或国家，科技先进、性能复杂的产品会有很好的销路；而性能简单、易于操作、价格便宜的产品则在知识水平低的

> 技能点：
> 掌握不同市场调查内容

地区或国家能找到很好的销路。在文化因素上，还有一个不容忽视的方面，即宗教信仰及传统的风俗习惯，市场营销活动应尊重当地的宗教信仰，否则，会引起当地人的反感，导致营销活动的失败。

（4）气候、地理环境调查。气候会影响消费者的饮食习惯、衣着、住房及住房设施。同样的产品在不同气候条件下，会有截然相反的需求状况，销售方面当然也会有很大差别。地理环境决定了地区之间资源状态分布、消费习惯、消费结构及消费方式的不同。因而，产品在不同的地理环境下适用程度和需求程度会有很大差别，由此引起销售量、销售结构及销售方式的不同。

2. 市场需求调查

市场需求调查主要是对消费者在"何时""何地""需要什么"和"需要多少"进行调查，包括商品需求量调查、需求结构调查和需求时间调查。

商品需求量调查主要调查社会购买力。调查需求量，不仅要了解企业所在地区的需求总量，已满足的需求量和潜在的需求量，而且还必须了解本企业的市场销售量占整个市场中该商品需求量的比重。

需求结构调查主要调查购买力的投向。通常，需求结构调查按消费者收入水平、职业类型、居住地区等标准进行分类，然后测算每类消费者的购买力投向，即测算吃、穿、用、住、行的需求结构。需求结构调查不仅要了解需求商品的总量结构，还必须了解每类商品的品种、花色、规格、质量、价格、数量等具体结构；同时，还需要了解细分市场的动向、引起需求变化的因素及其影响的程度和方向、城乡需求变化的特点、开拓新消费领域的可能性，等等。

3. 市场营销实务调查

市场营销实务调查是围绕营销活动而展开的市场调查，主要包括产品调查、分销渠道调查、竞争对手调查、促销调查和销售服务调查几个方面。

（1）产品调查。产品或服务是一个企业向市场提供和传递价值的最基本的载体和关键要素。产品调查的主要内容包括顾客产品概念调查、新产品开发调查、产品包装调查和产品生命周期调查。

（2）分销渠道调查。分销渠道，是指商品从生产领域进入消费领域所经过的通道；需求是分销渠道形成的前提。在现代经济社会里，大多数商品不能直接送到消费者手中，而只能通过中间环节，即商品经营者（如中间商、经销商、代理人、经纪人等）来完成产品从生产到消费的转移。

（3）竞争对手调查。任何产品在市场上都会遇到竞争对手。当产品进入销售旺季时，竞争对手会更多。竞争可以是直接竞争，也可以是间接竞争。不论是何种竞争，不论竞争对手的实力如何，要想使自己处于有利地位，首先要对竞争对手进行调查，以确定企业的竞争策略。对竞争对手的调查，应了解以下几方面内容：竞争对手数量，是否有潜在的竞争者，主要的竞争对手是谁；竞争对手的经营规模、人员组成以及营销组织机构；竞争对手经营商品的品种、数量、价格、费用水平和盈利能力；竞争对手的供货渠道，是否建立了稳定的供货关系网；竞争对手对销售渠道的控制程度，是否拥有特定的消费群体，市场占有率如何；竞争对手采取的促销方式有哪些，提供了哪些服务项目，消费者反馈如何，等等。

（4）促销调查。促销是企业把生产经营的商品及所提供的服务向消费者进行宣传，促进消费者购买的活动。促销的主要任务是向消费者传递商品和服务信息。促销调查的主要内容：调查各种促销形式的特点，促销活动是否独具一格，是否具有创新性；是否突出了产品特点，消费者接受程度如何；能否给消费者留下深刻印象，效果与投入比有无不良反应；是否最终起到吸引顾客，争取潜在消费者的作用。

（5）销售服务调查。销售服务也是一种促销方式。这是企业吸引消费者，保证消费者所购商品发挥作用，了解消费需求和商品质量等信息，建立企业信誉的一种促销方式。销售服务调查包括：调查消费者服务需要的具体内容和形式；调查企业目前所提供服务在网点数量、服务质量上能否满足消费者的要求，消费者对目前服务的意见反映；调查竞争者所提供服务的内容、形式和质量情况，等等。

1.3 市场调查的基本流程

本节重点和难点：
市场调查的流程和步骤

1.3.1 市场调查流程内涵

市场调查流程（Marketing Research Process），包括方案设计，信息和数据收集、分析全过程。尽管市场调查有多种不同的方法，但总的流程是一致的，基本可分为四个阶段，如图 1-1 所示。

（1）界定阶段：包括了解调查需求、明确需要解决的问题、确定调查目标三个主要步骤。

（2）设计阶段：包括设计调查方案、辨别信息类型及可能来源、确定信息收集方法、设计信息及数据获得工具、设计抽样方案、确定样本量调查进度及费用等主要步骤。

技能点：
市场调查流程运用

（3）实施阶段：包括挑选访问员、培训访问员、运作实施、复核验收等步骤。

（4）结果形成阶段：包括数据处理（数据的编码、数据录入、数据查错、数据分析等），分析和报告及结果展示（撰写报告的摘要、目录、正文及附录）两个步骤。

图：
市场调查的基本流程

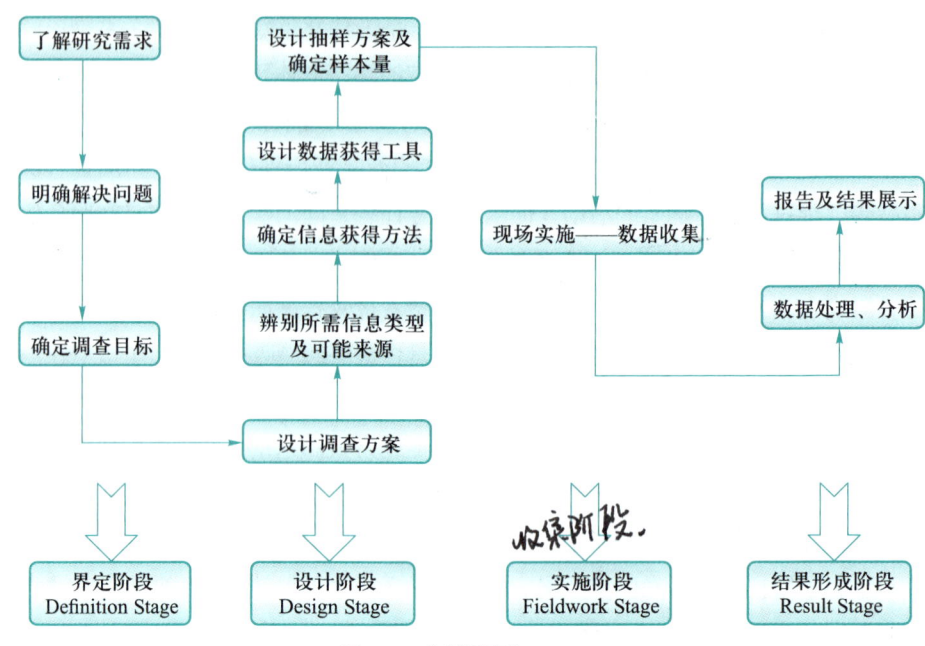

图 1-1　市场调查的基本流程

1.3.2 市场调查的基本步骤

1. 了解研究需求

市场调查公司在确定企业对市场调查的需求……明确地向市场调查公司提出市场调查的需求；……场调查的需求。后一种情况，企业往往认识……问题，但由于对市场营销知识的缺乏，不能……研究公司需要较为深入地了解企业经营状况……需求。

技能点：
灵活应用市场调查步骤

2. 明确解决问题

这是市场调查非常重要的一个步骤。因为……调查工作成功的一半。此阶段需要研究人员细致地了解企业市场调查需求，充分利用现有的二手资料并与丰富的专业研究经验相结合。

3. 确定调查目标

市场调查目标是由界定的市场调查问题而决定的，是为了解决研究问题而明确的最终达到的目的。通常一个具体的市场调查就是根据调查目标而展开的，一个市场研究项目，目标可能是一个，也可能是多个。

4. 设计市场调查方案

市场调查方案的设计实际上是研究方法的选择。市场调查项目的差异化十分显著，不同企业面临的市场问题是不同的，研究者一般根据调查项目达到的目标，在探索性研究、描述性研究及因果关系研究三种研究方法中选择适合的研究方法。

5. 辨别所需信息的类型及可能来源

市场调查的信息从根本上来说分为两类，即原始数据及二手数据。原始数据是通过现场实施后得到的；而二手数据则是指已存在的数据，通过案头研究就可以实现研究目的。

（手写批注：调查员直接向被访问者收集；对已公开发布的资料、信息加以收集、整理、分析）

6. 确定信息获得方法

一旦市场研究的数据类型确定之后，就需要明确数据获得的方法。如果市场研究所需的数据是二手数据，则只需要利用现有的数据资源；如果市场研究所需的数据是原始数据，则必须通过市场调查的现场实施，收集所需信息。原始数据收集的方法主要有入户访问、拦截访问、电话调查、邮寄调查等定量方法，以及小组座谈会、深度访谈等定性方法，一般两者结合使用。

7. 设计数据及信息获得工具（问卷、访问提纲等）

一般收集数据的工具有两种，一种为结构式问卷，即问卷的格式是确定的，所有问题都有具体的选项，回答者只需选出适合自己的选项即可；另一种为非结构式问卷，问题是开放式的，被访者可以根据自己的实际情况给出相应的回答。问卷或访问提纲是市场调查获得信息的重要工具。如果市场调查已明确研究目标及调查方法，但缺少一个好的问卷或访问提纲，仍会导致研究绩效的下降或失去调查意义。

8. 设计抽样方案及确定样本量

设计抽样方案及确定样本量一般是针对定量研究来说的。一项定量研究的抽样设计必须把握三个问题，首先，要根据研究的问题确定研究总体；其次，规划怎样在样本框中抽出需要的样本；最后要明确研究需要的样本量，即这次调研中需要调查多少调查对象。

9. 现场实施——收集数据信息

现场实施是数据收集过程。大部分现场实施访问是由经过培训的访问员进行，有时研究者也会进行一些难度较大、研究问题较深的访问。在访问过程中，由于访问员、研究者或受访对象的原因，经常出现非抽样误差，造成调查结果的准确性降低。任何调查都无法避免非抽样误差，需要现场实施过程中采取有效方式尽可能控制，从而提高调查结果的可信度。

（手写批注：访问、观察、实验）

10. 数据处理、分析

现场实施调查所获得的数据为初始数据，也称"生"数据，需要进行计算机处理。首先，需要将问卷"生"数据录入到计算机，而后进行逻辑检查获得"干净"的数据库，再通过数据分析软件对数据进行分析。

（手写批注：整理、制作成统计表）

11. 报告及结果展示

市场调查的最后一个步骤是在数据分析的基础上，形成分析报告。研究报告是客户获得调查结果的最主要形式，因而一个好的研究报告既要充分解决客户在调查初期提出的需求，而且还应适时加入市场研究人员的专业判断。报告完成后，报告结果的口头陈述是市场调研项目结果展示的另外一种形式，这种形式需要在报告的基础上进行内容提炼，并可以用图片辅助展示结果。

1.4 市场调查机构

本节重点和难点：
认识市场调查机构

市场调查机构是受部门或企业委托，专门从事市场调查的单位。在市场调查实施过程中，为了更有效地对市场信息进行搜集、整理和分析，就要设立各种市场调查机构，以增宽信息通道，提高信息利用率。

1.4.1 市场调查机构的类型

市场调查机构规模有大有小，其隶属关系及独立程度也不一样，名称更是五花八门，但归纳起来，基本上有以下几类：

1. 各级政府部门组织的调查机构

我国最大的市场调查机构为国家统计部门。国家统计局、各级主管部门和地方统计机构负责管理和发布统一的市场调查资料，便于企业了解市场环境变化及发展，指导企业微观经营活动。此外，为适应经济形势发展的需要，统计部门还相继成立了城市社会经济调查队、农村社会经济调查队、企业调查队和人口调查队等调查队伍。除统计机构外，中央和地方的各级财政、银行、工商、税务等职能部门也都设有各种形式的市场调查机构。

2. 新闻单位、大学和研究机关的调查机构

这些机构也都开展独立的市场调查活动，定期或不定期地公布一些市场信息。例如，以信息起家的英国路透社，在全球设立了众多的分社和记者站，目前已成为世界上最大的经济新闻提供者，经济信息收入成为该社的主要来源。

3. 专业性市场调查机构

这类调查机构在国外的数量是很多的，它们的产生是社会分工日益专业化的表现，也是当今信息社会的必然产物。该调查机构主要有三种类型的公司，如表1-2所示。

表1-2 专业性市场调查机构

专业公司	主要职能
综合性市场调查公司	这类公司专门搜集各种市场信息，当有关单位和企业需要时，只需交纳一定费用，就可随时获得所需资料。同时，它们也承接各种调查委托，具有涉及面广、综合性强的特点

续表

专业公司	主要职能
咨询公司	这类公司一般是由资深的专家、学者和有丰富实践经验的人员组成，为企业和单位进行诊断，充当顾问。这类公司在为委托方进行咨询时，也要进行市场调查，对企业的咨询目标进行可行性分析。当然，它们也可接受企业或单位的委托，代理或参与调查设计和具体调查工作
广告公司的调查部门	广告公司为了制作出打动人心的广告，取得良好的广告效果，就要对市场环境和消费者进行调查。广告公司大都设立调查部门，经常大量地承接广告制作和市场调查

我国现在有很多专门从事经济信息调查、提供咨询服务的公司，它们承接市场调查任务、提供商品信息，指导企业生产经营活动，在为社会服务的同时，自身也取得了很好的经济效益。

4. 企业内部的调查机构

目前国外许多大的企业和组织，根据生产经营的需要，大都设立了专门的调查机构，市场调查已成为这类企业固定性、经常性的工作。例如，可口可乐公司设立了专门的市场调研部门，并由一个副经理负责管理。这个部门的工作人员有调查设计员、统计员、行为科学研究者等。

1.4.2 市场信息网络

市场信息网络是现代市场调查的一种新形式，也可算作是一种新的特殊市场调查机构。市场信息网络可分为宏观市场信息网络和微观市场信息网络两种。

宏观市场信息网络即中心市场信息网络，它是为整个市场服务的信息管理系统，是纵横交错、四通八达的市场信息网络系统的总和。例如，中国化工系统信息情报网，便是一个专门进行中国化工行业系统信息交流的信息传递网络。微观市场信息网络又称基础市场信息网络，是以单个企业为典型代表的企业市场信息系统，它可为企业提供市场经营活动所需的各种信息。

市场信息网络具有的优点如表1-3所示。

表1-3 市场信息网络优点

优点	说明
整体性	信息网络是一个有机整体，构成网络的各个要素之间互相协调、互相配合，实现信息搜集和反馈的最优化
经常性	信息网络多数要求定时交流信息，以提高经济信息时效性
广泛性	信息网络覆盖面广，可以涉及市场的各个领域
灵活性	各种信息网络可以相互交叉、互通有无

续表

优点	说明
开放性	信息网络是以搜集、储存、处理和传递信息为目的而建立起来的；开放性使信息源源不断地流入和流出，有效地实现信息的传递和交流，发挥信息的最大效益。同时，开放性特点也要求其信息网络必须面对市场、加强市场调查

1.4.3 如何借助市场调查机构完成调查任务

当企业缺乏必要的市场调查机构，或对有效实施市场调查感到力不从心时，可以考虑借助企业外部的专业性市场调查机构来完成调查任务，如委托广告公司、咨询公司、信息中心等机构进行市场调查。

由专业性的市场调查机构进行市场调查有以下两点好处：一是这些机构具有高效的市场调查所必需的各种条件，如完善的资料、深厚的学术理论基础、有效的调查实务经验和精密的调查工具等，借助这些机构，能提高调查结果的准确性。二是由这些机构进行调查，工作人员比较客观，容易得到比较客观和有助于决策的建议。

当企业需要委托市场调查专业机构进行调查时，应做到知己知彼，慎重地选择合作对象，以取得事半功倍的效果。企业在委托调查机构完成调查任务时，应首先明确以下几点：

第一，希望调查机构提供何种调查活动。目前市场调查机构的活动范围日趋广泛，包括确定市场特征、衡量市场潜力、市场份额分析、企业趋势分析、竞争产品研究、价格调查、短期预测等多种。

第二，希望提供综合性服务还是某种专门或特定性服务。

第三，是长期合作还是短期合作。

第四，是否希望他们提供某种额外的服务。

第五，在调查时间上有何要求，沟通确定提交调查报告的最后期限。

第六，调查预算为多少。

第七，资料是归企业独家享用，还是与调查机构共享。

企业可以根据上述问题，做出委托调查计划，用来与市场调查机构进行洽谈。企业在选择市场调查机构时，必须了解和考虑以下几个方面的因素：

第一，目前有哪些市场调查机构，如何与它们联系。

第二，调查机构的信誉，指调查机构在同业界的声誉和知名度，严守职业道德及公正原则的情况，限期完成工作的能力等。

第三，调查机构的业务能力，指调查机构内专业人员具有实务能力的高低；能否提供有价值的资讯，他们是否具备创新观念、系统观念、营销观念和观念沟通能力。

第四，调查机构的经验，包括调查机构创建的时间长短，主要工作人员服务年限，已完成的市场调查项目性质及工作范围等。

第五，市场调查机构所拥有的硬件和软件条件。硬件包括信息搜集、整理和传递工具的现代化程度；软件包括调查人员的素质及配备情况。

第六，调查机构收费合理性，包括调查机构的收费标准和从事本项调查的费用预算等。对于委托调查的企业来讲，一旦委托调查机构进行市场调查后，应给予信任和授权，并提供充分的协助，使调查能顺利进行。对于受委托的调查机构来讲，应严守职业道德，时刻为用户着想，为用户提供满意的服务。在接受委托后，应迅速适应委托企业的经营环境，对现有资料加以消化，提出市场调查建议书。市场调查建议书的内容包括：市场调查的重点及可能结果，提供市场报告的时间，市场调查预算及收费条件，企业应有的协助等。在委托企业接受市场调查建议书后，即可实施调查，在提出市场报告后，还应注意随时为委托企业提供调查后服务，以求取得长期合作的机会，并树立良好的信誉。

同步案例

大数据时代的市场调研

在大数据时代，企业的竞争就是"信息"和数据的竞争，谁掌握了"信息"和数据，谁就占有了企业快速发展的先机。随着计算机网络技术、云计算、云存储技术的完善，许多的电子商务平台、O2O企业、甚至是传统的行业例如医疗行业、教育行业等，都通过计算机网络技术储存了巨量的用户网络消费行为数据。

目前，许多行业都很容易以较低的成本获得大数据，然后对大数据进行挖掘分析，以此来更加精准地了解顾客需求。大数据时代让企业对市场信息实时监控成为可能，例如一家在天猫经营店铺的企业，可以实时监控消费者进店的流量信息、跳失率、平均停留时间等关键店铺经营数据。通过阿里的高级数据分析工具，可以实时监控整个品类的营销信息，然后再根据这些信息迅速调整店铺的营销手段。利用大数据，企业可以跟踪消费者的整个消费轨迹——从最初的消费冲动到权衡，再到最终的购买阶段，再通过传统的市场调查方式去了解消费者购买或者未购买的真正原因，找出企业在哪个环节出现了问题，从而为营销人员解决实际问题提供准确的依据。

大数据时代，数据纷繁复杂，各种数据的来源渠道也不尽相同。以往要在某个区域开一家店铺，可能需要蹲点去观察和计算人流量。但是在大数据时代，人流量的统计根本不需要到现场。例如，可以购买移动公司的大数据，通过手机定位功能实时统计某个位置的人流量信息。企业在经营管理过程中，需要对这些来源不同、形式多样的信息进行综合分析和横向比较，以得出更接近市场状况的结论，帮助企业做出正确的经营决策。由此可见，大数据时

> 代为企业的营销提供了对市场信息实时监控的便利。
>
> 问题：结合案例，谈谈在大数据时代市场调查与预测的作用。
>
> 分析：（1）市场调查和市场预测是管理决策和提高经济效益的必要条件；
>
> （2）市场调查和市场预测对社会生产的合理化起到了促进作用；
>
> （3）市场调查和市场预测对促进和满足消费需求有显著作用。

课堂能力训练

1. 某公司预推出一款新手机，想通过调查公司做一个市场定位，研究该款手机主要针对哪类消费者群体。此类调查属于哪种类型的市场调查？如何对消费者群体进行分类？拟定的调查内容又会有哪些？

2. 案例分析。

冲浪浓缩洗衣粉为何失败？

联合利华公司的冲浪浓缩洗衣粉（Surf）在进入日本市场前，公司做了大量的市场调查。调查发现消费者在使用 Surf 时，方便性是很重要的性能指标，所以联合利华公司又对产品进行了改进。同时，消费者认为 Surf 的气味也很吸引人，因此联合利华就把"气味清新"也作为 Surf 市场开拓的主要诉求点。可是，当产品进入日本后，其市场份额仅占 2.8%，远远低于原来的期望值，一时使联合利华陷入窘况。问题出在哪里呢？

问题1：消费者发现在洗涤时 Surf 难以溶解，原因是日本当时正在流行使用慢速搅动的洗衣机。

问题2："气味清新"基本上没有吸引力，原因是大多数日本人在露天晾晒衣服的。

显然，Surf 进入市场时实施的调查设计存在严重缺陷，调查人员没有找到日本洗衣粉销售中应该考虑的关键属性，而提供了并不重要的认知——"气味清新"，从而导致了对日本消费者消费行为的误解。而要达到正确调查的目的，只要采用合适的定性调查就能实现。

资料来源：庄贵军. 市场调查与预测［M］. 北京：北京大学出版社，2014.

阅读以上材料，回答下面问题：

（1）Surf 在市场调查方面的失败对我们有何启示？

（2）Surf 进入日本市场时的调查设计存在哪些问题？请结合这些问题提出解决办法。

（3）从案例资料推断，Surf 进入日本市场时主要采用了哪些调查方法？你认为还有什么调查方法可采用？

职业资格与技能同步训练

一、单项选择题

单元技能训练

1. 市场调查首先要解决的问题是（ C ）。
   A. 确定调查方法　B. 选定调查对象　C. 明确调查目的　D. 解决调查费用
2. 一般说来，下述几种调查方式中，（ C ）对市场的调查更深入。
   A. 探索性调查　　B. 描述性调查　　C. 因果性调查　　D. 研究性调查
3. 市场调查工作中，（ A ）阶段是现场实施阶段。
   A. 搜集资料阶段　B. 研究阶段　　　C. 总结阶段　　　D. 实施阶段
4. 在市场经济条件下，企业经营与市场的关系表现为（ C ）。
   A. 与市场可以有联系　　　　　　B. 与市场可能有联系
   C. 企业受市场的制约和调节　　　D. 市场只提供机会
5. 企业为了了解市场表现开展市场调查，其目的是（ D ）。
   A. 单纯为了市场调查　　　　　　B. 不直接的
   C. 只是为预测提供基础　　　　　D. 为企业经营决策提供依据
6. 对产品质量的调查属于（ B ）。
   A. 需求调查　　　　　　　　　　B. 产品调查
   C. 产品生命周期调查　　　　　　D. 价格调查
7. 当对调查问题一无所知时，宜采用（ C ）。
   A. 描述性调查　B. 因果性调查　C. 探索性调查　D. 入户调查

二、多项选择题

1. 市场调查的步骤包括（ ABCDE ）。
   A. 收集信息　　　　　　　　　　B. 确定问题和调研目标
   C. 分析信息　　　　　　　　　　D. 制定调研计划
   E. 提出调查结论
2. 基本调查的内容包括（ ACD ）。
   A. 市场可行性研究　　　　　　　B. 各地区销售潜力研究
   C. 市场环境研究　　　　　　　　D. 需求研究
   E. 产品影响因素研究

综合实训

【实训目的】

学习市场调查流程/原则包括的内容；掌握设计市场调查流程的能力。

【实训内容与要求】

1. 学生按照教师要求进行资料的收集、整理，并撰写对市场调查流程的感性认识；

2. 要求教师根据小组撰写报告，检阅学生对知识的掌握情况，并进行总结。

【实训步骤】

1. 将班级同学组成若干个"自主学习"训练团队，每队确定1名队长。

2. 各团队根据训练项目需要进行角色分工。

3. 通过校图书馆和互联网，查询"文献综述格式、范文及书写规范要求"和近三年关于"市场调查的原则与程序"的学术文献资料。

4. 综合和整理"市场调查的原则与程序"最新学术文献资料，依照"文献综述格式、范文及书写规范要求"，撰写《"市场调查的原则与程序"最新文献综述》。

5. 在班级内交流各团队的《"市场调查的原则与程序"最新文献综述》。

【组织形式】

1. 要求学生以小组形式完成，每4-8人为一个小组；

2. 小组代表进行内容汇报。

【考核要点】

1. 对市场调查内涵和特点的认识和掌握；

2. 对市场调查流程的掌握；

3. 对市场调查内容的掌握。

文本资源：
学生完成市场调查方案作品参考

项目二
市场调查方案的设计

本项目知识点

- 市场调查方案设计的意义
- 市场调查方案的种类、适用范围
- 确定市场调查方案设计的基本内容和方法

本项目技能点

- 能够运用与决策者沟通的方法、与委托方接洽,明确调研意图,确定市场调查目标
- 能够按市场调查方案的内容和结构要求策划市场调查方案
- 能够撰写市场调查项目计划书

知识导图

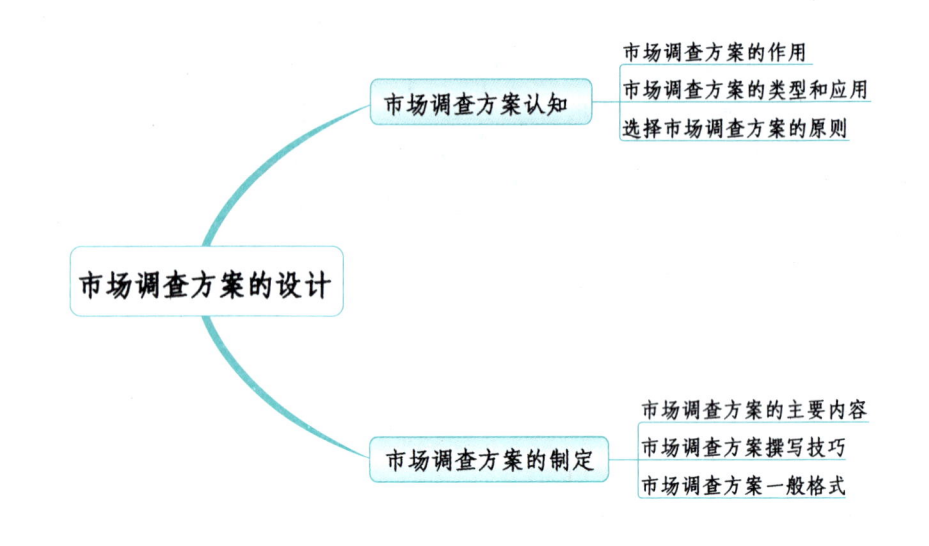

图：
市场调查的方案
设计项目框架

```
                                    ┌── 市场调查方案的作用
                  市场调查方案认知 ───┤── 市场调查方案的类型和应用
                 ╱                  └── 选择市场调查方案的原则
市场调查方案的设计
                 ╲                  ┌── 市场调查方案的主要内容
                  市场调查方案的制定 ─┤── 市场调查方案撰写技巧
                                    └── 市场调查方案一般格式
```

案例引入

案例引入：
市场调查项目计划书

某市万达商业业态定位市场调研计划书

1. 研究背景

根据某市万达集团分公司的调研任务需求，本次调研将通过科学的市场调查方法，分析和研究该万达项目商业业态定位的可行性方向，并结合市场运作中涉及的主要因素权衡利弊，最终建议确定最可行和最大利益的定位方向。

2. 调查目的

了解该地区消费者的消费行为习惯、生活形态以及对该地区商业业态的态度，为本项目的商业业态定位提供可参考的依据。

3. 调查内容

（1）了解该地区消费者背景信息：年龄分布、职业、收入分布、消费能力等情况。

（2）了解该地区消费者的消费行为习惯：购物地点偏好、购物频率、消费金额、休闲娱乐类消费习惯等。

（3）了解该地区消费者对商圈的态度：对现有商业业态的满意度、对未来商业形式的心理期望、对购物中心的具体建议等。

（4）了解该地区消费者的媒体接触习惯。

4. 调查方法

以问卷形式，通过中心地点（定点）拦截和入户调查，了解某市居民消费行为与消费意愿以及人口特征。

样本量及访问形式：

- 拦截问卷 200 份——步行街商圈流动人群

（1）样本要求：① 本地居民；② 18—65 岁；③ 男女比例基本平衡。

（2）质控方法：① 督导现场检查每一份问卷；② 部分电话回访。

- 入户问卷 200 份——周边大型社区居民随机入户调查

（1）样本要求：① 18—65 岁；② 6 个月内没接受过市场调查。

（2）质控方法：① 部分电话回访；② 抽样实地回访。

5. 预期调查结果

（1）该地区消费者群体人口统计分布情况及消费能力。

（2）该地区消费者的消费行为习惯趋向。

（3）该地区消费者对本项目的态度及商业定位建议。

（4）该地区消费者的媒体接触习惯。

6. 调查日程安排

（1）前期准备（自计划实施之日起 2—3 日）：制定调查计划、问卷设计、取样、访问员招募培训、问卷印刷、准备礼品等。

（2）调查实施（自调查实施之日起 3—4 日）：进行实地调研。

（3）后期工作（调查完成后 2 日）：数据录入、统计分析。

（4）调查报告撰写（统计分析后 2 日）：完成调研报告。

7. 调查说明

需要当地公司配合招募培训访问员；落实礼品、问卷印刷以及定点场地安排等工作。

8. 成果说明

（1）以电子版和书面方式各提供一份报告；

（2）提供问卷及问卷完成样本。

9. 项目预算（略）

2.1 市场调查方案认知

本节重点和难点：调查方案的类型和应用

2.1.1 市场调查方案的作用

市场调查方案是指在调查实施之前，调查机构及其工作人员依据调查研究的目的和调查对象的实际情况，对调查工作的各个方面和全部过程做出总体安排，以提出具体的调查步骤，制定合理的工作流程。

市场调查方案在市场调查中有着极其重要的作用，它是整个项目研究的大纲，又是研究计划的说明书，还是对研究过程、方法的详细规定。所以，有了方案，研究就有了方向、目的；有了方案，就便于对调查过程实施监督、管理和控制。

2.1.2 市场调查方案的类型和应用

从调查方案的作用、性质、调查方式等不同角度来分析，调查方案大体上可以分为探索性调查方案和结果性调查方案，如图 2-1 所示。

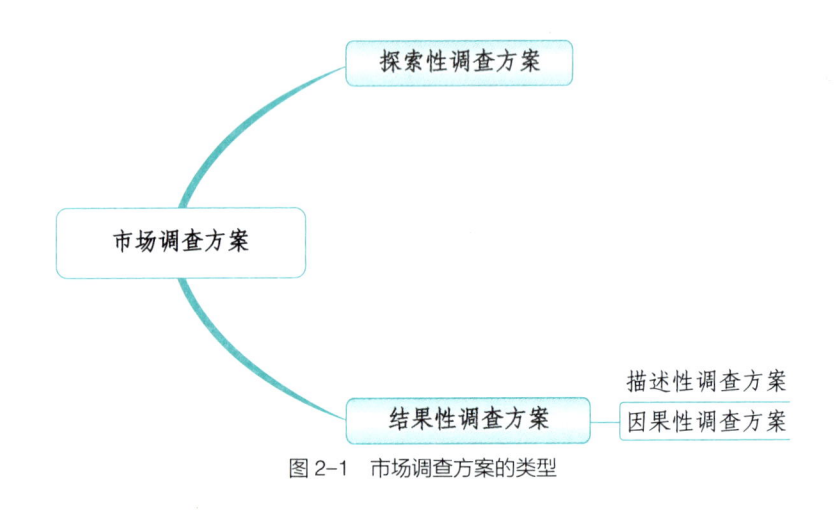

```
                        ┌── 探索性调查方案
    市场调查方案 ──┤
                        └── 结果性调查方案 ──┬── 描述性调查方案
                                              └── 因果性调查方案
```

图 2-1 市场调查方案的类型

1. 探索性调查方案

（1）含义。探索性调查方案也称非正式市场调查，其目的主要是对市场进行初步探索。探索性调查是在情况不明时，为了找出问题的症结和明确进一步深入调查的具体内容和重点，而进行的非正式的初步调查。例如，在营销过程中发现某种商品的销售突然发生变化，要弄清原因的关键在哪里？是商品质量问题、价格问题，还是销售渠道问题、广告宣传问题或其他问题？这就需要用探索性的调查方法来寻找答案，逐步发现问题的症结所在，为进一步调查做好准备。

（2）应用范围。探索性调查，一般不必制订严密的调查方案，往往采取简便的方法，要求调查人员有敏锐的洞察力，高度的想象力和创造力，及时掌握一些初步信息资料，以便较快得出调查的初步结论。在下列情况下，可以应用探索性调查：

- 需更精确地设计或确定问题的范围；
- 需确认可能的行动过程；
- 需形成假设；
- 需分离出主要变量及其之间的关系，以便对它们进一步考察；

- 需为寻求解决问题的方法做尝试性工作；
- 需为进一步调查进行择优排序。

总之，在研究人员对调查项目的开展没有足够了解的情况下，探索性调查是必要的过程。

（3）调查的方法。这类调查收集资料的途径主要有：①收集第二手资料，如政府统计公报、学术刊物的研究文章等；②访问熟悉调查主题的专家、业务人员、用户等，或约请他们座谈；③参考以往类似的实例。

2. 描述性调查方案

（1）含义。描述性调查方案是指对需要调查研究的客观事实的有关资料进行收集、记录、分析的正式调查。这类调查比探测性调查更深入精细，需要事先拟订调查方案，进行实地调查，搜集第一手资料。其目的是要摸清问题的过去和现状，并在此基础上，寻求解决问题的办法与措施。

（2）应用范围。描述性调查通常用于对市场特征和功能的描述，具体表现为：

- 可以描述相关群体的特征。相关群体包括顾客、销售人员、机构以及市场等。例如：我们对王府井百货大楼或万达购物中心的经常性顾客进行的总体描述。
- 可以估计在某个具体的群体中，具有特定行为特征人所占的比重。例如：我们很有兴趣估计那些既光顾名牌市场又光顾打折商品的顾客比重。
- 可以判断顾客对产品特征的理解力。例如：我们可以判断家庭消费者如何理解不同商店的显著特点。
- 可以判断营销变量的相互联系程度。例如：我们可以判断到商店购物和离家吃饭的联系程度究竟有多大。
- 可以做具体的预测。例如：我们可以预测具体的商品（如流行服装）在某地区的零售销售额将达到多少。

（3）描述性调查的方法。在描述性调查中，通常采用的方法包括：二手资料分析法、实地调研法、小组座谈会法、观察法、模拟法。

（4）描述性调查的应用。描述性调查必须对调查对象进行具体详细的描述。其运用范围很广，绝大多数市场调查都采用描述性调查方法。描述性调查的常见用途有：

- 市场研究，即描述市场规模、消费者购买力、分销商的销售力等；
- 市场份额研究，即确定企业和其竞争者各自的市场份额；
- 销售分析研究，即通过地域情况、产品生产线、市场覆盖面来描述销售情况；
- 形象研究，即确定消费者对企业和企业产品的认知程度；
- 产品用途研究，即描述消费模式；

- 分销研究，即确定运输方式、分销商的数量和分销网点的布局；
- 价格研究，即描述价格变动幅度和频率，以及消费者对价格变动可能出现的反应；
- 广告研究，即描述顾客的媒体消费习惯，以及观众对特定电视节目和特定杂志的消费状况。

3. 因果关系调查方案

（1）含义。因果关系调查方案是指为了弄清有关市场变量之间的因果关系而进行的专题调查。因果关系调查以搜集有关市场变量的数据资料为主，并运用统计分析和逻辑推理的方法，找出它们之间的相互关系，判明谁是原因（自变量），谁是结果（因变量）。可见，因果关系调查是在描述性调查的基础上，对某些问题调查的进一步深化，是为了找出问题关键、探讨解决办法的一个重要步骤。

（2）应用范围。通常因果关系调查是为了实现下述目的：
- 辨别哪些变量是原因变量，哪些变量是结果变量；
- 确定原因变量和结果变量之间的关系。

（3）因果关系调查的应用。因果关系调查的目的是为了确定变量之间的因果关系，以便做出决策。在市场经营中，常常是多种因素影响商品的销售，某些因素之间存在着因果关系，如价格与销售量、广告与销售量的关系等。在众多影响销售的因素中，哪一个因素起主导作用？这就需要对它们之间的因果关系或变化规律进行调查分析。

2.1.3 选择市场调查方案的原则

由于调查的目的不同，相应地，调查的方案也会不同。市场调查方案设计必须考虑的原则如下：

（1）当我们对要调查研究的问题一无所知或有点不知头绪时，可考虑采用探索性调查。

（2）在大多数情况下，探索性调查是整个调查研究框架中最初的步骤，为了得出科学准确的结论，我们还应采用描述性调查或因果关系调查进行进一步的研究。

（3）并不是任何调查方案的设计都要从探索性研究开始。应该根据调查者对调查研究问题意义的准确性来决定，应根据调查者对调查方法的掌握程度扬长避短。

2.2 市场调查方案的制定

本节重点和难点：
市场调查方案内容和写作技巧

2.2.1 市场调查方案的主要内容

一个有效市场调查方案包含的主要内容可概括如下：要做的决策和要解决的问题、调查目标、信息范围、精度水平、调查方法、进度表、费用预算、质量问题等。

技能点：
设计并撰写市场调查方案

1. 前言

前言就是方案的开头部分。应简明扼要地介绍整个调查项目的情况或背景、原因。

2. 确定市场调查的目标

方案设计的第一步就是在背景分析的前提下确定市场调查的目标。这是调查过程中关键的一步。目标不同，调查的内容和范围就不同。如果目标不明确，就无法确定调查的对象、内容和方法等。

文本资源：
市场调查方案设计格式及主要内容

对于任何调查项目，调查者首先要弄清楚的是以下三个问题：

（1）客户为什么要进行调查？即调查的意义。

（2）客户想通过调查获得什么信息？即调查的内容。

（3）客户希望利用已获得的信息做什么？即通过调查所获得的信息能否解决客户所面临的问题。

3. 确定具体的研究提纲

在调查研究目标提出的基础上，接下来就要明确具体研究提纲，也就是确定调查项目。在确定调查项目时，要注意以下几个方面的问题：

（1）所有确定的调查项目应该是围绕调查目标进行的，为实现调查目标服务的。否则，多余项目的调查就是无用的调查，浪费人力、物力和财力。

（2）调查项目的表达应该是清楚的。通过调查，答案是能够获取的。必要时，可以附上对调查项目的详细解释，以确保调查项目的明确性。

（3）调查项目之间一般是相互联系的。有时，可能存在着内在逻辑关系或相互的因果关系。所以，在调查项目中，会先提出一些假设，并希望在今后的调查中得到进一步的验证。

4. 确定调查对象总体

确定调查对象总体即解决向谁调查的问题。这与调查的目的是紧密联系在一起的。对于调查对象总体的选择，我们常常会从个人背景部分上来甄别。例如：根据调查的题目所给定的对象范围，我们经常在年龄上对调查总体加以限制等。对于调查对象总体的限制，在问卷调查的甄别部分也明确给予了界定。例如：在"中国大中城市老年人健康问题的调查"中，我们的调查对象是老年人，调查对象年龄就可以限制在 65 岁以上。

5. 确定调查时间和拟定调查活动进度表

确定调查的时间就是规定调查工作的开始时间和结束时间。拟定调查活动进度表主要考虑两方面的问题：一方面是考虑客户的时间要求，信息的时效性；另一方面是考虑调查的难易程度，在调查过程中可能出现的问题。

6. 确定调查所采用的方法

调查方法有面谈、电话访问、邮寄调查、留置调查、座谈会、网上调查等方法。至于具体采用什么方法，往往取决于调查对象和调查任务。选取样本的方法也很多，比如按是否是概率抽样可以分为随机抽样和非随机抽样，在随机抽样中又有简单随机抽样、系统抽样、分层抽样、分群抽样等方法可以选择；在非随机抽样中有判断抽样、方便抽样、配额抽样、滚雪球抽样等常用方法可供选择。选择不同的调查方法，调查结果会有所不同，有时会产生很大差别。

7. 调查费用预算

在方案设计中，应考虑经费预算，以保证项目在可能的财力、人力和时间限制要求下完成。在制定预算时，应当制定较为详细的工作项目费用计划。首先要分析将要进行的调查活动的内容及阶段，然后估计每项活动所需费用，由此再算出该项目的总研究费用。例如，费用项目具体如下：资料收集、复印费；问卷设计、印刷费；实地调查劳务费；数据输入、统计劳务费；计算机数据处理费；报告撰写费；打印装订费；组织管理费；税费；利润。根据若干市场调查方案可以总结一般的经费预算比例，即策划费占 20%，访问费占 40%，统计费占 30%，报告费占 10%。

8. 确定资料整理分析方法

对调查所取得资料进行研究分析，包括对资料进行分类、编号、分析、整理、汇总等一系列资料研究工作。

9. 报告的提交方式

提交方式主要包括报告书的形式与份数，报告书的基本内容、原始数据、分析数据、演示文稿等。

10. 附件部分

列出要参加者的名单，并可简要介绍团队成员的专长和分工情况。附件部分还应包括抽样方案的技术说明及细节说明，原始问卷及问卷设计中有关技术的说明，数据处理方法、所用软件等方面的说明。

2.2.2 市场调查方案撰写技巧

（1）调查目标的陈述。这项内容实际上就是调查项目与主题确定后的简洁表述，在此部分，可以适当交代研究的来龙去脉，说明方案的局限性以及需要与

文本资源：
市场调查方案撰写技巧

委托方协商的内容。有时这部分内容也放在前言部分。

（2）调查范围。为了确保调查范围与对象的准确、易于查找，在撰写规划书的时候，调查范围一定要陈述具体明确，界定准确，能够运用定量指标来表述的一定要定量化，要说明调查的地域、调查的对象，解决"在何处""是何人"的问题。

（3）调查方法。为了顺利地完成市场调查任务，要对策划的调查方法进行精练准确的陈述，解决"以何种方法"进行调查，由此取得什么资料的问题。具体撰写中，对被调查者的数量、调查频率（不管是一次性调查还是在一段时间内跟踪调查）、调查的具体方法、样本选取的方法等要进行详细的规定。

（4）调查时间安排。实践中，各阶段所占调查时间比重可以参照表2-1的分配办法酌情分配与安排。

表2-1 调查时间安排表

调查阶段	所占时间比重（%）
1. 调查目标的确定	5
2. 调查方案设计	10
3. 调查方法确定	5
4. 调查问卷的制作	10
5. 试调查	5
6. 调查数据收集整理	40
7. 调查数据分析	10
8. 市场调查报告的写作	10
9. 市场调查反馈	5
10. 合计	100

（5）经费预算。一般市场调查经费大致包括资料费、专家访谈顾问费、专家访谈场地费、交通费、调查费、报告制作费、统计费、杂费、税费和管理费等。比重较大的几项费用为交通费、调查费、报告制作费、统计费，具体费用依调查的性质而定。目前，为保证问卷的回收量及被调查者的配合度，往往还要支付一定的礼品费，不过礼品的发放不能造成被调查者改变自己的态度，不能影响调查结果的可信度。

（6）制定调查的组织计划。调查的组织计划，是指为了确保调查工作的实施而制定的具体的人力资源配置计划，主要包括调查的项目负责人，调查机构的设置，调查员的选择培训，项目研究小组的组织分工，每个成员的知识背景、经历、特长等。企业委托外部市场调查机构进行市场调查时，还应对双方的责任人、联系人、联系方式做出介绍。

2.2.3 市场调查方案一般格式

调查方案一般不只设计一种，应将每一种设计方案都写出来，并在今后加以讨论、评价和筛选。另外，调查方案一般要提供给客户保存，作为今后的检查依据，所以在撰写调查报告时也要讲究一定的格式。一个完整的市场调研项目规划书通常包括如下内容。

（1）引言。它概述规划书要点，提供项目概况。

（2）背景。它描述与市场调研问题相关的背景。

（3）调查目的和意义。它描述调研项目要达到的目标，调研项目完成产生的现实意义等。

（4）调查的内容和范围。给出调查需采集的信息资料内容，设定调查对象的范围。

（5）调查采用方式和方法。给出收集资料的类别与方式，调查采用的方法，问卷的类型、时间长度、平均会见时间，实施问卷的方法等。

（6）资料分析及结果提供形式。它包括资料分析的方法，分析结果的表达形式等，是否有阶段性成果的报告，最终报告的形式等。

（7）调查进度安排和有关经费开支预算。

（8）附件。它包括设计的问卷、调查表等。

> **同步案例**
>
> **中国证券市场投资者信心指数调查**
>
> 1. 调查背景
>
> 证券投资在本质上是投资者对未来市场的信息所作出的一种决策行为，所以投资者信心的大小影响着金融市场的波动和未来证券市场的表现。投资者的信心提高时，消费和投资倾向于增加；而信心下降则可能导致购买意愿和风险承担意愿的降低。
>
> 基于以上考虑，对投资者信心进行调查，并将投资者的主观判断进行量化描述，测度一定时期内投资者信心的变化，即编制投资者信心指数，是十分必要和紧迫的。对证券管理、研究机构来说，一项系统性的、定期调研并发布的投资者信心指数，往往比简单的市场分析更具有现实意义。
>
> 保护基金公司为了解投资者的具体情况，已经进行了相关的调查，之前的调查分为综合调查和信心指数调查两类。
>
> 2. 调查对象
>
> 本次调查的对象为中国内地个人证券投资者（仅限于个人，不包括机构）。

资源类型：
市场调查方案一般格式

3. 抽样方案

对于基础研究调查，本次抽样设计采用的是分层、多阶段、PPS抽样。

全国性的抽样调查一般都采用多阶段抽样，而多阶段抽样设计的关键是各阶段抽样单元的选择，其中尤其以第一阶段抽样单元最为重要。本项研究除了个别直辖市和城市以外，不要求对省、自治区进行推断，从而可不考虑样本对省的代表性。在这种情况下，选择城市（地级市以上）作为初级抽样单位较为适宜（部分重点城市作为自我代表层）。由于通常情况下，第一阶段抽样时的样本量和初级单元间的方差，将能决定总方差的绝大部分，因此，第一级抽样的分层至关重要；同时，第一级抽样城市的样本量也要设计得比较大。这样，就可以有效地提高整个抽样方案的精度。

本方案采用分层三阶段抽样。各阶段抽样单元确定为：

第一阶抽样：城市（地级市以上）；

第二阶抽样：证券营业部；

第三阶抽样：个人证券投资者。

问题：

本案例节选了《中国证券市场投资者信心指数调查》中的一部分，你认为该调查方案还缺少什么内容？把调查方案补充完整，思路清晰即可。

分析：

市场调查的总体方案设计是对调查工作各个方面和全部过程的通盘考虑，包括了整个调查工作过程的全部内容。调查总体方案是否科学、可行，是整个调查成败的关键。

一个有效市场调查方案包含的主要内容可概括如下：确定市场调查的目标、确定具体的研究提纲、确定调查对象总体、确定调查方式和抽样方法、确定调查费用预算、确定资料整理分析方法、确定报告的提交方式、确定附件部分等。而本调查项目仅仅有背景、抽样对象和抽样方案，缺少的内容较多，必须按照市场调查方案的格式要求对其进行补充完善。

课堂能力训练

1. 中国移动想在全市范围内展开一项调查，旨在了解市民对移动营业大厅服务的满意程度，要完成此次项目的调查方案，应该怎样研究项目的调查背景呢？如何确定调查内容和调查项目？并应该如何考虑调查内容和调查项目两者之间的关系呢？

2. 某酒店为了了解顾客满意度和员工满意度，以便改进酒店的管理，请你组织一次顾客和员工满意度调查,调查内容包括:① 顾客对酒店的知晓度、来本酒店的次数、大堂满意度、客房满意度、餐厅满意度、服务满意度、卫生满意度、酒店设施满意度等;② 员工对酒店的用人机制、物质激励、精神激励、人际关系、劳资关系、企业文化、技术培训、发展期望、企业管理、愉快感、信任感、员工安心度等。按照这样的调查内容设计调查方案。

3. 案例分析。

养老市场调研项目策划书

一、摘要前言

随着中国经济社会的快速发展,人口老龄化是一个很严峻的问题,所以养老问题很重要。我们应该怎样去让自己的父母亲人能够老有所依、老有所乐是现在应当考虑的问题。所以"银发经济"在这个社会上有很大的市场前景。

二、背景

在这个快速发展的社会上,我们的生活貌似没有什么特别欠缺的东西。但我们有一个不得不去考虑的问题就是等我们老的时候该怎么办,怎么才能像年轻时一样去接着享受人生、享受生活。从调查研究来看,我国的人口老龄化很严重,也就是说我们的养老问题是一个大问题。现在养老需求服务面对的问题很多,比如:养老机构的有效需求和有效供给不足、相应的管理人员专业水平较低、老年活动场所少等。在这样的背景下我们去研究养老市场很有必要。

三、调研目的和意义

我们通过去调查养老市场的现状并对其进行分析、研究,从而充分了解养老市场的发展空间和需求,更好地为我们开发养老市场、合理规划养老计划提供有用的资料。我们做此调查有利于充分了解老人的需求,然后更好地去服务这个社会上有养老需求的人们。不仅仅从物质上,还要更好地从精神上去让更多的老人们能够老有所依、老有所乐,保障老年人的生活质量。

四、调研内容

宏观市场的调查:① 宏观经济及政府规划;② 养老市场现状。

需求市场调查:① 市民的住房要求;② 市民的生活质量需求;③ 市民价格支付能力;④ 购买人群;⑤ 购买决策;⑥ 购买偏好。

竞争市场调查:① 竞争者的项目情况;② 竞争者的市场营销策略;③ 竞争者的市场细分的依据及方法。

项目自身情况调查:① 自身项目的整体研究及特性;② 项目的地理位置及费用问题;③ 项目公司的组成。

五、调研范围

选择某地区,在这一区域内对一些养老行业内相关的商家、厂商、业务销售员以及客户进行访谈,从中获得自己所需要的资料。

六、调查采用的方式和方法

调研的方式方法有很多，例如：文献法（通过书面材料，统计数据等文献对研究对象进行间接调查），观察法（现场观察，凭借感觉搜集数据资料），而我们最常用的一种就是问卷调查法，即向有关人员发放调查问卷然后收回，根据有关人员的回答进行分析研究。当然调查中我们应当注意的问题有很多：例如调查老人的一些喜好、习惯，还有我们调查过程中的经费等。

七、资料分析及结果提供形式

进行资料分析的方法也有很多，我们通过对相关人员访问调查、搜集的资料可以采用表格等方法进行分析，进而得出结论，然后才能够帮助我们做好下一步工作。进行分析资料后的结果可以用表格图形等方式表达出来，也可写一份调研报告。

八、调查进度安排和经费预算表

调查进度安排和经费预算表如表 2-2 所示。

表 2-2　调查进度安排和经费预算表

项目	时间安排	经费预算
搜集调查所需资料	2 天	1 000 元
设计调查问卷	2 天	1 000 元
问卷的分发收取	5 天	3 000 元
对问卷进行分析整理	3 天	2 000 元
得出最后结论	1 天	1 000 元

九、附件：养老需求调查问卷

……

讨论题：

（1）通过本案例你了解到市场调查方案都包括哪些内容？

（2）设计调查方案时都应该注意什么？

（3）对于本案例的设计调查方案，你有什么好建议？

职业资格与技能同步训练

一、单项选择题

1. 市场调查策划案就是把已经确定的市场调研问题转化为具体的（　　）。

　　A. 调查内容　　B. 调查目标　　C. 调查方法　　D. 调查资料

2. 下列不属于按课题的作用划分调查课题的是（　　）。
   A. 探索预测性调查课题　　　　B. 理论性调查课题
   C. 描述性调查课题　　　　　　D. 解释性调查课题
3. 一个调查方案制定的最主要依据就是调查（　　）。
   A. 内容　　　　B. 目的　　　　C. 方法　　　　D. 资料
4. 下列不属于调查方案可行性分析的方法是（　　）。
   A. 大众分析法　　B. 经验判断法　　C. 逻辑分析法　　D. 试点调查法
5. 市场调查策划包括选择恰当的调查课题、调查内容和（　　）。
   A. 调查资料　　B. 调查方法　　C. 调查结论　　D. 调查时间
6. 市场调查策划的制定要在实地市场调查（　　）。
   A. 进行一段时间后　　　　　　B. 之后
   C. 之中　　　　　　　　　　　D. 之前
7. 下列选项不属于市场调查策划的原则的是（　　）。
   A. 科学性　　B. 经济性　　C. 有效性　　D. 可行性
8. 市场调查课题的步骤中不包括（　　）。
   A. 背景分析　　　　　　　　　B. 确定课题的相关工作
   C. 试点调查　　　　　　　　　D. 课题的确定
9. 下列选项中不属于市场调查策划内容的是（　　）。
   A. 调查目的　　　　　　　　　B. 确定调查对象和调查单位
   C. 市场调查报告撰写　　　　　D. 调查项目的费用与预算
10. 市场调查策划方案的可行性分析和评价方法不包括（　　）。
    A. 逻辑分析法　　B. 经验判断法　　C. 试点调查法　　D. 邮寄问卷法

二、多项选择题

1. 市场调查策划的作用有（　　）。
   A. 定性认识到定量认识转换　　B. 调查内容转化为调查表
   C. 统一协调的作用　　　　　　D. 了解市场调查的背景
2. 市场调查课题的分类可以按照以下类型划分：（　　）。
   A. 课题的大小　　B. 课题的性质　　C. 课题的作用　　D. 课题的目的
3. 确定调查课题的相关工作包括（　　）。
   A. 和决策者交流　　B. 请教专家　　C. 二手资料分析　　D. 设计调查问卷
4. 市场调查方案的内容包括（　　）。
   A. 前言部分　　　　　　　　　B. 市场调查课题的目的和意义
   C. 市场调查课题的内容和范围　D. 市场调查将采用的方法

E. 课题的研究进度和有关经费开支预算　　　　F. 附件部分
5. 运用试点调查方法进行调查方案的可行性研究，还应注意（　　　）。
   A. 应尽量选择规模小、具有代表性的试点单位
   B. 事先建立一支精干的调查队伍
   C. 调查方法和调查方式应保持适当的灵活性
   D. 二手资料调查的时效性
   E. 及时做好总结工作
6. 进行市场调查策划时应考虑的因素包括（　　　）。
   A. 调查对象和范围　　　　　　B. 调查目的
   C. 天气　　　　　　　　　　　D. 资金
   E. 调查方式方法

文本资源：
学生完成市场调查方案设计作品参考

综合实训

【实训目的】

1. 通过实际操作训练，使学生了解到市场调研方案在整个调研的过程中的重要性和实施步骤。

2. 通过实际操作训练，使学生掌握市场调研方案编写的基本技能。学生能够根据所选的调查项目，设计制作有效的调查方案，提高学生的动手能力和创新思维。

3. 通过实训使学生在实际操作中，提高自身的专业能力与职业核心能力。

学生实训作品展示

【实训内容及要求】

1. 以小组为单位设计一份完整的市场调研方案。
2. 在班级进行小组间的交流，每个小组推荐 1 人说明其所做的调查方案。
3. 由教师与评议小组根据其所做调查方案及发言情况进行打分。

【实训步骤】

1. 明确市场调研方案策划的主要内容。
2. 了解项目背景、调研目的。
3. 组织项目小组，讨论调研内容、调研对象及抽样调研方法、经费预算、调研日程安排等。
4. 小组成员共同商讨初步定下策划方案。
5. 组长向教师汇报，教师指导学生对策划方案进行修改。
6. 组长与组员共同修改完善策划方案。

【组织形式】

以小组为单位组成调研项目小组，针对选择的调研项目，完成市场调研项目规划书的制作。

【考核要点】
1. 市场调研方案的完整性、质量性。
2. 团队的合作力。

项目三
调查问卷的设计

本项目知识点

- 调查问卷的作用
- 问卷的类型和基本结构
- 调查问卷的设计和编排

本项目技能点

- 能按照调查问卷设计的程序设计问卷
- 具有调查问卷设计的具体操作能力

知识导图

图:
调查问卷设计项目框架

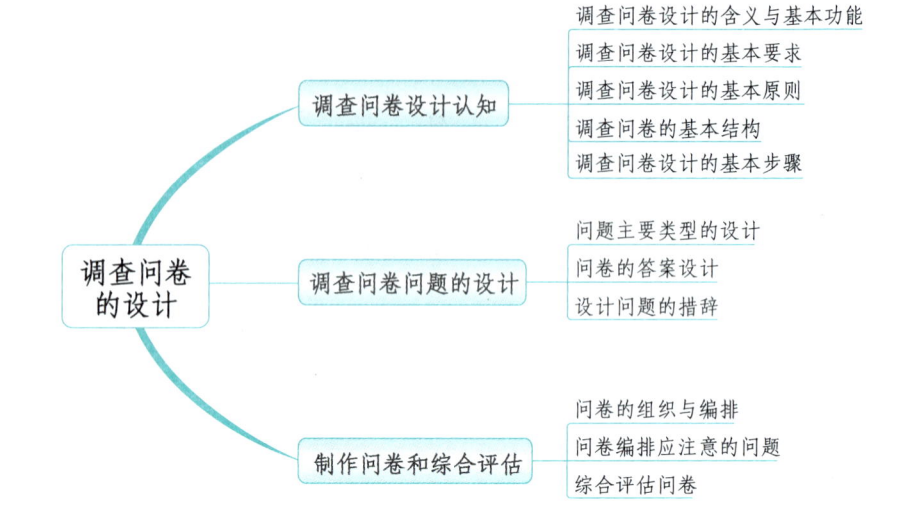

调查问卷的设计
- 调查问卷设计认知
  - 调查问卷设计的含义与基本功能
  - 调查问卷设计的基本要求
  - 调查问卷设计的基本原则
  - 调查问卷的基本结构
  - 调查问卷设计的基本步骤
- 调查问卷问题的设计
  - 问题主要类型的设计
  - 问卷的答案设计
  - 设计问题的措辞
- 制作问卷和综合评估
  - 问卷的组织与编排
  - 问卷编排应注意的问题
  - 综合评估问卷

案例引入

案例引入：
大学生精神文化消费调查案例

大学生手机消费状况调查问卷

亲爱的大学生朋友：

您好！

我是××大学营销专业调查小组的学生，为了了解当今大学生的手机消费情况，特进行本调查，请您抽出10分钟时间回答本问卷的有关问题，谢谢！

1. 性别：(　　)
  A. 男　　　　B. 女

2. 您所在的是哪个年级？(　　)
  A. 大一　　　B. 大二　　　C. 大三　　　D. 大四

3. 您目前拥有手机吗？(　　)
  A. 有　　　　B. 没有

若选择A，请继续回答；若选择B，请直接跳到第6题。

4. 您对目前的手机满意吗？(　　)
  A. 不满意，很想更换　　　B. 一般，可以凑合着用
  C. 较满意，适用　　　　　D. 很满意，是我的最爱

5. 您一般什么时候更换一部手机？(　　)
  A. 从没换过　　B. 用坏才换　　C. 经常更换

6. 若购买手机，您认为合适的价位是多少？(　　)
  A. 1 000元以内　　　　　B. 1 000～1 500元

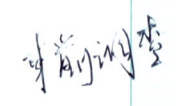

C. 1 500~2 000 元　　　　　　D. 2 000 元以上

7. 购买手机时，您会优先考虑什么样的品牌？（　　）

A. 国外品牌　　B. 国产品牌　　C. 无所谓

8. 您最喜欢的手机功能是什么？（　　）

A. 拍摄功能　　　　　　　　　B. 游戏功能

C. 学习辅助功能　　　　　　　D. 功能越多越好

9. 以下手机促销方式中，最能吸引您的是哪一种？（　　）

A. 购机赠话费　　　　　　　　B. 现场打折

C. 送相关配件　　　　　　　　D. 有抽奖活动

10. 您认为每月合理的手机费用支出是多少？（　　）

A. 50 元以下　　　　　　　　　B. 50~100 元

C. 100~150 元　　　　　　　　D. 150 元以上

11. （多选）您对手机的了解渠道有哪些？（　　）

A. 电视　　　　　　　　　　　B. 报纸

C. 网络　　　　　　　　　　　D. 同学、朋友之间的互相交流

E. 宣传单　　F. 宣传活动　　　G. 卖场广告　　H. 其他

谢谢您的合作！

调查小组就以上调查问卷进行认真研究，全面思考，分析问卷的整体结构是否合理，是否符合课题内容，问卷中的问题是否与答案相关，问卷的组织安排技巧等一系列问题。所以，项目小组在完成此次调查问卷之前需要掌握以下相关基本理论知识：

第一，根据项目任务的要求考虑调查问卷的类型；

第二，按照问卷设计的步骤和问卷的目的，有计划地收集相关资料；

第三，把握问卷设计的原则、要点，设计问卷的题目和答案；

第四，对问卷进行组织和编排；

第五，对设计好的问卷初稿进行综合的评估，评估完成后再进行印刷。

问卷：调查者事先根据调查的目的和要求所设计的，由一系列的问题、说明以及备选答案组成的调查项目表格，所以又称调查表。

3.1　调查问卷设计认知

本节重点和难点：
调查问卷的基本要求和问卷结构

3.1.1　调查问卷设计的含义与基本功能

技能点：
调查问卷设计的基本步骤

市场调查问卷是由一个又一个问题组成的，这些问题凝结着设计人员大量的

智慧和汗水。调查问卷是按一定项目和次序，系统记载调查内容的表格。它是完成调查任务的一种重要工具，也是进行调查的具体依据。采用调查问卷的形式进行调查，可以使调查内容标准化和系统化，便于资料的收集和处理，而且它又具有形式短小、内容简明、应用灵活等优点，所以在市场调查中被广泛采用。

调查问卷的基本功能就是作为提问、记录和编码的工具，从而获得第一手的资料。具体来说，体现在以下几个方面：

（1）将所需信息转化为被调查者可以回答并愿意回答的一系列具体的问题；
（2）引导被调查者参与并完成调查，减少由被调查者引起的计量误差；
（3）使调查人员的提问标准化，减少由调查人员引起的调查误差；
（4）根据它来记录受访者的回答。

问卷设计的方法

3.1.2　调查问卷设计的基本要求

一份完善的问卷调查表应能从形式和内容两个方面同时取胜。

从形式上看，要求版面整齐、美观，便于阅读和作答，这是总体上的要求，具体的版式设计、版面风格与版面要求，这里暂不陈述。

从内容上看，一份好的问卷调查表至少应该满足以下几方面的要求：

（1）问题具体、表述清楚、重点突出、整体结构好。
（2）确保问卷能完成调查任务与目的。
（3）调查问卷应该明确正确的政治方向，把握正确的舆论导向，注意对群众可能造成的影响。
（4）便于统计整理。

3.1.3　调查问卷设计的基本原则

1. 目的明确

问卷设计要紧扣调查目的，从实际出发拟题，重点突出，避免可有可无的问题，并把重要的主题分解为更为详细的内容。只要指标体系设计得好，就很容易达到这个要求。

2. 简明易懂

问卷设计用词简单明了，表述准确，使应答者一目了然，并愿如实回答。尽量避免使用专业术语，敏感性问题的提问要有技巧性。

3. 逻辑清楚

问卷的设计要有整体感，这种整体感即是问题与问题之间要具有逻辑性，使问卷成为一个相对完善的小系统。

问卷设计中要注意问题的逻辑顺序，如主次顺序、相关问题的先后顺序、类别顺序的合理排列。在问卷设计中，一般可以这样设计问题：先易后难、先简后繁、先具体后抽象，只有这样才能使调查人员顺利发问，方便记录，并确保所取得的信息资料正确无误。

4. 便于接受

问卷设计中，应注意：① 问卷的说明词：问卷说明词要亲切、温和。同时要保证替被调查者保密，以消除其心理压力和障碍，使被调查者自愿参与，回答问题。② 问题：提问要自然、有礼貌。尽量少用专业术语，不使用生僻和模棱两可的词语，避免列入一些令被调查者难堪或反感的问题，如：宗教信仰、种族等，以便于被调查者理解和接受。

5. 便于整理分析

成功的问卷设计除了要考虑紧密结合调查主题与方便信息收集外，还有考虑调查结果是否容易得出及其说服力，这就需要考虑问卷的整理与分析工作。例如要求调查指标是能够累加和便于累加的、统计指标的累计与相对数的计算是有意义的、能够通过数据清楚明了地说明所要调查的问题等。

一个成功的问卷设计应该具备两个功能：一是能将所要调查的问题明确地传达给被调查者；二是设法取得对方合作，并取得真实、准确的答案。但在实际调查中，由于被调查者的个性不同，他们的教育水准、理解能力、道德标准、宗教信仰、生活习惯、职业和家庭背景等都具有较大差异，加上调查者本身的专业知识与技能高低不同，将会给调查者带来困难，并影响调查的结果。具体表现为以下几方面：

第一，被调查者不了解或是误解问句的含义，不是无法回答就是答非所问。

第二，回答者虽了解问句的含义，愿意回答，但是自己记忆不清应有的答案。

第三，回答者了解问句的含义，也具备回答的条件，但不愿意回答，即拒答。具体表现在：① 被调查者对问题毫无兴趣。导致这种情况发生的主要原因是对问卷主题没有兴趣，问卷设计呆板、枯燥，调查环境和时间不适宜。② 对问卷有畏难情绪。当问卷时间太长，内容过多，较难回答时，常会导致被调查者在开始或中途放弃回答，影响问卷的回收率和回答率。③ 对问卷提问内容有所顾虑，即担心如实填写会给自己带来麻烦。其结果是不回答，或随意作答，甚至做出迎合调查者意图的回答，这种情况的发生是调查资料失真的最主要原因。例如，在询问被调查者每月收入时，如被调查者每月收入超过 6 000 元时，他就会将纳税联系在一起，从而有意压低收入的数字。④ 回答者愿意回答，但无能力回答，包括回答者不善于表达的意见，不适合回答和不知道自己所拥有的答案等。例如，当询问消费者购买某种商品的动机时，有些消费者对动机的含义不了解，很难作出具体回答。

3.1.4 调查问卷的基本结构

调查问卷通常由标题、封面、指导语、调查内容、编码和调查记录组成。其中，调查内容是问卷的核心部分，是每一份问卷都必不可少的内容，而其他部分则根据设计者需要可取可舍。

1. 标题

它是对调查主题的大致说明。标题要醒目、吸引人，直接点明主题和内容最好。标题就是让被调查者对所要回答的问题先有一个大致的印象，能够唤起被调查者积极参与调查的兴趣。如：麦当劳外卖市场需求状况调查、2019年北京房地产市场消费状况调查等。

2. 封面语

封面语的作用是向被调查者解释和说明调查目的以及有关事项，以争取被调查者的信任，获得积极的支持和配合。封面语的语言要简明、诚恳，篇幅不要太长，以两三百字为宜。用以说明和解释有关调查的相关情况，在封面语中，一般需要说明以下内容：

（1）主办调查的单位、组织或个人身份，也就是说明调查者是谁。调查者的身份既可以在封面语中直接说明，如"我们是北京工业职业技术学院的学生，为了……"；也可以在落款中说明，如"北京工业职业技术学院经济管理系××调查组"。调查者的身份写得越清楚越好，最好同时附上单位的地址、邮政编码、电话号码、联系人姓名等，以体现调查的正式性和有组织性，打消被调查者的疑虑，争取被调查者的信任和合作。

（2）调查的内容，即调查什么。调查内容的说明要体现一致性和概括性。一致性是指封面语中介绍的调查内容要与实际调查内容相同，不能含糊其辞甚至欺骗被调查者。概括性则是指不要过分详细地在封面语中阐述调查的具体内容，一句话概括指出内容的大致范围，如"我们正在我院学生中进行抽烟问题的调查"或者"我们这次调查主要想了解我院学生对垃圾分类的看法"等。

（3）本次调查的研究目的和重要性，即调查原因。这是封面语中一项非常重要的内容。目的叙述需合理、得当，有利于调动被调查者配合的积极性。尽可能说明调查对整个社会、普通大众的现实意义。如"我们这次调查的目的，是要了解学生在借阅图书中遇到的问题，以便为解决图书借阅问题提供依据，进一步改善和提高图书借阅使用效率"。

（4）保密措施。强调调查结果的保密性能，减缓和消除被调查者的疑虑和戒心，激发被调查者参与调查的意愿，如"本调查以不记名的方式进行，我们将依据国家统计法对统计资料保密"。

（5）说明调查对象的积极配合对调查质量的作用。说明的语气要诚恳，使被调查者体会到自己的态度对调查的影响。

除以上内容外，通常还要把对被调查者的真诚感谢写进封面语。

> 示例：
> 说明调查问卷的结构内容

资料链接

调查问卷封面语示例

尊敬的女士/先生：

　　您好！

　　我是北京某职业技术学院市场营销专业调研组成员。目前，我们正在进行一项有关北京市郊区旅游需求状况的问卷调查，希望从您这里得到有关消费者对郊区旅游需求方面的市场信息，请您协助我们做好这次调查。本问卷不记名，回答无对错之分，我们对于您所提供的所有信息将严格保密。

　　下面我们列出一些问题，请在符合您情况的项目旁的"（　）"内打"√"。

　　占用了您的宝贵时间，向您致以诚挚的谢意！

××××调查小组

> 示例：
> 调查问卷封面语示例

3. 指导语

指导语就是用来提示被调查者如何正确填写问卷或指导访问员正确完成问卷调查工作的解释和说明。

有些问卷的填答比较简单，指导语常常在封面语中用一两句话说明就可以了。比如：回答问题时，请您在所选的答案序号上画"√"或在"（　）"处填写出您的答案。

除封面语中的指导语外，最经常使用的是卷头指导语和卷中指导语。卷头指导语一般集中在封面语之后，正式调查问题之前，以"填答说明"的形式出现，其作用是对填表的方法、要求、注意事项做一个总的说明。

卷中的指导语是针对某些比较复杂的调查问题的特定指示，对填答要求、方式、方法进行说明。比如"可选多个答案"；"请按重要程度排列"；"如果不是，请跳过5—10题，直接从11题开始回答"；"家庭人均收入指全家人的总收入除以全家的人数"等。只要有可能成为回答者填答问卷障碍的地方，都要给予被调查者清楚的指导。

4. 调查内容

问卷的调查内容主要包括各类问题、问题的回答方式，这是调查问卷的主体，也是问卷设计的核心内容。这部分内容设计的好坏关系到整个调查问卷的成败，也关系到调查者能否很好地完成信息资料收集，实现调查目标。问题从形式上分为开放式、封闭式和混合式三大类。

开放式问题是只提出问题，不为回答者提供具体答案，由回答者自由回答的问题。例如："您对车辆限行有什么看法？""您喜欢哪类手机功能？"等。开放式问题的优点是不限制回答者的思想，允许回答者按自己的想法发表意见，所得的资料灵活丰富。缺点是答案不标准化，不便于资料汇总、统计和分析，难以进

> 文本资源：
> 学生手册中问卷准备的任务设计与教学过程设计

行量化处理。

封闭式问题是在提出问题的同时，给出若干个答案，要求被调查者根据实际情况进行选择。优点是填答方便，节省时间和精力，所得资料也便于统计分析。缺点是设计要求较高，例如：答案设计须符合客观实际，要尽可能包含所有可能出现的情况，单选答案之间不能相互包含或重叠，同一组答案只能按同一个标准分类，程度答案要按依次顺序排列且前后须对称。

【例1】

> 示例：
> 封闭问题示例

您了解×××汽车的渠道有（　　）。
A. 电视广告　　B. 报纸广告　　C. 网站介绍　　D. 朋友推荐　　E. 其他

混合式问题是在采用封闭式问题的同时，再附上一项或若干项开放式问题。它集合上面两种方式的优点，在实际调查问卷中，是采用较多的一种问卷形式。

5. 编码

编码一般应用于大规模的问卷调查中。因为在大规模问卷调查中，调查资料的统计汇总工作十分繁重，借助于编码技术和计算机，则可大大简化这一工作。

编码就是在问卷设计的同时设计好每一个问题及答案的数字代码，并印制在问卷上。它一般限于答案类别已知的封闭式问题，或者回答已经是数字而不需转换的问题。其目的是便于把答案转换成数字，输入计算机进行处理和定量分析。举例如下：

> 示例：
> 调查问卷编码示例

【例2】

"第五期中国妇女社会地位调查"的家庭户编码的说明是：由4位数组成，具体含义为：第一位为样本类型代码，全国样本为1，省级追加样本为2；第二位为样本区县内的样本街道、乡、镇的序号；第三位为样本街道、乡或镇内的样本居委会或村委会序号；第四位为样本居委会或村委会内的样本户（即家庭户）序号。其中前三位已给定，请根据省、市、自治区妇联下发的"居（村）抽样结果及编号"填写，最后一位按该户在抽样结果表中的顺序填写。

例2中每个回答前的数字就是编码。如果被调查者的回答是"大专"，那么在计算机内存储的答案就是"6"。例3中对年龄的回答本身就是数字，不需要再作转换。

6. 调查记录

调查记录主要包括记录调查人员的姓名、访问日期、访问时间、访问地点等（如果有必要，还可以将被调查者的一系列资料进行登记，但必须事先征得被调查者同意），其目的是核实调查作业的执行和完成情况，以便对调查人员的工作进行监督和检查。

【例3】

简要的作业记录。

被调查者电话_____　　　　调查日期_____

调查开始时间_____　　　　调查结束时间_____

调查员姓名_____　　　　问卷审核日期_____

3.1.5　调查问卷设计的基本步骤

1. 确定问卷纲要

这是根据调查对象的特点、范围，调查的时间和要求，先给调查研究内容写出一份问卷纲要。在这份纲要中应该包括问题的形式、问卷的内容、自变量和因变量以及一些具体的调查项目等。

2. 基础性探索工作

在动手设计调查问卷之前，研究者必须先做一段时间的探索工作，围绕着问卷纲要中所列出的问题。自然、随便地与各种对象交谈，并留心他们的特征、行为和态度，熟悉和了解一些基本的情况。并把研究的各种设想、各种问题、各个方面的内容，在不同类型的回答者中进行尝试和比较，以便获得对各种问题的提法、实际语言组织、可能的回答种类等内容的初步印象和第一手资料。这样可以避免在问卷设计中出现含混不清或抽象的问题，也可以避免设计出不符合客观实际的回答。

3. 设计问卷初稿

根据确定的调查主题或变量设计相应的问题，并将零散的问题按照一定结构组织成一份问卷初稿。组织编写问卷时，需要考虑到各种问题的前后顺序、逻辑结构、对回答者的心理影响、是否便于被调查者回答等多方面因素。

文本资源：
问卷准备阶段中常见问题

4. 评估和试用

问卷调查与访问调查不同，只要问卷一发，一切缺陷和错误都将直接展现在被调查者面前，不能再随时修改和补充，会造成难以弥补的损失。问卷初稿设计之后，不能直接将它用于正式调查，必须对问卷初稿进行评估和试用。一方面，将问卷初稿提交专家或有关领域的研究者进行评审，提出意见，以便修改；另一方面，在小范围内选取样本进行试用检查，检查和分析的方面主要包括：问卷的回收率、有效回收率、填答的准确完整情况等方面。

5. 修改、定稿与印刷

通过评审和试用找出问卷初稿中的问题后，就要对问题逐个分析和修改，对问卷进行修改以后，即可定稿并准备印刷，在问卷定稿阶段，调查者要确定问卷说明词、填表说明、计算机编码等，再一次检查问卷中各项要素是否齐全，内容是否完备。在印刷阶段，调查者要决定问卷外观、纸张质量、页面设置、字体大小等。问卷只有做到印刷精良，外观大方，才能引起被调查者的重视，才能充分实现调查问卷的功能和作用。

本节重点和难点：
调查问卷问题的设计

3.2 调查问卷问题的设计

3.2.1 问题主要类型的设计

1. 设计直接性问题和间接性问题

（1）直接性问题。直接性问题是指通过直接的提问立即就能够得到答案的问题。

注意：这些问题可以是一些已经存在的事实或被调查者的一些不很敏感的基本情况。

例如：您喜欢在什么场所购买衣服？（可多选）（　　　　）

A. 品牌专卖店　　　B. 网络各购物网站　　　C. 超市品牌专柜

D. 就近的商店　　　E. 大卖场

这种类型的问题应该是事实存在的，一般不涉及态度、动机等方面，应答者回复时不会感觉到有压力和威胁。

技能点：
调查问卷问题设计的操作能力

（2）间接性问题。间接性问题指的是被调查者的一些敏感、尴尬、有威胁或有损自我形象的问题。通常是指那些被调查者思想上有顾虑而不愿意或不真实回答的问题。

注意：该类问题一般不宜直接提问，而必须采用间接或迂回的询问方式发问，才可能得到答案。

家庭人均收入、消费支出、婚姻状况、政治信仰等方面的内容，如果不加思考直接询问，可能会引起被调查者的反感，导致调查过程出现不愉快而中断。

例如：您每月收入属于的区间是（　　　　）。

A. 3 000～4 000 元　　　B. 4 001～7 000 元

C. 7 001～10 000 元　　　D. 10 000 元以上

对于敏感性问题可以采取间接询问的方式获得被调查者的回复。

2. 设计开放式问题和封闭式问题

（1）开放式问题。开放式问题是指调查者对所提出的问题不列出具体的答案，被调查者可以自由地运用自己的语言来回答和解释有关想法的问题。

开放式问题一般提问比较简单，回答比较真实，但结果难以定量分析，在对其进行定量分析时，通常是将回答进行分类。例如，"您购买智能手机最主要的考虑因素有哪些？"

其优点是比较灵活，能调动被调查者的积极性，使其充分自由地表达意见和发表想法；对于调查者来说，能收集到原来没有想到，或者容易忽视的资料。同时由于应答者回答了调查者提出的问题，调查者可以从中得到启发，使文案创作更贴近消费者。这种提问方式特别适合于那些答案复杂、数量较多或者各种可能答案尚属未知的情形。

其缺点是被调查者的答案可能各不相同，标准化程度较低，资料的整理和加工比较困难，同时还可能会因为回答者表达问题的能力差异而产生调查偏差。

（2）封闭式问题。封闭式问题是指事先将问题的各种可能答案列出，由被调查者根据自己的意愿选择回答。

【例4】

您购买这款智能手机的主要原因有哪些？（可多选）（　　　　）
A. 价格便宜　　　　B. 玩游戏便捷　　　　C. 整机性能好
D. 售后服务好　　　E. 外观造型别致　　　F. 性价比高

其优点是标准化程度高，回答问题较方便，调查结果易于处理和分析；可以避免无关问题，回答率较高；可节省调查时间。

其缺点是被调查者的答案可能不是自己想准确表达的意见和看法；给出的选项可能对被调查者产生诱导；被调查者可能猜测答案或随便乱答，使答案难以反映自己的真实情况。

3. 设计动机性问题和意见性问题

（1）动机性问题。动机性问题是指为了了解被调查者的一些具体行为的原因和理由而设计的问题。

例如，"您为什么购买××品牌的牙膏？"等。在提动机性问题时，应注意人们的行为可以是有意识动机，也可以是半意识动机或无意识动机产生的。对于前者，有时会因种种原因不愿真实回答；对于后两者，因回答者对自己的动机不十分清楚，也会造成回答的困难。

动机性问题所获得的调查资料对于企业制定市场营销策略非常有用，但是收集难度很大。调查者可以多种询问方式结合使用，尽最大可能将被调查者的动机挖掘出来。

（2）意见性问题。意见性问题是关于回答者的态度、评价、意见的问题，也称态度性问题。

例如："您对学校餐厅服务的总体满意度如何？"

意见性问题在营销调查中也经常遇到，它是很多调查者准备收集的关键性资料，因为意见常常影响动机，而动机决定着购买者的行为。

4. 设计事实性问题和行为性问题

（1）事实性问题。事实性问题是要求被调查者回答一些有关事实性的问题。

例如，"您通常什么时候玩电子产品游戏？"这类问题的主要目的是为了获得事实性资料。因此，问题的意见必须清楚，使被调查者容易理解并回答。通常在一份问卷的开头部分等，这些问题均为事实性问题，对此类问题进行调查，可为分类统计和分析提供资料。

（2）行为性问题。行为性问题是对回答者的行为特征进行调查。

> 文本资源：
> 学生手册中问卷的问题设计与教学过程设计

例如,"您是否课外做兼职?"等。

在实际市场调查中,几种类型的问题常常是结合使用的。在同一份问卷中,既会有开放式问题,也会有封闭式问题;同一个问题,甚至可能隶属于多种类型。调查者可根据具体情况选择不同的提问方式,使用不同的询问技术。

3.2.2 问卷的答案设计

1. 设计量表应答法

在问卷中设计量表应答式问题主要是为了对应答者回答的强度进行测量,同时,许多量表式应答可以转换为数字,这些数字可以直接用于编码。另外,量表式应答回答的问题还可以用更高级的统计分析工具进行分析。

其缺点是应答者可能出现误解。问题有时对应答者的记忆与回答能力要求过高。

目前市场调查中常用的量表主要有以下几种:

① 评比量表。评比量表是比较常用的一种定序量表,调查者在问卷中事先拟定有关问题的答案量表,由回答者自由选择回答。评比量表的优点是省时、有趣、用途广,可以用来处理大量变量。

【例5】

您觉得大学新校区的整体环境怎么样?

A. 很好　　　B. 较好　　　C. 一般　　　D. 较差　　　E. 很差

一般情况下,选项不应超过5个,否则普通应答者可能会难以做出选择。

② 矩阵量表。矩阵量表也称语义差异量表,是用成对的反义形容词测试被调查者对某一事物的态度。在市场调查中,它主要用于市场与产品、个人及集体之间的比较,人们对事物或周围环境的态度的研究。具体做法是在一个矩阵的两端分别填写两个语义相反的术语,中间用数字划分为等级,由回答者根据自己的感觉在适当位置画上记号。

【例6】

您对"京东商城"手机应用的看法是怎样的?下面是一系列评价标准,每个评价标准两端是两个描述意义相反的形容词。请用这些标准来评价"京东商城",在您认为合适的地方打"√"。

可信的	1 2 3 4 5 6 7	不可信的
时尚的	1 2 3 4 5 6 7	不时尚的
便捷的	1 2 3 4 5 6 7	不便捷的
服务态度好	1 2 3 4 5 6 7	服务态度不好
价格贵	1 2 3 4 5 6 7	价格不贵
选择多	1 2 3 4 5 6 7	选择少

2. 设计二项选择法和多项选择法

（1）二项选择法。二项选择法（又称是否法／真伪法）：是指提出的问题仅有两种答案可以选择。"是"或"否"，"有"或"无"等。这两种答案是对立的、排斥的，被调查者的回答非此即彼，不能有更多的选择。如对"您有购买人身保险吗？"这样的问题，答案只能是"有"或"无"。

这种方法的优点是：易于理解和可迅速得到明确的答案，便于统计处理，分析也比较容易。缺点是：难以反映被调查者意见与程度的差别，了解的情况也不够深入。这种方法，适用于互相排斥的两项择一式问题以及询问较为简单的事实性问题。

（2）多项选择法。多项选择法，是指所提出的问题有两个以上的答案，让被调查者在其中进行选择。使用多项选择法时，要求答案尽可能包括所有可能的情况，避免应答者放弃回答或随意回答。

【例7】

你在毕业后选择就业时考虑的主要因素是什么？（可多选）（　　　　）

A. 工资福利　　　B. 经济发达城市　　　C. 有利于自身发展

D. 专业对口　　　E. 才能得以施展　　　F. 积累社会经验

G. 其他

多项选择法的优点是可以缓和二项选择法强制选择的缺点，应用范围广，能较好地反映被调查者的多种意见及其程度差异，由于限定了答案范围，统计也比较方便。缺点是回答的问题没有顺序，且答案太多，不便于归类，对问卷设计的要求较高。一般这种多项选择答案应控制在 8 个以内，当样本量有限时，多项选择易使结果分散，缺乏说服力。

3. 顺序法

顺序法又称排序法，是指提出的问题有两个以上的答案，由被调查者按重要程度进行顺序排列的一种方法。顺序法不仅能够反映出被调查者的想法、动机、态度、行为等多个方面的因素，还能比较出各因素的先后顺序，既便于回答，又便于分析。被选答案不宜过多，以免造成排序分散，增加整理分析的难度，在调查内容必须要求对被选答案进行排序时使用。

【例8】

请按重要程度排列出你在购买文具用品时考虑的影响因素:（　　　　）。

A. 价格　　　B. 品牌　　　C. 包装　　　D. 使用方便

E. 商城促销　　F. 同学或朋友推荐　　G. 其他

4. 回忆法

回忆法是指通过回忆，了解被调查者对不同商品质量、牌子等方面印象的强弱。如"请您列出最近在电视广告中出现的智能手机品牌"，调查时可根据被调查者所回忆牌号的先后和快慢以及各种牌号被回忆出的频率进行分析研究。

5. 比较法

比较法是采用对比提问方式，要求被调查者作出肯定回答的方法。

【例9】

请比较下列每一组不同品牌的智能手机，你更喜欢使用哪一种？（每组中只选一个，分别勾选确认。）

A. OPPO、华为　　　　B. 小米、华为　　　　C. 华为、三星
D. OPPO、小米　　　　E. 小米、三星　　　　F. 华为、苹果

此法采用了一一对比方式，具有一定的强制性，使被调查者易于表达自己的态度。但在实际应用时注意比较项目不宜过多，否则会影响被调查者回答的客观性，也不利于统计分析。

3.2.3　设计问题的措辞

问题的措辞指的是将想要的问题内容和结构翻译成调查对象可以清楚而轻松地理解的用语。

对问卷设计措辞总的要求是：问卷中的问句表达要简明、生动，注意概念的准确性，避免提似是而非的问题，具体应注意以下几点：

1. 避免提一般性的问题

一般性问题对实际调查工作并无指导意义，如"您对某百货商场的印象如何？"这样的问题过于笼统，很难达到预期效果，可具体提问："您认为某百货商场商品品种是否齐全、营业时间是否恰当、服务态度怎样？"

2. 避免用不确切的词

如"普通""经常""一些"等，以及一些形容词如"美丽"等，这些词语，各人理解往往不同，在问卷设计中应避免或减少使用。如"你是否经常购买洗发液？"，回答者不知道"经常"是指一周、一个月还是一年，可以改问"你上月共购买了几瓶洗发液？"

3. 避免使用含混不清的句子

如"你最近是出门旅游，还是休息？"，出门旅游也是休息的一种形式，它和休息并不存在选择关系，正确的问法是："你最近是出门旅游，还是在家休息？"

4. 避免提断定性的问题

断定性问题是先断定被调查者已有某种态度或行为，再进行提问。如："您一天喝多少饮料？"这种问题即为断定性问题，被调查者如果根本不喝饮料，就会无法回答。正确处理方法是在此问题之前可加一条"过滤"性问题。即"您喝饮料吗？"，如果回答者回答"是"，可继续提问，否则就可终止提问。

5. 避免提令被调查者敏感的问题

如果有些问题非问不可，也不能只顾自己的需要、穷追不舍，应考虑回答者的自尊心。如直接询问女士年龄也是不太礼貌的，可列出年龄段：20 岁以下，20—30 岁，30—40 岁，40 岁以上，由被调查者挑选。

6. 问题要考虑到时间性

时间过久的问题易使人遗忘，如"您去年家庭的生活费支出是多少？用于食品、衣服的支出分别为多少？"，除非被调查者连续记账，否则很难回答出来。一般可问："您家上月生活费支出是多少？"显然，这样缩小时间范围可使问题回忆起来较容易，答案也比较准确。

7. 避免否定式提问

否定性提问也称假设性提问，是指对有些要提的问题，先做出某种假设，以此为前提让被调查者做出单项或多项的选择。例如："如果××牛奶涨价1元，您是否将改喝另一种未涨价的牛奶？"或"您觉得这种产品的新包装不美观吗？"。出于多数人都愿意尝试一种新东西，或获得一些新经验的心理，被调查者对这类问题多数会选择答"是"。否定形式的提问会破坏被调查者的思维，造成相反意愿的回答或选择，因此尽量不要使用否定形式的提问。

8. 问句要具体

一个问句最好只问一个要点，一个问句中如果包含过多询问内容，会使回答者无从答起，给统计处理也带来困难。防止出现此类问题的办法是分离语句中的提问部分，使得一个语句只问一个要点。

9. 不要过多假设

这是一个相当普遍的错误。问题撰写者默认了人们的一些知识、态度和行为。例如，"您对××企业上市的策略倾向于同意还是反对？"这一问题假设了应答者知道××企业上市有一个策略并知道策略是什么。

10. 避免诱导性或倾向性提问

诱导性或倾向性问题指的是明确暗示出答案或者揭示出调查人员的观点的文题。合格的调查问卷中的每个问题都应该是中立的、客观的，不应该带有某种倾向性或诱导性，应让被调查者自己去选择答案。如"您认为教师的工资水平是否应该提高？"，问句中的"是否应该提高"这种提法带有明显的肯定倾向，它会导致被调查者选择肯定的答案。可以把问题改为"您认为教师的工资水平如何？"。又如"目前，大多数人认为商品房价格偏高，你认为呢？"。这是个诱导性问题，问题中已经包含了建议答案或推荐被调查者在该问题上应该采取的态度。可以把该问题改为"您认为目前大多数一、二线城市的商品房价格如何？"

> **资料链接**
>
> **调查问卷设计的技巧**
>
> 设计问卷似乎并不是一件非常困难的任务，只要表达出你想了解什么，并写出能得到哪些信息的问题即可。其实不然。虽然撰写问卷很简单，但设计出优秀问卷却不容易。这里有一些在撰写问卷时应该做什么和不应该做什么的要点。
>
> 1. 避免冗长的问题和缺乏针对性的提问。
> 2. 避免应答者可能不明白的缩写、俗语或专业术语。
> 3. 避免使用模糊的修饰语。
> 4. 不要提出要求过多和要求过高的问题。
> 5. 不要过多假设。
> 6. 避免提出带有误差性的问题。

3.3 制作问卷和综合评估

3.3.1 问卷的组织与编排

问卷每一部分的位置都具有一定的逻辑性。具体操作如下。

1. 将过滤性问题放在首位，用来识别哪些是合格应答者

在市场调查问卷中，只有合格的应答者回答的问卷，才可能对我们的数据收集有帮助。通常在问卷较前位置设计一些过滤性的问题来识别合格应答者。

【例10】

以下是某项关于居民住宅消费调查问卷的部分甄别问题。

您好，我是 AA 调研公司的访问员。我们正在进行一次关于居民住宅消费的调查活动，想问您几个问题。

请问您的年龄属于哪一个阶段？

  21 岁以下   1（终止访问）

  22—50 岁   2（继续访问）

  51 岁以上   3（终止访问）

请问您家目前的月平均收入是 10 000 元以下还是 10 000 元以上？

  10 000 元以下   1（终止访问）

  10 000 元以上   2（继续访问）

请问您和您的家人以及与您交往密切的朋友是否有人在下列单位或行业工作？

  广告/媒体公司或公司的广告部门 1（终止访问）
  市场调查公司或公司的研究部门 2（终止访问）
  房地产公司 3（终止访问）
  都没有 4（继续访问）

请问您在北京居住多长时间了？

  5年及以下 1（终止访问）
  5年以上 2（继续访问）

请问您在过去6个月内有没有接受过同类调查？

  有过 1（终止访问）
  没有 2（继续访问）

  问卷的过滤部分也叫甄别部分，主要是先对被调查者进行过滤，筛选掉作废的调查对象，然后有针对性地对特定的被调查者进行调查。通过甄别，一方面可以筛选掉与调查事项有直接关系的人，以达到避嫌的目的；另一方面，确定那些认识合格的调查对象，通过对其调查，使调查研究更具有代表性。

  甄别部分一般包括两个方面：一是看被联系者及家人的工作性质。比如被联系者或其家人如果在广告公司、市场调查公司、咨询公司、媒体或与调查目标相关的行业，一般不属于被调查对象。二是看是否与被调查项目所要求的标准相符。

2. 以一个能引起应答者感兴趣的问题开始访谈

  在介绍性引导语和经过滤性问题发现合格的访问人员后，起初提出的问题应当简单，容易回答，令人感兴趣，这样能提高应答者的积极性，有利于他们把问卷答完。

3. 先问一般性问题

  "热身"问题之后，问卷应当按一种逻辑形式进行。接着开始编排一般性问题，使人们开始考虑有关概念、公司或产品类型，然后再问具体的问题。

  例如有关洗发水的一份问卷是这样开始："在过去的6个星期里，你曾经购买过洗发水、护发素和定型剂吗？"促使人们开始考虑有关洗发水的问题，然后再问有关洗发水的购买频率，在过去三个月里所购品牌，对所购品牌的满意程度，再购买的意向，理想洗发水的特点，应答者头发的特点，最后是年龄、性别等人口统计方面的问题。

  以上例子中的问题编排是逻辑性的，促使消费者跟着问卷考虑洗发水并以个人资料结束。逻辑清晰的问题编排，再加上适当的访问技巧，应答者对提问就不会有太多反感，双方的融洽关系也能很快建立起来。最终应答者也会认识到，这

技能点：
问卷设计编排的操作能力

肯定是对信息的合理要求，不是为了推销产品，由此而建立起信任，并且愿意提供个人信息。

4. 需要思考的问题放在问卷中间

调查开始时，应答者对调查的兴趣与理解是含糊、浅显的，培养兴趣的问题为访问过程提供了帮助。当调查人员转到量表应答式问题时，应答者受到鼓励去理解回答的类别与选择；另外，对于经历较长时间的事情，一些相关问题需要应答者来回忆，这时，应答者已建立起来的回答兴趣以及与访问员形成的融洽关系，就成了这部分访问回答的重要保证。

5. 在关键点插入提示

有时候，由于访谈时间长或应答者有急事的原因，回答问题的兴趣会出现下降，优秀的访问人员能及时发现并努力重新培养起应答者的兴趣。在问卷设计时就应该考虑到。

在问卷的设计与编排的时候，在问卷的关键点插入一些简短的鼓励话语，通常是吸引应答者保持兴趣或重新培养应答者兴趣的重要手段。如"下面没几个问题了！""下面会更容易些！"。另一方面，作为下一部分内容的介绍，可以插入"既然您已帮我们提出了以上的意见，能否再多问您几个问题？"这样的语句，为后面的提问做好铺垫。

6. 把敏感性问题、威胁性问题放在最后

这样做可以保证大多数问题在应答者出现防卫心理或中断应答之前得到回答。并且，此时应答者与访问者之间已经建立了融洽的关系，增加了获得回答的可能性。把敏感性问题放在结尾的理由是应答模式已经重复了许多次，访问人员问一个问题，应答者答一个，此时问及敏感性问题，应答者会条件反射地做出回答。

7. 开放式问题放在后面

开放式问题一般需要较长时间的思考，填写时间也比较长，而受访者一般不愿花太多时间甚至动脑筋思考来完成问卷，如果将开放式问题放在前面，会使被调查者产生畏难心里，影响被调查者填写问卷的积极性。

3.3.2　问卷编排应注意的问题

1. 问卷中问题的排序应注意逻辑性

一般当面访问时，开头应该采用简单的开放式问题，先造成一个轻松、和谐的谈话氛围，使后面的调查能够顺利进行。采用书面调查时，开头应是容易回答且具有趣味性的一般性问题，需要思考的核心调查内容放在中间部分，专门或特殊的问题放在最后。

2. 问卷中问题的排序应该先易后难

一般对公开的事实或状态的描述简单一些，因此放在问卷的较前面位置，而

对问题的看法、意见等需要动脑筋思考的，应放在问卷稍后一点的位置。

3. 一些特殊问题置于问卷的最后

从时间的角度来考虑，最近发生的事情容易回想，便于作答，因此放在问卷前面一点的位置。过去发生的事情，由于记忆容易受到干扰，不容易回想，因此放在问卷较后一点的位置。

许多特殊问题如收入、婚姻状况、政治信仰等一般放在问卷的后面。复杂开放性问题一般放在后面，即使不作答，也不至于影响了其他问题的回答价值。

3.3.3 综合评估问卷

1. 评价问卷

一旦问卷草稿设计好后，问卷设计人员应再回过来做一些批评性评估。如果每一个问题都是深思熟虑的结果，这一阶段似乎是多余的。但是，考虑到问卷所起的关键作用，这一步还是必不可少。在问卷评估过程中，下面一些原则应当考虑。

（1）问题是否必要；
（2）问卷是否太长；
（3）问卷是否回答了调研目标所需的信息；
（4）自填问卷的外观设计；
（5）开放试题是否留足空间；
（6）问卷说明是否用了明显字体等。

2. 获得各方面的认可

进行到这一步，问卷设计的草稿已经完成。草稿的复印件应当分发到直接有权管理这一项目的各部门。实际上，问卷在设计过程中可能会多次加进新的信息、要求或关注。不管调查者什么时候提出新要求，即使问卷设计过程中已经多次加入，经常的修改是必需的，草稿获得各方面的认可仍然是重要的。

有些问题如果没有问，数据将收集不到。因此，问卷的认可再次确认了决策所需要的信息以及它将如何获得。例如，假设新产品的问卷询问了形状、材料以及最终用途和包装，一旦得到认可，意味着新产品开发管理者已经知道"什么颜色用在产品上"或"这次决定用什么颜色"并不重要。

3. 预先测试和修订

当问卷已经获得管理层的最终认可后，还必须进行预先测试。在没有进行预先测试前，不应当进行正式的询问调查。通过访问寻找问卷中存在的错误解释、不连贯的地方、不正确的跳跃模型，为封闭式问题寻找额外的选项以及应答者的一般反应。预先测试也应当以最终访问的相同形式进行。如果访问是入户调查，预先测试应当采取入户的方式。在预先测试完成后，任何需要改变的地方应当

教学录像：
调查问卷的设计

切实修改。在进行实地调研前应当再一次获得各方的认同,如果预先测试导致问卷产生较大的改动,应进行第二次测试。测试通常选择20~100人,样本数不宜太多,也不要太少。

4. 准备最后的问卷

精确的打印指导、空间、数字、预先编码必须安排好,监督并校对,问卷可能进行特殊的折叠和装订。在整个问卷的平面设计中,避免看上去杂乱,要对每一部分的问题进行区隔,力求排版整齐,有层次感,增强被调查者的心理感受。

另外,一份完整的问卷在使用前,要准备管理者说明、访问员说明、过滤性问题、记录纸和可视辅助材料等,以确保数据可以正确地、高效地、合理的费用收集。

同步案例

关于×××公司企业文化调查问卷的初稿

调查问卷初稿

亲爱的女士、先生:

您好!为推进×××公司企业文化建设,了解公司企业文化的现在及未来的改进方向,提升企业凝聚力、向心力,营造良好的工作氛围,特开展无记名式问卷调查。您所提供的信息将作为×××公司企业文化建设工作的重要依据,因此请您独立、客观、真实地填写这份问卷,切勿相互参考。

非常感谢您对×××公司企业文化建设工作的大力支持!

第一部分　背景信息

(请在你对应的选项上打"√")

1. 您所在的岗位是(　　)。

A.×××领导/所、服务区领导/站负责人

B.×××机关、所、服务区中层

C.×××机关、所、服务区管理岗

D.收费、监控岗

2. 您的学历是(　　)。

A.大专及以下　　B.本科　　C.研究生及以上

3. 您的年龄是(　　)。

A.25岁以下　　B.26~35岁　　C.36~50岁　　D.50岁以上

4. 您在×××公司的工作年限为(　　)。

A.1年以下　　B.1~3年　　C.3~10年　　D.10年以上

第二部分　企业文化状况调查

(您可以选择一项或多项,也可以在空白处填写自己的观点或意见)

1. 您喜欢目前的工作吗?(　　)。

A. 喜欢　　　　　B. 不喜欢　　　　　C. 无所谓

D. 讨厌　　　　　E. 不知道

2. 您在公司里工作愉快吗？（　　　）。

A. 愉快　　　　　B. 不愉快　　　　　C. 一般　　　　　D. 其他

3. 您愿意告诉别人您在×××工作吗？（　　　）

A. 不愿意　　　　　　　　　　B. 愿意，但不愿谈及具体工作

C. 乐意告诉别人　　　　　　　D. 无所谓

4. 您工作中的烦恼是（　　　）。

A. 对工作没兴趣　　　　　　　B. 人际关系难处理

C. 工作的报酬低　　　　　　　D. 工作没有挑战性

E. 其他

5. 您对身边的同事持怎样的看法？（　　　）

A. 我喜欢我的同事　　　　　　B. 没有感觉，我一般单独工作

C. 我不喜欢我的同事

6. 您目前的工作条件如何？（　　　）

A. 很舒服　　　　　B. 一般　　　　　C. 恶劣　　　　　D. 其他

7. 您认为公司的组织纪律严明吗？（　　　）

A. 严明　　　　　B. 不太严明　　　　　C. 没有纪律　　　　　D. 其他

8. 公司基层文化活动设施配备及利用状况如何？（　　　）

A. 设置齐全，充分利用　　　　B. 设置较齐全，利用正常

C. 设置不全或利用率低

9. 您对所在部门的团队合作情况是否满意？（　　　）

A. 非常满意　　　B. 比较满意　　　C. 一般

D. 不太满意　　　E. 非常不满意

10. 您有接受培训的机会吗？（　　　）

A. 很多　　　　　B. 有，但不多　　　　　C. 没有机会

11. 您所在部门员工获得奖励和晋升的机会如何？（　　　）

A. 很多　　　　　B. 一般　　　　　C. 偶尔　　　　　D. 几乎没有

12. 您了解公司的规章制度吗，对您有影响吗？（　　　）

A. 不了解　　　　　　　　　　B. 了解，但没有影响

C. 了解，它指导我的行为　　　D. 了解，但规章制度经常脱离实际

13. 您认为公司的规章制度是否合理？（　　　）

A. 非常合理　　　B. 比较合理　　　C. 一般

D. 不太合理　　　E. 非常不合理

您觉得有哪些需要改进的方面：_____

14. 您认为目前公司要获得发展，最需要的是（　　）。
    A. 鼓励内部竞争　　B. 创新　　　　　C. 人性化管理　　D. 科学管理
    E. 团队精神　　　　F. 提高待遇　　　G. 其他
15. 您认为员工需要提高的方面主要是（　　）。
    A. 业务能力　　　　B. 沟通能力　　　C. 专业知识和技能
    D. 敬业精神　　　　E. 忠诚度　　　　F. 其他
16. 您了解公司的发展目标吗？（　）
    A. 不知道　　　　　B. 不关心　　　　C. 想知道，但没有渠道了解
    D. 了解一些　　　　E. 很了解
17. 您如何看待公司企业文化现状？（　　）
    A. 与别的企业大同小异，没什么特色
    B. 已经形成了自己的特色
    C. 理论和实践相差甚远
18. 您认为企业文化应该达到的效果是（　　）。
    A. 使公司人心凝聚、目标一致
    B. 使员工服从公司的目标和决定，全力效力于公司
    C. 使公司更富文化力、人性力
    D. 实现公司、员工、社会的共赢
19. 您认为公司企业文化建设工作，要优先从（　　）方面进行。
    A. 概念层面　　　　　　　　　　　B. 实物层面　　　　C. 宣传工作
    D. 员工意识形态、企业价值观　　　E. 品牌建立与推广　F. 其他
20. 您心目中优秀的企业文化应该是什么样的？

21. 您认为×××公司的企业文化建设难点在于（　　）。
    A. 缺乏动力，对企业文化建设没有达成共识
    B. 不知道如何做，没有牵头部门和组织人员
    C. 内部缺乏共识，没有人员愿意参与企业文化建设
    D. 找不到合适突破口，没有相应的载体
    E. 缺乏良好的内部环境，员工比较冷漠
    F. 没有切实可行的企业制度
    G. 不清楚企业文化的含义
    H. 其他
22. 您认为推广企业文化最有效的途径是（　　）。
    A. 理念宣传培训　　　　　　　　B. 加强沟通渠道的建设
    C. 理念真正落实到制度中去　　　D. 领导模范带头作用
    E. 树立文化标杆人物　　　　　　F. 开展一系列贯穿公司理念的活动

G. 其他

23. 您觉得公司目前应当具备怎样的氛围和工作精神？
_____

24. 您对公司企业文化建设的意见和建议？
_____

谢谢您的合作！

问题：

　　1. 问卷初稿是否符合研究目标？

　　2. 该份问卷的结构是否完整？请说明原因。

　　3. 对于问卷中的内容，有哪些值得修改的地方？并结合这些现有问题提出解决建议。

分析：

　　1. 问卷初稿中提出的问题大部分符合研究目标。通过问卷开头第一部分对被调查者基本情况有了基本了解，可以较准确地过滤无效被调查对象。通过第二部分对企业文化状况及未来的改进方向都有大致的了解，基本上达到了此次调研的目的。

　　2. 问卷的结构不是很完善。该份问卷的初稿没有标题；问题的编码不合适；个别问题有些重复，如问题12和13可以合并；问卷第二部分的问题比较多，可以根据性质再分类，便于收集信息。如问题1—15属于企业价值观念认知类，问题16—22属于企业文化建设类。最后问卷没有作业证明的记载，如调查时间、地点、调查员等栏目。

　　3. 决策建议。针对上述问题，该份问卷可以做出如下修改：

　　（1）为问卷添加标题。如标题可以设置为：×××公司企业文化调查问卷。

　　（2）问卷说明问候语、称呼语要恰当，建议把亲爱的女士/先生改为尊敬的各位同事会更加得体一些。其次问候语要谦虚、诚恳、平易近人。

　　（3）问卷问题的总体编码要重新编写，不能出现两个问题1，以免出现错误。

　　（4）企业文化状况调查可以细分为企业价值观念和企业文化建设两部分，更专业。

　　（5）问卷最后应该有作业证明的记载，如调查时间、地点、调查员等。

　　（6）问题20是开放式问题，应和其他开放式问题一起放在最后。

课堂能力训练

　　1. 某计算机网络公司为了了解上网网民的行为情况，拟组织一次网络抽样调查，调查的内容包括上网网民的性别、年龄、职业、上网方式、上网时间、上网时段、上网费用、上网内容、上网网站、上网速度满意度、上网内容满意度、上网价格满意度、上网网站满意度等。要求设计调查方案和调查问卷。

2. 大学生的就业问题在当前高校不断扩招、就业制度改革、毕业生逐年增加的背景下，已成为一个越来越重要的问题。基于此，大学毕业生应该怎样保持良好的择业心态，维护他们的身心健康，对择业有十分重要的作用。为了最真实地掌握当前大学生就业现状，了解未来几年大学生的就业趋势；最真实地掌握企业招聘现状，了解企业用人标准，以尝试在毕业生和企业之间建立一次沟通对话的机会，拟组织一次相关调查，从而能为大学毕业生、高校和企业提供相关有价值的信息，为促进学生就业起到积极的作用。要求设计调查方案和调查问卷。

3. 案例分析。

×××休闲服装调查项目的问卷设计

一、准备阶段

1. 调查背景

目前，北京某服装有限公司与市场调研机构达成共识，围绕×××休闲服装市场调研项目制定市场调查方案，明确了调查目的、调查对象、调查时间、调查时限及相关的调查内容。现在，调研公司的项目组需要草拟一份消费者个体调查问卷，问卷设计需要充分考虑调研方案中确定的调查主体与内容，符合调查目的以及下一个过程市场信息资料的整理需要。

2. 调查问卷任务目标

本次市场调查的目的是想了解社会大众对该公司服装的了解程度，以及他们的购买行为和消费偏爱。

3. 调查方法

采取各大购物中心随即抽访填写问卷的方式进行。

二、初步设计

1. 拟定问卷标题及说明词

问卷标题：服装市场调查问卷

说明词：您好！我们是×××调研公司调查员，受×××公司的委托，对您进行休闲服装市场调研，此次访谈的目的在于：了解您对×××服装公司旗下服装产品的满意情况，进一步设计、生产出您喜欢和满意的服装产品，进一步为您提供更全面周到的高质量服务。此次调查可能会占用您几分钟的时间，希望得到您的支持与配合。谢谢！

2. 问卷主体设计

（1）请问您是在以下这些单位工作的吗？（　　　　）

A. 市场调研机构或统计局　　　　B. 广告公司或信息咨询机构

C. 电视、报纸等媒体单位　　　　　D. 服装的研制、生产或销售机构

E. 以上都不是

回答 A—D 终止访问，回答 E 继续访问

（2）您最近购买的休闲服装品牌是什么？_____

（3）您觉得×××品牌服装的风格属于哪一种？（　　）。

A. 运动休闲　　　B. 商务休闲　　　C. 牛仔休闲　　　D. 古典休闲

E. 前卫休闲　　　F. 乡村休闲　　　G. 时尚休闲　　　H. 其他

（4）就服装面料而言，你喜欢穿的是（　　）。

A. 牛仔　　　　　B. 针织　　　　　C. 纯棉　　　　　D. 国产

E. 进口　　　　　F. 其他

（5）您选择或购买服装的信息来源是（　　）。

A. 杂志/广告　　 B. 网络　　　　　C. 明星代言

D. 朋友谈论　　　E. 他人穿着

（6）就服装品牌而言，您觉得（　　）。

A. 无所谓，穿着合适就行　　　　　B. 名牌是身份的象征

C. 做工和款式好就行

（7）您认为服饰的品牌意义体现在（　　）。

A. 彰显个性　　　　　　　　　　　B. 体现某个层次的生活状态

C. 提升服装的档次　　　　　　　　D. 不重要

（8）请问您比较偏好的品牌服饰类型是（　　）。

A. 运动服饰　　　B. 休闲服饰　　　C. 职业服装

D. 牛仔服饰　　　E. 其他

（9）你经常购买衣服的地点是（　　）。

A. 商场　　　　　B. 专卖店　　　　C. 市场　　　　　D. 精品店

（10）您理解的服装品质包括下面哪几项？（　　）

A. 做工精良、裁剪合体　　　　　　B. 售后服务到位

C. 面料及配料健康环保　　　　　　D. 使用周期长

（11）您对服装颜色的搭配偏好是（　　）。

A. 热情鲜艳的鲜色系列　　　　　　B. 素雅端庄的浅色系列

C. 狂野冷酷的黑白系列

（12）您对服装的销售、服务有什么期待？（　　）

A. 能针对个人提供些专业的服饰打扮技巧建议

B. 提供最新的流行讯息

C. 有效的客户抱怨处理程序和退换货处理方式

D. 现场服务更加专业、周到

E. 其他

（13）您的职业是（　　）。

A. 公务员　　　　B. 行政事业单位职员　　　　C. 普通工薪职员

D. 企业主　　　　E. 其他

（14）您的收入水平是（　　）。

A. 2 000 元以下　　　　　　　　B. 2 000～3 500 元

C. 3 500～5 000 元　　　　　　　D. 5 000 元以上

（15）您的家庭收入水平是（　　）。

A. 5 000 元以下　　　　　　　　B. 5 000～8 000 元

C. 8 000～10 000 元　　　　　　D. 10 000 元以上

（16）以下哪个是你所能接受的单件服务价位？（　　）

A. 100 元 / 件以内　　　　　　　B. 101～300 元 / 件

C. 301～600 元 / 件　　　　　　D. 601～1 000 元 / 件

E. 1 001～1 500 元 / 件　　　　　F. 1 500 元 / 件以上

万分感谢您的合作！

三、调查问卷的修改、完善和定稿

项目组成员提交了问卷的初稿，项目经理约请委托公司代表、调研公司的负责人，与项目组成员共同审议修改。他们首先就询问问题及答案是否合适进行了研讨，之后就问卷涉及的信息范围是否全面进行了论证，在得到委托方认可后，决定选择城市几个商场随即访谈 50 名消费者检验问卷设计的合理性，如果没有问题就正式排版印制问卷。

阅读以上的材料，回答下面问题：

1. 该份问卷的结构是否完整？说明原因。

2. 对于问卷中的内容，有哪些值得修改的地方？结合问题提出解决建议。

职业资格与技能同步训练

单元技能训练

一、单项选择题

1. 调查问卷的（　　）是调查者所要收集的主要信息，是问卷的主要部分。

A. 前言部分　　B. 主题内容　　C. 附录部分　　D. 说明部分

2. 问卷设计是否合理，调查目的能否实现，关键就在于（　　）内容的设计水平和质量。

A. 前言部分　　B. 主题内容　　C. 附录部分　　D. 说明部分

3. 某调查问卷的问题："您对网上购物有什么看法？"属于（　　）问题。

A. 公开式　　　　B. 开放式　　　　C. 保守式　　　　D. 封闭式

4. 某调查问卷的问题："您自己有手机吗？请选择答案：A. 有；B. 没有"，属于（　　）问题。

   A. 公开式　　　　B. 开放式　　　　C. 保守式　　　　D. 封闭式

5. "××牌啤酒制作精细，泡沫丰富、味道纯正，您是否喜欢？"犯了（　　）方面的错误。

   A. 不易回答　　　B. 措辞不准确　　C. 措辞太复杂　　D. 诱导性提问

6. 某调查问卷的问题："您至今未买电脑的原因是什么？（1）买不起，（2）没有用，（3）不懂，（4）软件少"犯了（　　）方面的错误。

   A. 不易回答　　　　　　　　　　　B. 措辞不准确

   C. 措辞太复杂　　　　　　　　　　D. 缺乏艺术性，引起被调查者的反感

7. 调查问卷不宜过长，问题设计以适度、够用为原则，一般控制在（　　）分钟之内回答完毕为宜，时间过长会引起被调查者的反感。

   A. 5～10　　　　B. 20～30　　　　C. 15～20　　　　D. 0～60

二、多项选择题

1. 一份完整的调查问卷通常包括（　　）、被访者情况、编码和作业记载几部分。

   A. 标题　　　　　B. 问卷说明　　　C. 主题　　　　　D. 问题

2. 调查问卷说明是对（　　）的阐述。

   A. 调查的目的　　B. 调查的意义　　C. 调查的问题　　D. 有关事项

3. 调查问卷前言的主要作用有（　　）。

   A. 引起被调查者的兴趣和重视，使他们愿意回答问卷

   B. 登记调查访问工作的执行和完成情况

   C. 打消公众的顾虑，获取他们的支持与合作

   D. 了解被调查者的基本情况

4. 为提高问卷的质量，主题内容的问题设计需要围绕（　　）进行。

   A. 调查的对象　　B. 调查的单位　　C. 调查的前提　　D. 调查的目的

5. 问卷设计要达到两个目标，即（　　）。

   A. 取得合作　　　B. 容易操作　　　C. 获得准确资料　D. 形式完美

6. 问卷设计所应达到的要求包括（　　）。

   A. 问题清楚明了，通俗易懂，易于回答　　B. 能体现调查目的

   C. 被调查者喜欢　　　　　　　　　　　　D. 便于答案的汇总、统计和分析

7. 按照问题是否提供答案，问卷设计的格式可分为（　　）两种类型。

  A. 公开式　　　　B. 开放式　　　　C. 保守式　　　　D. 封闭式
8. 调查中有人拒答，原因可能有（　　　　）。
  A. 对问题无兴趣　B. 畏难情绪　　　C. 有所顾忌　　　D. 没有给钱
9. 等距量表中的数值可以进行（　　　　）运算。
  A. 加　　　　　　B. 减　　　　　　C. 乘　　　　　　D. 除
10. 根据性质，量表可分为（　　　　）。
  A. 类别量表　　　B. 顺序量表　　　C. 等距量表　　　D. 等比量表

综合实训

文本资源：
学生调查问卷设计典型作品参考

【实训目的】

  1. 通过本项实训训练，帮助学生认识到调查问卷在市场调研中的重要性。在市场调查中，调查问卷是收集第一手资料最普遍、有效的工具。

  2. 通过本项实训训练，帮助学生掌握资料调查的基本技能。学生根据调研项目要求，通过自己动手设计一份调查问卷，从而掌握问卷设计步骤、内容、排序要求等技能，对未来胜任市场调研工作奠定基础。

【实训内容及要求】

  1. 要求学生根据调查计划安排、设计调查问卷。

  2. 根据课堂对调查问卷设计的要求，将所要调查的内容设计出 15~20 项问卷问题，以便能准确地获得调研所需要的资料信息。

【实训步骤】

  1. 以小组为单位，根据所选项目每组要提供 1 份市场调查问卷。

  2. 小组之间进行交流，每个小组推荐 1 人进行介绍。

  3. 教师和学生共同评估给出成绩。

【组织形式】

  1. 以小组为单位设计问卷，组内成员交流修改问卷。

  2. 以个人为单位录入设计问卷。

【考核要点】

  1. 问卷问题设置的合理性。

  2. 问卷问题的排列顺序是否符合逻辑性，选择项是否有遗漏等。

项目四
抽样调查的技术

本项目知识点

- 抽样调查的含义、特点和分类
- 抽样调查方案的执行程序
- 抽样调查技术的常用方法

本项目技能点

- 具备抽样调查方案的设计能力
- 能够根据具体情况应用不同的抽样调查方法

知识导图

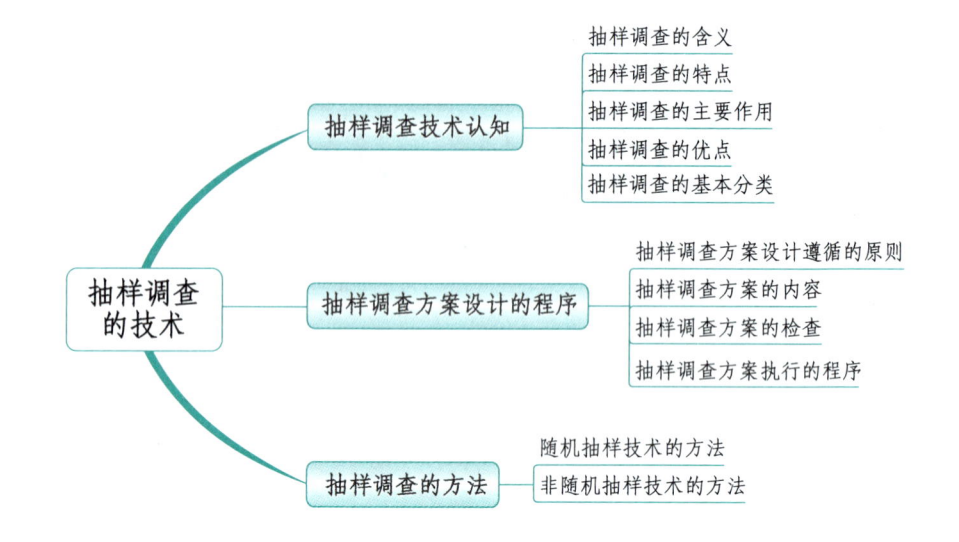

图:
抽样调查准备工作项目框架

```
                              ┌─ 抽样调查的含义
                              ├─ 抽样调查的特点
              ┌─ 抽样调查技术认知 ─┼─ 抽样调查的主要作用
              │                ├─ 抽样调查的优点
              │                └─ 抽样调查的基本分类
              │
              │                      ┌─ 抽样调查方案设计遵循的原则
  抽样调查 ────┼─ 抽样调查方案设计的程序 ─┼─ 抽样调查方案的内容
  的技术       │                      ├─ 抽样调查方案的检查
              │                      └─ 抽样调查方案执行的程序
              │
              │                ┌─ 随机抽样技术的方法
              └─ 抽样调查的方法 ─┴─ 非随机抽样技术的方法
```

案例引入

案例引入:
某高校调查本校学生零用钱的抽样调查方案设计

某高校调查本校学生零用钱的抽样调查方案设计

目前,随着生活水平的提高,学生手中的零用钱日渐增多,有了钱,该怎么使用,是很多老师和家长关注的问题。

我们看到,有的学生选择了心爱的书籍和学具,有的学生选择了美味的零食,也有的学生将大量的钱花在网络游戏中。其实,一个人的很多习惯都养成在大学阶段,从一个学生对待零用钱的态度就能折射出将来当家理财的点点滴滴。

学校为了加强学生的理财意识,合理规划零用钱,计划开展相关课程,为了使课程更加具有针对性,学校希望通过本次调查,了解学生处理零用钱的习惯,培养孩子健康的金钱观和理财能力,促进他们良好素质的形成。已知该学校共 18 个班级,每个班级都有 60 个学生。请针对此种情况设计抽样调查方案。

该案例是一个典型的市场调查抽样方案设计的案例,抽样调查是建立在随机原则基础上,从总体中抽取部分单位进行调查,根据概率估计原理,应用所得资料对总体的数量特征进行推断的一种调查方法。从调查方法上来看,它是属于一种非全面调查。但又与一般调查不同,它不只停留于搜集资料和整理资料,而且还要对资料进行分析,并据以推断总体的数量特征,从而提高统计的认识能力。

针对此案例,项目组成员需要梳理一下市场调查抽样方案包括哪些内容，程序是怎样的，包括哪些工作，进而完成以下问题的解答：

第一，目标总体如何界定；

第二，抽样框怎么确定；

第三，调查样本如何选择。

解答以上问题后，即可以实施调查并测算结果了。

4.1 抽样调查技术认知

本节重点和难点：
抽样调查的含义及特点

4.1.1 抽样调查的含义

抽样调查是建立在随机原则基础上，从总体中抽取部分单位进行调查，根据概率估计原理，应用所得资料对总体的数量特征进行推断的一种调查方法。例如，从某地区全部职工当中随机抽取部分职工，以家庭为单位按月调查取得有关收入、支出等方面的资料，并依据这些资料推断出全区职工的收支情况，这就是一种抽样调查。

从调查方法上来看，它是属于一种非全面调查。但又与一般调查不同，它不只停留于搜集资料和整理资料，而且还要对资料进行分析，并据以推断总体的数量特征，从而提高统计的认识能力。因此，抽样调查的理论和方法在统计中占有很重要的地位。

知识点：
抽样调查的含义

4.1.2 抽样调查的特点

1. 抽样调查的经济性

抽样调查和全面调查相比较，抽样调查能节省人力、费用和时间，而且比较灵活。抽样调查的调查单位要比全面调查的单位少得多，因此既能节约人力、费用和时间，又能比较快地得到调查的结果，这对很多工作是很有利的。例如，农业产量全面调查的统计数据要等收割完毕以后一段时间才能得到，而抽样调查的统计数字在收获的同时就可以得到，一般能早两个月左右，这对于安排农产品的收购、储存、运输等都是很有利的。

知识点：
抽样调查的特点

由于调查单位少，有时可以增加调查内容。因此，有的国家在人口普查的同时也进行人口抽样调查，一般项目通过普查取得资料，另一些项目则通过抽样调查取得资料。这样既可以节省调查费用和时间，又丰富了调查内容。

2. 推断总体的整体性

抽样调查所抽选的调查样本数量，是根据要调查的总体各个单位之间的差异程度和调查推断总体允许的误差大小，经过科学的计算确定的。只要在调查样本的数量上有可靠的保证，样本就会与总体实际十分接近。

3. 样本抽取的随机性

抽样调查从总体中抽选出来进行调查并用以推断总体的调查样本，是按照随机原则抽选出来的，由于不受任何主观意图的影响，因此总体中各个单位都有被抽中的可能性，能够保证被抽中的调查样本在总体中的合理、均匀分布，调查出现倾向性偏差的可能性是极小的，样本对总体的代表性很强。

4. 抽样误差的可控性

抽样调查中的样本误差，在调查前就可以根据调查样本数量和总体中各单位之间的差异程度进行计算，可以把样本误差控制在一定范围之内，调查结果的准确程度比较有把握。抽样调查是对一部分单位的调查，在实际观察标志值的基础上，去推断总体的综合数量特征。当然这种抽样也会存在一定的误差，但抽样误差的范围可以事先加以计算，并控制这个误差范围，以保证抽样推断结果达到一定的可靠程度。

抽样调查也存在某些局限性，它通常只能提供总体的一般资料，而缺少详细的分类资料，在一定程度上难以满足对市场经济活动分析的需要。此外，当抽样数目不足时，将会影响调查结果的准确性。

4.1.3 抽样调查的主要作用

（1）对于现实中不可能进行全面调查而又需要了解其全面情况的现象，可进行抽样调查。

例如，具有破坏性或消耗性产品的质量检验，如灯泡的寿命、轮胎的行程、人体的血液检验以及糖果、食盐等食品和调味品的质量检验，都不可能将所有产品一一进行检查和实验，只能采取抽样调查的方法。

（2）对某些现象虽然可以进行全面调查，但是由于总体范围大、单位数目多，又缺乏原始记录可作依据，实际进行全面调查有许多困难，可进行抽样调查。

例如，城乡居民的家庭收支调查，虽然可以对城乡中每一户居民进行逐一调查，但工作量太大，耗费人力、物力和财力太多，而且常常缺乏原始记录。这时可以采用抽样调查，掌握部分家庭的收支状况，足以说明总体的特征。

（3）抽样调查可对普查和全面调查资料的质量进行检查和修正。

例如，为了检查人口普查资料的正确性，在普查完毕后要抽取 5%~10% 的居民户对一些重要的指标进行详细的复查，用复查结果修正普查资料。比如，我国新中国成立以来的所有人口普查所公布的人口资料，都是经过抽样调查修正普查数据后的结果。

（4）当被调查总体中的单位无限多时，事实上不可能进行全面调查，只能进行抽样调查。

例如，江河、湖泊、海洋中的鱼尾数，大气或海洋的污染程度等。

4.1.4　抽样调查的优点

抽样调查比起全面调查有以下优点：

（1）抽样调查节约费用，快速及时。由于抽样调查需要调查的单位少，搜集整理和汇总工作量少，所以同全面调查相比较，能大大节约人、财、物力，能快速地进行汇总和分析，尤其对于急需的有关信息可以及时地得出所要结果。

（2）抽样调查能够提高资料的准确性和可靠性。由于抽样误差的大小取决于样本容量的大小，也取决于抽样的组织形式，因此，在抽样调查时，可以通过抽样单位数的多少和抽样组织形式的变化来调节和控制抽样误差，同时可以用较少的费用，对所需要的工作人员进行严格的业务培训，提高它们的业务素质，减少调查登记误差，更进一步提高资料的准确性和可靠性。

（3）抽样调查有广泛的应用领域。目前，世界上许多国家在以下方面广泛采用抽样调查法：农产品产量调查；土地资源利用调查；城乡居民家庭收支调查；工业产品质量检验；劳动就业调查；市场、物价和购买力调查；饮水、住宅、人民健康和社会福利调查；科学实验效果调查；环境污染调查；人口、工业、农业等各种普查后的复查；民意测验等。

4.1.5　抽样调查的基本分类

（1）随机抽样是按照随机原则进行抽样，不加主观因素，组成总体的每个单位都有被抽中的概率，可以避免样本出现偏差，样本对总体有很强的代表性。

（2）非随机抽样是按主观意向进行的抽样，组成总体的很大部分单位没有被抽中的机会，使调查很容易出现倾向性偏差。

> 知识点：
> 抽样调查的分类

4.2　抽样调查方案设计的程序

> 本节重点和难点：
> 抽样调查方案执行的程序

4.2.1　抽样调查方案设计遵循的原则

抽样调查方案的设计就是在实际进行抽样调查之前，对整个抽样调查工作过程所作出的通盘考虑和合理安排。一般应遵循以下两条基本原则：

其一，保证抽样的随机性原则。首先，要排除人为的主观因素的干扰，使得总体中的每个单元都有一定的入选机会。其次，要确定合适的抽样框。最后，要选择合适的抽样实施方法及抽样的组织形式，并为其执行提供一切必要的条件。

其二，保证实现最大的抽样效果原则。即在一定的调查费用条件下使抽样误差最小（等价于使估计精度最高），或在给定的精度要求下使调查费用最省。

此外，一个好的抽样调查方案还必须服从目的性和实践性的要求。

4.2.2 抽样调查方案的内容

抽样调查方案所应包括以下几个部分：

（1）有关抽样调查要求方面的内容设计。一是要明确调查目的；二是要明确调查对象和调查单位；三是要明确精度要求或者误差控制要求。

（2）有关抽样推断工作方面的内容设计。① 确定抽样框。② 确定抽样的组织方式及方法。③ 确定样本容量的大小。④ 确定数据处理方式。⑤ 确定推断方式。

（3）有关调查内容方面的设计。调查内容就是所要调查的项目或问题，它是抽样调查方案的核心所在。

（4）有关组织工作方面的内容设计。① 调查人员、组织领导机构的确定以及调查费用的筹措等。② 调查人员的培训。③ 确定搜集资料的具体方法和调查问卷的回收方法等。④ 制定控制回答质量、降低回答误差的方案。

4.2.3 抽样调查方案的检查

设计好的方案在正式实施之前都必须进行检查，用试点的调查数据对方案进行验证，然后才能正式实施调查。抽样调查方案的检查主要包括两个方面：

一是准确性检查。即以方案所要求的允许误差范围为标准，用已掌握的资料（试点资料）来检查其在一定概率保证下，实际的极限误差是否超过方案所允许的误差范围。

二是代表性检查。即以方案中的样本指标与过去已掌握的总体同一指标进行对比，视其比率是否超过规定的要求来判断方案是否满足代表性要求。

4.2.4 抽样调查方案执行的程序

无论采用什么样的方式进行抽样调查，在调查之前都要制定一个周密、完整的抽样方案，以指导整个调查工作。抽样调查方案是指导整个调查过程的纲领性文件，不同的调查方案虽然在内容和形式上有一定的差别，但执行的程序应是一样的，如图4-1所示。

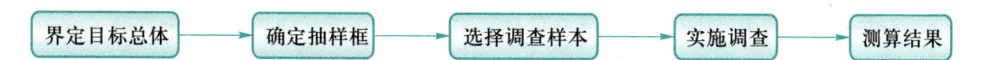

界定目标总体 → 确定抽样框 → 选择调查样本 → 实施调查 → 测算结果

图 4-1 抽样调查方案执行流程

1. 界定目标总体

目标总体是指由调查对象的全部单位所构成的集合体。它是由研究对象中所有性质相同的个体所组成的，组成总体的各个个体称作总体单位或单元。只有明确目标总体，才能从中进行正确的抽样，并保证抽取的样本符合要求。

例如：全国每年进行人口变动量抽样调查，调查的标准时点是上年的 12 月 31 日 24 时，那么全国在该时点生存的每一个人都是调查对象，于是全国在该时刻生存的所有人就构成此次调查的总体。再如，某地进行企业调查，调查对象是各行业、各种所有制及各种规模的企业，那么在该地国有的、集体的及个体的，工业、商业及交通运输等所有行业，大小不等的所有企业构成一个总体。

> 示例：
> 界定目标总体的示例

因此可见，总体的限定是人为的。对于一项调查，调查对象必须明确而不能有丝毫的含混，在抽样调查中，总体一般总是明确的。

一个定义明确的总体包括：①抽样的单位是什么？是个人还是家庭？②时限怎么样，即要获取的信息属于哪一段时间？③地域限制如何，是哪些地区，是否限于城市，或城市的繁华街区？

目标总体的界定还应根据地域特征、人口统计学的特征、产品或服务使用情况、认知程度等因素。

例如：了解济南人拥有手机的情况，目标总体就应为全体济南人，但考虑一些年龄段（如老人和儿童）的人拥有的比例很低，如果全部调查难免事倍功半，于是实际调查时会加上年龄和居住时间等限制，这就形成了一个实际的目标总体。

> 示例：
> 界定目标总体的示例

2. 确定抽样框

要从一个总体中抽选样本，很重要的一个问题是需要一个包括全部总体单元的框架，因此用来代表总体，从中抽选样本的一个框架就称作抽样框。构成抽样框的单元称为抽样单元。无论抽样框采取何种形式，在抽样之后，调查者必须能够根据抽样框找到具体的抽样单元。因此，抽样框必须是有序的。即抽样单元必须编号，且根据某种顺序进行了排列。抽样框中包含的单元务必要不重不漏，否则将出现抽样框误差。

抽样单元不仅指构成抽样框的目录项，同时还表示该目录项所对应的实际总体中特定的一个或一些单元。抽样单元不一定是组成总体的最小单位——基本单元，可能包含一个或一些基本单元。在简单随机抽样中，抽样单元即为基本单元；而在整群抽样中，群即为抽样单元，而群可能包含相当多的基本单元。抽样单元还可分级，一个大的抽样单元可以分成若干小的单元。如在对我国进行人口情况抽样时，可以将省份作为抽样单元，先抽省，在省内抽样时又可以将县作为抽样单元，依次类推。

抽样框是帮助市场研究人员将总体变成可操作的全部抽样单位的清单，它具有以下的特征：结构性、完整性、单一性（不重复性）及可接触性。

抽样框一般有三种：

（1）具体抽样框。即每一个个体的名字都列表成册，可以直接按表册名字抽取样本。

（2）抽象抽样框。即没有直接或具体的表册，只要符合调研条件个体就有被抽取的可能。例如，在某商场某品牌专柜前做消费者抽样，尽管没有抽样名单，但抽样框却是显而易见的。

（3）阶段式抽样。即根据抽样时空阶段的不同而随之改变的抽样框。

3. 选择调查样本

选择调查样本，即在调查总体中选定具体的、需对其实施调查的样本。

（1）确定样本量考虑的因素。样本量的大小受许多因素制约，如调研的性质、总体指标的变异程度、调研精度、样本设计、回答率、项目经费和时间等。一般来说，需要针对不同的情况考虑样本量的问题。

市场潜力等设计量比较严格的调查所需样本量较大，而产品测试、产品定价、广告效果等，人们间彼此差异不是特别大或对量的要求不严格的调查所需样本量较小。

探索性研究所需的样本量一般较小，而描述性研究就需要较大的样本。

收集有关许多变量的数据，样本量就要大一些；如果需要采用多元统计方法对数据进行复杂的高级分析，样本量就应当更大；如果需要特别详细的分析，如做许多分类等，也需要大样本。

针对子样本分析比只限于对总样本分析，所需样本量要大得多。

总体指标的差异化越大，需要的样本量就越高。

调研的精度越高，样本量越大。

随机抽样比非随机抽样数目少一些。

（2）统计方法确定样本规模。样本的规模即确定样本数目的大小，或样本容量的多少。

按照统计方法样本量的确定步骤如下：

第一步，计算初始样本量，公式如下：

$$n_1 = Z^2 S^2 / \Delta^2$$

式中，S：样本标准差；

Z：可信度系数；

Δ：抽样误差范围。

第二步，根据总体大小调整初始样本量 $n_2 = n_1 N / (N + n_1)$，其中，N 表示总体数量。通常情况下，初始样本量比总体小得多，调整作用可忽略不计，在小总体中应该考虑这个环节。

第三步，用设计效应 $deff$ 调整 n_2，得到 $n_3 = n_2 \times deff$。

第四步，用问卷回收率 r 调整 n_3，$n_4 = n_3/r$。

【例1】

某地区居民户为 10 000 户，其中消费水平标准差为 200 元。若采取抽样调查了解其年平均消费水平，并要求 95% 的置信度推断总体，其样本指标与总体指标之间的允许误差范围是 15 元（置信区间为 15 元），则样本单位数按公式计算为：

$$n = \frac{Z_{0.95}^2 S^2}{\Delta^2} = \frac{1.96^2 \times 200^2}{15^2} = 683（户）$$

即根据该调查的置信度、置信区间要求和该总体的标准差，必须抽 683 户进行抽样调查，才能满足研究问题的需要。

示例：
确定样本规模

4. 实施调查

实施调查是对选定的样本运用不同的调查方法进行逐个调查，取得一手资料。如果被访问的样本不在或拒绝接受采访，应设法改变访问技巧，再次访问。在确定无法访问时，才能改变访问对象。

5. 测算结果

测算结果指用样本指标推断总体指标的结果。抽样调查的最终目的是通过对样本的观察，达到对调查总体的一般认识。用样本数据对总体进行估计的内容一般有三个方面：一般水平估计、总体水平估计和平均比率估计。估计或推断的方法有两种：点估计和区间估计。为了说明抽样估计的准确度，还可以进行必要的抽样误差分析和抽样估计的精度分析。

4.3 抽样调查的方法

本节重点和难点：
抽样调查的方法应用

4.3.1 随机抽样技术的方法

随机抽样又称为概率抽样，是指按随机原则从总体中抽取样本的抽样方式。在随机抽样当中，总体的每一个个体都有同样的概率被选中成为样本。这种抽样方法排除了主观的随意性，使样本更具有代表性。随机抽样根据采取的抽样技术不同，又分为简单随机抽样、分层随机抽样、分群随机抽样、系统随机抽样、多阶段随机抽样。

1. 简单随机抽样

简单随机抽样技术是以基本单位作为抽样单位，从总体的 N 个单位中直接

技能点：
简单随机抽样的应用

抽取 n 个单位作为样本,每次抽取时,使总体中任一单位被抽中的概率相等的抽样方法。示意图如图 4-2 所示。

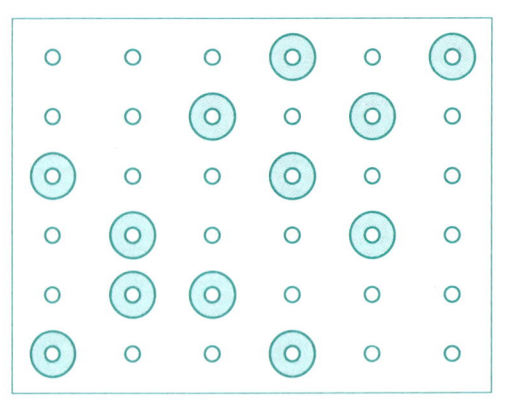

图 4-2　简单随机抽样示意

（1）抽取方法应用。简单随机抽样方式的具体做法主要有三种:

第一,直接抽选法。是指直接从调查对象中随机抽选。例如,从仓库中存放的所有同类产品中随机指定若干件产品进行质量检验;从粮食仓库中不同的地点取出若干粮食样本进行含杂量、含水量的检验等。

第二,抽签法。即先将涉及总体各个单位按照某种自然的顺序编上号,并做成号签,再把号签掺合起来,任意抽取所需单位数,然后按照抽中的号码取得对应的调查单位加以登记调查。

第三,查随机数表法。是指含有一系列组别的随机数字的表格。这种表格的编制,既可以借助电子计算机产生,也可以采用数码机产生或自己编制。表中数字的出现及其排列是随机形成的。查随机数表时,可以竖查、横查、顺查、逆查;可以用每组数字左边的头几位数,也可以用其右边的后几位数,还可以用中间的某几位数字。这些都需事先决定好。但一经决定采用某一种具体做法,就必须保证对整个样本的抽取完全遵从同一规则。

【例 2】

示例:
查随机数表法

要从 80 户居民中抽取 10 户进行收入调查,现将 80 户居民从 1—80 进行编号,然后假设从随机数表中第二行的第五列开始自左向右、自上向下取样,顺序取得的样本号为:35、50、75、12、25、47、70、33、24、03。由于 96、83、87、97、93 这 5 个数字大于 80,故舍去不用。

（2）简单随机抽样的优缺点。①优点:简单随机抽样的抽样理论较为成熟,其他抽样方法都是在简单随机抽样的基础上发展起来的,在所有抽样方法中简单随机抽样是最简单的一种抽样方法,同时也是抽样效率较高的,在相同的样本量下,简单随机抽样的精度比许多实际抽样要高,也是在实践中应用较广的一项抽样技术。②缺点:第一,完整的总体名册不易取得,获取的成本很大,实行困难。第二,当总体样本单位过多时,抽样作业相对不方便进行。第三,样本分配分散时，会增加作业难度。第四，样本单位差异很大时，样本的代表性不足。

（3）简单随机抽样适用条件。简单随机抽样是抽样中最基本也是最单纯的形式，它适用于总体单位数不是太多的均匀总体，即调查总体中各单位之间差异较小的情况，或者调查对象不明，难以分组分类时的情况。如果市场调查范围较大，总体内部各单位之间的差异程度较大，则要同其他随机抽样技术结合使用。

2. 分层随机抽样

根据调查的要求，将总体 N 划分为若干个子总体 N_1, N_2, …, N_i（通常用总体或子总体的容量大小来表示总体或子总体本身），实质上是将总体分为 i 层。独立地在各层中进行抽样，称为分层抽样。如果在各层中的抽样都是简单随机进行，则称为分层随机抽样，所得的样本称为分层随机样本。

> 技能点：
> 分层随机抽样的应用

总体如何分层是一门学问。一般来说，按照调查的目的，从地区、民族、指标的反映程度等因素出发考虑分层。因为一项社会经济调查，常常不仅需对总体的有关参数进行估计，而且对一定群体的相应参数也需要估计。例如，调查全国的消费物价指数，同时想知道各省市的消费物价指数，根据这种要求自然以全国所有省市作为层来进行抽样。示意图如图4-3所示。

（1）分层随机抽样的方法。

第一，等比例分层抽样。等比例分层抽样法是按照各层中样本单位的数目占总体单位数目的比例分配各层的样本数量。

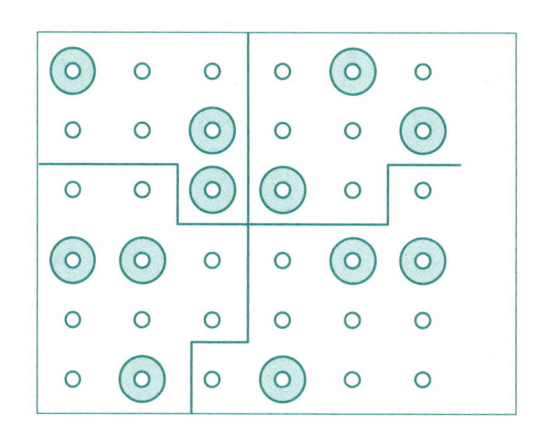

图4-3 分层随机抽样

【例3】

某地共有居民20 000户，按经济收入高低进行分类，其中高收入居民为4 000户，占总体的20%；中等收入居民为12 000户，占总体的60%；低收入居民有4 000户，占总体的20%。从中抽取200户进行购买力调查，则各类型应抽取的样本个数为：

收入高的样本数目为200×20% = 40（户）

> 示例：
> 等比例分层抽样

收入中等样本数目为 200×60% = 120（户）

收入低的样本数目为 200×20% = 40（户）

此种方法简便易行，分配合理，方便计算，误差较小。

第二，非等比例分层抽样。非等比例抽样又称分层最佳抽样，它不按各层中样本单位数占总体单位数的比例分配分层样本数，而是根据各层标准的大小来调整各层样本数目。该方法既考虑了各层在总体中占比重的大小，又考虑了各层标准差的差异程度，有利于降低各层的差异，以提高样本的可信度。

【例4】

> 示例：
> 非等比例分层抽样

利用上例某部门对该区城市居民家用电器用品的潜在需求量调研。假设还是按上例的数字，即抽取的样本为200户，高、中、低收入户分别为4 000户、12 000户、4 000户。假定其标准差估计值，家庭收入高、中、低户分别是30万户、20万户、5万户。为了便于计算观察。如表4-1所示，采用分层最佳抽样法，计算各层应抽的样本数。具体如下：

表4-1 确定样本量的数据表

层（不同经济收入）	每层中调研单位总数（万户）	各层标准差估计值（万户）	单位数 * 标准差
高	0.4	30	12
中	1.2	20	24
低	0.4	5	2
合计	2	—	38

根据分层最佳抽样法原理，各层应抽取样本数分别为

高收入居民户 = 200×（12/38）= 63（户）

中收入居民户 = 200×（24/38）= 126（户）

低收入居民户 = 200×（2/38）= 11（户）

以上两个例子抽取样本的结果可以看出，相比于等比例分层抽样法，由于分层最佳抽样法各层标准差大小不同，家庭收入高的样本增加了23户（63－40），中等收入的分层样本增加了6户（126－120），而低收入家庭样本减少了29户（40－11）。由于购买家用电器同家庭收入水平成正比例关系，所以，增加高、中档层的样本数，相应减少低档层的样本数，将有利于提高样本的准确率。

（2）分层抽样应用场合。

分层抽样适合于调查标的在各单位的数量分布差异较大的总体。因为对这样的总体进行合理的分层后可将其差异较多地转化为层间差异，从而使层内差异大大减弱。

当总体有周期现象时，用分层比例抽样法可以减少抽样方差。通常，在满足下述条件时，分层在精度上会有很大的得益：总体是由一些大小差异很大的单位

组成的；分层后，每层所包含的总体单位数应是可知的，也即分层后各层的权重是确知的或可以精确估计的；要调查的主要变量（标志）与单位的大小是密切相关的；对单位的大小有很好的测量资料可用于分层，也即分层变量容易确定。

就分层随机抽样技术与简单随机抽样技术相比，人们往往选择分层随机抽样技术。因为分层随机抽样作用通常表现为：一是抽样效率高；二是样本代表性好；三是各层的抽样方法可以不同；四是便于组织实施；五是可以推算总体及各层的参数。

3. 分群随机抽样

分群随机抽样，又称整群抽样、聚类抽样，如图4-4所示。它与前几种抽样的最大区别在于，它的抽样单位不是单个的个体，而是成群的个体。它是将总体各单位划分成若干群。然后以群为单位，从中随机抽取一些群，对中选群的所有单位进行全面调查的抽样方式。

技能点：
分群随机抽样的应用

（1）分群随机抽样操作方法。

第一步，选择群单位，将总体划分为若干个群。

整群抽样只是在各群之间抽取一部分群进行调查，群间差异的大小直接影响到抽样误差的大小，而群内差异的大小则不影响抽样误差，群实际上是扩大了的总体单位。这就决定了分群的原则应该是：尽量扩大群内差异，而缩小群间差异。整群抽样中的"群"大致可分为两类，一类是根据行政或地域形成的群体，如学校、企业或街道，对此采用整群抽样是为了方便调查、节省费用；另一类群则是调查人员人为确定的，如将一大块面积划分为若干块较小面积的群，这时，就需要考虑如何划分群，以使在相同调查费用下抽样误差最小。

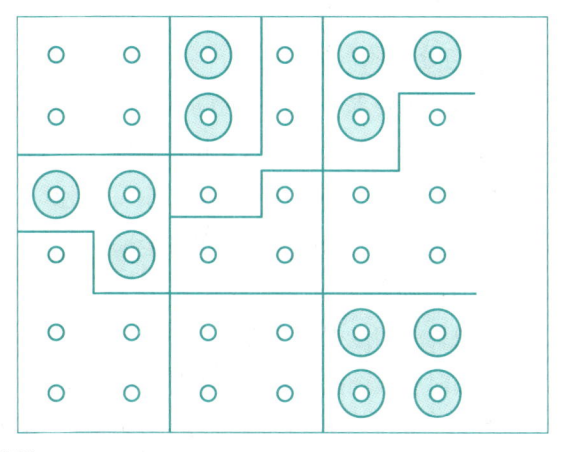

图4-4 分群随机抽样

表4-2列出了不同总量下可能的群单位。

示例：
可能作为群单位的实例

表 4-2　可能作为群单位的实例

总量	变量	基本单位	群或抽样单位
（1）A市	住户特征	寓所	街区
（2）B市	购买衣物	人	寓所或街区
（3）机场	旅游信息	离开旅客人数	航班
（4）大学	就业计划	学生	班级
（5）乡村人口	社会态度	成人	村
（6）通过桥梁年交通流量	发车地和到达地	机动车	40分钟间隔
（7）城市土地所有者档案	税务信息	土地所有者	档案分类账的页数
（8）健康保险档案	医疗数据	卡片	连续10张卡片一组

第二步，编制群单位的信息框，抽取样本群。整群抽样是对群进行随机抽样，抽到的群的所有单位全部入样，因此抽取群单位的时候并不需要总体单位的基本信息。调研人员只需要编制关于群单位的信息框就可以了。另外，在抽取群单位的时候通常可以采取简单抽样的方法。

【例5】

示例：
分群随机抽样

某校有学生2 000名，计划从中抽160名进行调查。可将学生宿舍作为抽样单位。假设该校共有学生宿舍250个，每个宿舍住8个学生。我们可以从250个宿舍中随机抽取20个，其中男生宿舍10个，女生宿舍10个，对抽中的每个宿舍的所有学生进行调查，这20个宿舍共160名学生就是此次抽样的样本。

（2）分群随机抽样与分层随机抽样区别。分群随机抽样与分层随机抽样的内容要求不同，分层随机抽样要求所分各层之间有差异，分层内部的分子具有相同性；分群随机抽样恰恰相反，要求各群体之间具有相同性，每个群体内部的分子具有差异性。从抽样方式上说，每层抽样每类都按一定比例抽取样本，而分群抽样是从总群中抽出若干群，抽出的群的所有单位全部为样本。

（3）分群随机抽样适用场合。

第一，调查人员对总体的组成很不了解；

第二，调查人员为省时省钱而把调查局限于某一地理区域内。

（4）分群随机抽样的优缺点。整群抽样作为一种抽样组织形式，具有的优点：一是，调查单位比较集中，进行调查比较方便，可以减少调查人员来往于调查单位之间的时间和费用。例如，在进行农村居民户收入情况调查时，在一个县抽5‰的村庄，对其所有居民户进行调查，明显比从全县直接抽5‰的农户进行调查，更便于组织、节省人力、旅途往返时间及费用。二是，设计和组织抽样比较方便。例如，调查农村居民住户，不必列出农村所有居民住户的抽样框，可以利用现成的行政区域，如县、乡、村，将农村划分为若干群，这给抽样设计方案带来很大方便。尤其是对那些无法事先掌握总体单位情况的总体，采用整群抽样更为合适。整群抽样的缺点如下：由于调查单位只能集中在若干群上，而不能均匀分布在总体的各个部分，因此，整群抽样的精度比简单随机抽样要低一些。

4. 系统随机抽样

系统随机抽样又称机械抽样、等距抽样。它是先将总体单位按一定标志排列起来，而后按固定顺序和一定距离来抽取样本单位的抽样方式，如图4-5所示。

技能点：
系统随机抽样的应用

图4-5 系统随机抽样

（1）系统随机抽样的方法。采用机械抽样对总体单位进行排队，必须选择一定的标志。标志的选择有两种情况：即无关标志和有关标志。无关标志就是和研究现象毫无关系的一个标志。如对某市职工的月收入进行抽样调查，在抽取样本单位时，将职工以姓氏笔画为标志进行排队就是按无关标志排队。有关标志就是和被研究现象有关系的标志。如在上例中抽取样本单位时，将职工按收入的高低排队就是按有关标志排队。

等距抽样除排队的标志外，还需要考虑抽样间隔的问题。设 N 为总体单位数，n 为样本单位数，k 为抽样距离，则 $k = \dfrac{N}{n}$。

【例6】

母体若为10 000个消费者，抽200人作为样本进行调查，则样本区间为 10 000÷200 = 50，假定从01到50中随机抽出07，则样本单位的号码依次为07，57，107，157……直到抽出200个样本为止。

示例：
系统随机抽样

（2）系统随机抽样应用场合。

第一，当总体信息名录不容易找到，或者总体数量大、编制信息名录工作量大的时候，等距抽样会使得样本的抽取简便易行，简化抽样手续。因为等距抽样所需的只是总体单位的顺序排列，只要随机确定一个（或少数几个）起始单位，整个样本就自然确定，在某些场合下甚至可以不需要抽样框。比如，对上海地区的车辆进行某种特性的抽样检测就可以对车辆牌照采用系统抽样，譬如车牌号码尾数为 39 的车辆必须到检测所参加测试就是每 100 单元中抽一个系统抽样。

第二，样本单位在总体中分布比较均匀时，利用等距抽样技术有利于提高估计精度。如果调查者对总体的结构有一定了解，可以利用已有信息对总体单位进行排列，即按有关标志对总体单位排序，这样采用有序系统抽样就可以有效地提高估计的精度。

第三，当调查人员不熟悉抽样专业技术时，这种方法容易被非专业人员所掌握，而且还因其较易保留抽样过程的原始记录，便于监督和检查，因此在一些大规模抽样调查中，经常采用等距抽样代替简单随机抽样。

系统随机抽样的优点：方便简单，省去了一个个抽样的麻烦，适用于大规模调查，还能使样本均匀地分散在调查的总体中，不会集中于某些层次，增加了样本的代表性。

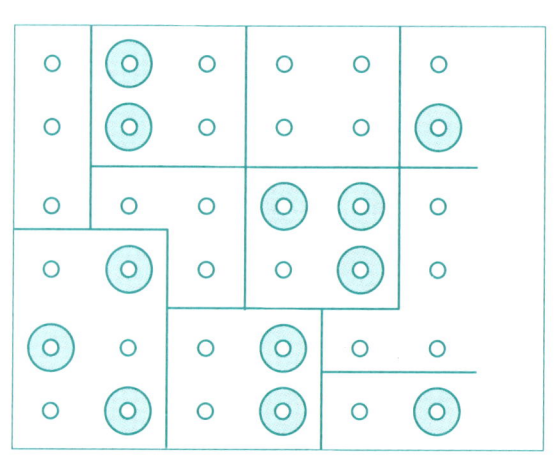

5. 多阶段随机抽样

多阶段随机抽样是指在抽样中不是一次直接从总体中抽取最终的样本，而是把总体进行两个或两个阶段以上的划分，再进行抽样，如图 4-6 所示。

（1）多阶段随机抽样的方法。其操作方法需以下几个步骤完成：

第一步，将总体按某种标准分为若干集体，作为抽样的第一级；然后在第一级的样本中再次划分，作为抽样的第二级。以此类推。

第二步，按随机原则先在第一级单位中抽取第一级样本；再在这些样本中抽取第二级样本。以此类推。

例如：进行全国性的居民入户调查，首先抽取市、县，然后在选中的市、县中抽取街道（乡），再从选中的街道（乡）中抽取居委会（村委会），最后在选中的居委会（村委会）中抽取居民。

技能点：
多阶段随机抽样的应用

文本资源：
多阶段随机抽样操作方法的步骤

图 4-6　多阶段随机抽样

（2）多阶段随机抽样的适用场合。多阶段随机抽样适用于规模较大、范围较广、层次特征和机构特征较显著的总体。在实施分阶段进行时，每阶段都要进行一次抽样，每阶段都会形成误差，最终造成误差的积累，计算较为烦琐。

4.3.2 非随机抽样技术的方法

非随机抽样是指随机抽样法范围之外的抽样，就是调查者根据自己的方便或主观判断抽取样本的方法。它不是严格按随机抽样原则来抽取样本，所以失去了大数定律的存在基础，也就无法确定抽样误差，无法正确地说明样本的统计值在多大程度上适合于总体。虽然根据样本调查的结果也可在一定程度上说明总体的性质、特征，但不能从数量上推断总体。非概率抽样主要有方便抽样、判断抽样、配额抽样、滚雪球抽样等类型。

1. 方便抽样

方便抽样是偶遇抽样、任意抽样，即研究者将在某一时间和环境中所遇到的每一总体单位均作为样本成员。"街头拦人法"就是一种偶遇抽样。某些调查对被调查者来说是不愉快的、麻烦的，这时为方便起见就采用以自愿被调查者为调查样本的方法。方便抽样是非随机抽样中最简单的方法，省时省钱，但样本代表性因受偶然因素的影响太大而得不到保证。

方便抽样由于对调查条件要求较低，在操作时的难度较小。因为并不严格限制受访者，所以访问成功率能更高一些，访问成本也相对较低，同时访问的进度更容易控制。由于调查对象的选择是随意的，对访问员也无须过多地进行监督，可以简化调查控制环节。在许多商业调查中，虽然某些阶段可能使用较严格的抽样程序，但另一些阶段可以遵循便利抽样的原则。

便利抽样并不意味着对受访对象丝毫不加控制，相反，便利抽样更需要进行身份甄别，即确定某一受访者是否符合调查要求。

例如，关于计算机产品的调查可能要求受访者有一定的计算机知识，此时便利抽样是针对确定的计算机用户进行的，访问员可以根据现场情况选择最便于调查的人员，但被选中的人员如果不能满足调查要求，就只能够放弃。

技能点：
方便抽样的应用

2. 判断抽样

判断抽样又称立意抽样，研究人员从总体中选择那些被判断为最能代表总体的单位作样本的抽样方法。判断抽样适用于调查总体构成单位极不相同，调查单位总数比较少，样本数很小的情况。

当研究者对自己的研究领域十分熟悉，对研究总体比较了解时采用这种抽样方法，可获代表性较高的样本。这种抽样方法多应用于总体小而内部差异大的情况，以及在总体边界无法确定或因研究者的时间与人力、物力有限时采用。

技能点：
判断抽样的应用

3. 配额抽样

> 技能点：
> 配额抽样的应用

配额抽样是将总体依某种标准分层（群），然后按照各层样本数与该层总体数成比例的原则主观抽取样本。配额抽样与分层概率抽样很接近，最大的不同是分层概率抽样的各层样本是随机抽取的，而配额抽样的各层样本是非随机的。采用配额抽样，事先要对总体的所有单位按其属性、特征分为若干类型，这些属性、特征称为"控制特征"，如被调查者的姓名、年龄、收入、职业、文化程度等。然后，按照各个控制特征分配样本配额。

例如，在一次调查中，要求受访者20%为学生，40%为机关干部，40%为其他职业，则访问员在进行访问时，就需要严格按照这一配额进行。当接收访问的受访者中某一身份达到配额要求后，就不能再采访此类身份的人员了。

配额抽样是对判断抽样的程序化限制，将对受访者的限制由访问员主观确定转化为设计人员规定，从而有效地保证了样本的代表性。在非概率抽样中，配额抽样是最常见的一种。

配额抽样尽管具有费用低、灵活性强、速度快等优点，但是存在定性标志（如人们的态度、观点等）无法分配的问题，另外由于调查者有极大的自由去选择样本个体，这种方法常因调查者的偏好及个人方便性而使样本丧失代表性，从而降低调查的估计准确度。

4. 滚雪球抽样

> 技能点：
> 滚雪球抽样的应用

滚雪球抽样是以若干个具有所需特征的人为最初的调查对象，然后依靠他们提供认识的合格的调查对象，再由这些人提供第三批调查对象……依次类推，样本如同滚雪球般由小变大。

例如，某研究部门在调查某市劳务市场中的保姆问题时，先访问了7名保姆然后请他们提供其他保姆名单，从而逐步将样本扩大到近百人。通过对这些保姆的调查，对保姆的来源地、从事工作的具体内容、经济收入等状况有了较全面的掌握。

滚雪球抽样的具体操作过程包括以下几个步骤，如图4-7所示。

> 文本资源：
> 滚雪球抽样操作
> 方法的步骤

第一步，认定访问一个或几个具有所需特征的人，依据他们所提供的情况，去寻找其他受访者。

第二步，访问第一批受访者提供的第二批受访者，并让他们推荐下一批受访者。

第三步，重复第二步过程，如此类推，越多越好，直到满足样本量。

优点：便于有针对性地找到调查对象，而不至于"大海捞针"。

局限性：要求样本单位之间必须有一定的联系，并且愿意保持和提供这种关系，否则，将会影响这种调查的进行和效果。

滚雪球抽样多用于总体单位的信息不足或观察性研究的情况。这种抽样中有些分子最后仍无法找到，有些分子被提供者漏而不提，两者都可能造成误差。

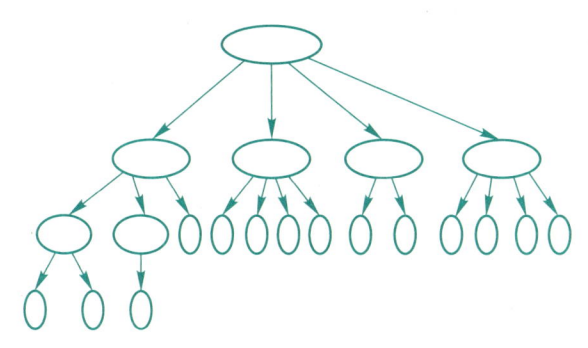

图 4-7　滚雪球抽样示意图

> **同步案例**
>
> ### 样本的抽取
>
> 某地共有居民 20 000 户，按收入高低进行分类，其中高等收入的居民为 4 000 户，中等收入的居民为 12 000 户低收入的居民为 4 000 户。
>
> 问题：
>
> （1）要从中抽取 200 户进行购买力调查，应该如何操作？
>
> （2）如果各层样本标准差中高收入为 300 元，中等收入为 200 元，低收入为 100 元。如何根据公式来确定样本？
>
> 分析提示：
>
> （1）因为购买力是与家庭的收入水平密切相关的，所以以收入水平作为分层变量是合适的。按此变量将总体分为高收入户、中等收入户和低收入户三层。具体的抽样程序如下：
>
> 第一步，计算各层在总体中的比例。
>
> 高收入户：4 000÷20 000×100%=20%
>
> 中等收入户：12 000÷20 000×100%=60%
>
> 低收入户：4 000÷20 000×100%=20%
>
> 第二步，样本单位数的抽取是按各类经济收入的单位数量占总体单位数量的比例进行的抽选，各类型应抽取的样本单位数分别为：
>
> 高收入户的样本单位数目：200×20%=40（户）
>
> 中等收入户的样本单位数目：200×60%=120（户）
>
> 低收入户的样本单位数目：200×20%=60（户）
>
> 第三步，在各层中采取等距抽样方法抽取样本单位。
>
> 这种方法简单易行，分配合理，计算方便，适用于各类型之间差异不大的分类抽样调查，如果各类型之间禅意过大，则不宜采用，而应采用分层最佳抽样法。

（2）各层样本标准差中高收入 300 元，中等收入为 200 元，低收入为 100 元。为便于观察，整理如表 4-3 所示。

表 4-3　调查单位数与样本标准差成绩计算表

各层次 （按不同收入情况）	各层的调查 单位数 N_i（户）	各层的样本 标准差 S_i（元）	乘积 N_iS_i
高	4 000	300	1 200 000
中	12 000	200	2 400 000
低	4 000	100	400 000

注：样本标准差的差别主要凭经验判断确定，上例是假定的，也可通过计算公式确定。计算公式为：样本标准差 = 离差的平方和 ÷ 样本数目。样本单位数是按各种经济收入下的样本标准差的大小进行调整的，按 $n_i = n \times \dfrac{N_iS_i}{\sum N_iS_i}$ 计算，得出各类型应抽选的样本单位数为：
高收入户的样本单位数目：200 ×（1 200 000 ÷ 4 000 000）= 60（户）
中等收入户的样本单位数目：200 ×（2 400 000 ÷ 4 000 000）= 120（户）
低收入户的样本单位数目：200 ×（400 000 ÷ 4 000 000）= 20（户）

　　通过上述计算可以看出，用非比例抽样法与比例抽样法取得的样本数，各层次之间不同，特别是高收入和低收入之间样本标准差相差较大，高收入所抽取的样本数目增加了 20 户，低收入减少了 20 户，中等收入不变。由于购买力同家庭经济收入关系很大，因而增加了高收入层的样本数，相应减少低收入层的样本数，使所抽选的样本更具有代表性。这种以调查单位数和样本标准差两个因素为依据进行的抽样是最佳分层抽样法。

课堂能力训练

　　1. 在市场调查中为什么要实行抽样调查？抽样调查与全面调查相比，有哪些优势和劣势？
　　2. 为进行"某大学食堂满意度调查"，你认为应该如何抽样？请设计一下具体的抽样步骤。
　　3. 案例分析。
　　某公司集团下属有 10 个分公司，$N = 10$，每个分公司的人数 M_i 见表 4-4。现在欲考察分公司的日常办公费用状况。

表 4-4　各分公司人数

分公司编号	人数 M_i	分公司编号	人数 M_i
1	103	6	73
2	432	7	205
3	96	8	168
4	246	9	146
5	84	10	317

阅读以上材料，回答下面问题：

（1）如何抽取样本？

（2）按照你的方法，入选样本的分公司编号为多少？

分析提示：明确抽样调查方案包含的内容，并了解抽样调查方法适用条件。

职业资格与技能同步训练

一、单项选择题

1. 事先将总体各单位按某一标志排列，然后依固定顺序和间隔来抽选调查单位的抽样组织方式叫作（　　）。

    A. 分层抽样　　B. 简单随机抽样　　C. 整群抽样　　D. 等距抽样

2. 计算抽样平均误差时，若有多个样本标准差的资料，应选（　　）来计算。

    A. 最小一个　　B. 最大一个　　C. 中间一个　　D. 平均值

3. 分层抽样的特点是（　　）。

    A. 层内差异小，层间差异大　　B. 层间差异小，层内差异大

    C. 层间差异小　　D. 层内差异大

4. 抽样误差是指（　　）。

    A. 计算过程中产生的误差　　B. 调查中产生的登记性误差

    C. 调查中产生的系统性误差　　D. 随机性的代表性误差

5. 整群抽样是对被抽中的群作全面调查，所以整群抽样是（　　）。

    A. 全面调查　　B. 非全面调查

    C. 一次性调查　　D. 经常性调查

6. 根据 5% 抽样资料表明，甲产品合格率为 60%，乙产品合格率为 80%，在抽

样产品数相等的条件下，合格率的抽样误差是（　　）。

A. 甲产品大　　　B. 乙产品大　　　C. 相等　　　D. 无法判断

7. 整群抽样中的群的划分标准为（　　）。

A. 群的划分尽可能使群间的差异小，群内的差异大

B. 群的划分尽可能使群间的差异大，群内的差异小

C. 群的划分尽可能使群间的差异大，群内的差异大

D. 群的划分尽可能使群间的差异小，群内的差异小

8. 关于多阶段抽样的阶段数，下列说法最恰当的是（　　）。

A. 越多越好　　　　　　　　　B. 越少越好

C. 权衡各种因素决定　　　　　D. 根据主观经验判断

二、多项选择题

1. 抽样调查中的抽样误差（　　）。

A. 是不可避免要产生的　　　　B. 是可以通过改进调查方法来避免的

C. 是可以计算出来的　　　　　D. 只能在调查结果之后才能计算

E. 其大小是可以控制的

2. 重复抽样的特点有（　　）。

A. 各次抽选相互影响　　　　　B. 各次抽选互不影响

C. 每次抽选时，总体单位数始终不变　D. 每次抽选时，总体单位数逐渐减少

E. 各单位被抽中的机会在各次抽选中相等

3. 抽样调查所需的样本容量取决于（　　）。

A. 总体中各单位标志间的变异程度　B. 允许误差

C. 样本个数　　　　　　　　　D. 置信度

E. 抽样方法

4. 分层抽样误差的大小取决于（　　）。

A. 各组样本容量占总体比重的分配状况

B. 各组间的标志变异程度

C. 样本容量的大小

D. 各组内标志值的变异程度

E. 总体标志值的变异程度

5. 在抽样调查中，（　　）。

A. 全及指标是唯一确定的　　　B. 样本指标是唯一确定的

C. 全及总体是唯一确定的　　　D. 样本指标是随机变量

E. 全及指标是随机变量

6. 确定样本量时需要考虑的因素有（　　　　）。
   A. 调查的费用　　　　　　　　B. 调查要求的精度
   C. 调查的时间　　　　　　　　D. 调查的技术
   E. 调查的目的

综合实训

【实训目的】
   1. 通过本项目训练，让学生掌握抽样调查方案设计的能力。
   2. 通过本项目训练，让学生体验抽样方法在实践中的应用。
   3. 提高学生的文字表达能力，以及培养学生的专业素养。

文本资源：
学生抽样调查设计
典型作品参考

【实训内容与要求】
   学生小张正考虑在大学里开一家快餐店，作为可行性调查的一部分，它需要评估人们对新快餐店的态度。调查将通过让被调查者自填问卷的方法在大学中进行。
   请设计此次调查的抽样方案，要求样本尽可能满足以下要求：
   1. 性别：男性、女性各占50%。
   2. 年龄：16岁以下的占20%；16—22岁的占60%；22岁以上的占20%。
   3. 职业：学生占80%；非学生占20%。

【实训步骤】
   1. 以小组为单位，根据实训内容和要求设计抽样调查方案；
   2. 小组之间进行交流，每个小组推荐1人进行介绍；
   3. 教师和学生共同评估给出成绩。

【组织形式】
   1. 全班分小组进行，每组4~6人，自愿组合，合理分工；
   2. 以小组为单位完成相关实训要求。

【考核要点】
   1. 抽样方案内容是否完整；
   2. 总体确定是否正确；
   3. 抽样框是否准确；
   4. 调查样本选择是否得当。

项目五
调查资料采集的方法

本项目知识点

- 市场调查方法选择的意义
- 各种市场调查方法的种类
- 各种市场调查方法的流程

本项目技能点

- 能够根据不同项目任务的要求选择市场调查方法
- 能够灵活运用各种市场调查方法

知识导图

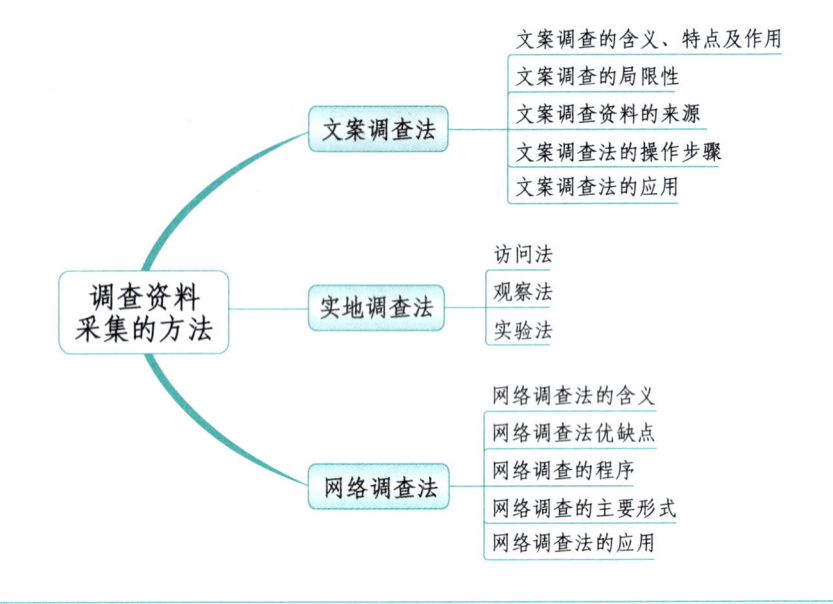

图：调查资料采集的方法项目框架

```
                            ┌─ 文案调查法 ─┬─ 文案调查的含义、特点及作用
                            │              ├─ 文案调查的局限性
                            │              ├─ 文案调查资料的来源
                            │              ├─ 文案调查法的操作步骤
                            │              └─ 文案调查法的应用
                            │
            调查资料         ├─ 实地调查法 ─┬─ 访问法
            采集的方法  ─────┤              ├─ 观察法
                            │              └─ 实验法
                            │
                            └─ 网络调查法 ─┬─ 网络调查法的含义
                                           ├─ 网络调查法优缺点
                                           ├─ 网络调查的程序
                                           ├─ 网络调查的主要形式
                                           └─ 网络调查法的应用
```

案例引入

星巴克的"神秘顾客"

作为观察法的一种，"神秘顾客"调查法涵盖了多种行业，主要应用于快餐服务、高档餐馆、酒店度假、银行和金融服务机构、公寓、便利店、连锁特色零售店、房地产、自营仓储设施、医疗机构和杂货店等。

星巴克是全球性的连锁公司，总公司为了提高每家门店的服务质量，就用"神秘顾客"调查法来监督分店。星巴克国际公司雇佣、培训了一批人，让他们伪装顾客，秘密潜入店内进行检查评分，每一家的星巴克都有自己的监控录像，如对"神秘顾客"的打分有疑义，可以通过监控来查询，"神秘顾客"暗访完的5个工作日后本门店的分数就会分布，低于90分的，本门店当天的值班经理和相应的职员会收到警告书，拿到3次警告书就会被辞退，相应的门店经理也会被开除。由此可见"神秘顾客"对于门店的重要性。因此，星巴克新员工入职培训的第一节课就是由门店经理上课，专门学习"神秘顾客"的理论。

星巴克采用"神秘顾客"调查法的目的是分析各个分店的服务质量和运转情况，这些"神秘顾客"来无影、去无踪，也没有时间规律，这使得星巴克的经理、职员时时感受到某种压力，丝毫不敢疏忽懈怠，服务质量也越来越好。

分析：

该案例是通过实地调查获取第一手资料的一种方法——观察法。观察法是比较典型的实地调查方法，在市场调查中应用的范围比较广泛。

市场调查实施方法的选择是市场调查与分析中的重要一环，调查主题确定后应根据市场调研项目，确定相应的调查研究对象，从而根据目标与对象选择合适的调查方法，比较常用的方法有实地调查法、文案调查法、网络调查法等。如果要在实际工作中灵活应用调查方法，必须明确以下几个问题：

第一，文案调查法的具体方法有哪些，如何应用；

第二，实地调查法的种类有哪些，它们如何应用；

第三，如何应用网络调查的技术采集到我们需要的信息。

调查资料收集是根据市场调查的任务和要求，运用科学的方法，有计划、有组织地向市场收集资料的工作过程。做好市场调查资料的收集工作就要学会针对不同情况选择相应的市场调查方法。

市场调查方法多种多样，可以分别采用文案调查法、实地调查法、网络调查法等。

选择市场调查方法总的原则是：第一，根据调查目的和任务来选择；第二，根据调查对象特点来选择；第三，根据调查活动的经费预算来选择；第四，根据调查活动所需的时间来选择。

如何获取统计数据

5.1 文案调查法

本节重点和难点：
文案调查法的资料来源和操作步骤

5.1.1 文案调查法的含义、特点及作用

1. 文案调查法的含义

文案调查法又叫间接调查法，是通过收集多种历史和现实的动态文献资料，从中摘取与市场调查课题有关的情报，对调查内容进行分析研究的调查方法。

市场信息可以来自两个方面：一是第一手资料，即实地调查资料；二是第二手资料，即已经公开发表并已为某种目的而收集起来的资料。文案调查法是对第二手资料的收集、整理、加工和分析，是一种高效的调查方法。

2. 文案调查法的特点

文案调查法相对于实地调查法，具有以下几个明显的特点：

（1）文案调查法可以克服时空条件的限制，既可以获得现实资料，还可以

知识点：
文案调查法的特点

获得实地调查所无法取得的历史资料。

（2）既能获得本地域范围内的资料，还可以借助于报纸、杂志及互联网等媒介物，搜集其他地区的资料。

（3）文案调查收集到的情报资料受各种因素影响小，调查费用低，效率高。

（4）文案调查的问卷设计、调查人员的培训、交通费用等各项费用的支出，相对于其他方法要低廉。

（5）某些资料只需简单的加工，花费的时间短，能够在经费少、时间有限的情况下进行操作。

3. 文案调查法的作用

文案调查法可以为实地调查提供经验和大量的背景资料，具体表现在：

（1）通过文案调查，可以初步了解调查对象的性质、范围、内容和重点等，并能提供实地调查无法或难以取得的市场环境等宏观资料，便于进一步开展和组织实地调查，取得良好的效果。

（2）文案调查所收集的资料还可用来证实各种调查假设，即可通过对以往类似调查资料的研究来知道实地调查的设计，用文案调查资料与实地调查资料进行对比，鉴别和证明实地调查结果的准确性和可靠性。

（3）利用文案调查资料并经适当的实地调查，可以用来推算所需掌握的数据资料。

（4）利用文案调查资料，可以用来帮助探讨现象发生的各种原因并进行说明。

总之，实地调查与文案调查相比，更费时费力，组织起来也比较困难，故不能或不宜经常进行，而文案调查如果经调查人员精心策划，尤其是在建立企业及外部文案市场调查体系的情况下，具有较强的机动性和灵活性，随时能根据企业经营管理的需要，收集、整理和分析各种市场信息，定期为决策者提供有关市场调查报告。从时间上看，文案调查不仅可以掌握现实资料，还可获得实地调查所无法取得的历史资料。从空间上看，文案调查既能对企业内部资料进行收集，还可掌握大量的有关市场环境方面的资料。

5.1.2　文案调查法的局限性

文案调查法在实际的运用中，依然存在着一定的局限性，具体表现在以下几个方面：

（1）由于较多地依赖于历史资料，难以很好地反映现实中正在发生的新情况。

（2）文案调查资料难以与当前的调查目的吻合，调查结果的准确性受影响，因此对本企业的某个具体的调查项目来说，适应性不高，经过整理也难以保证准确无误。

（3）文案调查要求更多的专业知识、实践经验和技巧，需要具有一定文化水平的人才能胜任，否则难以加工出令人满意的资料。

5.1.3 文案调查法资料的来源

文案调查法资料的来源包括企业内部资料和企业外部资料。

1. 企业内部资料

企业内部的资料，主要是企业在经营活动中所做的各种形式的记录，包括与企业经营活动有关的各种书面的和存储在各种仪器、设备中的资料。这些资料可以由企业的营销信息系统来提供，该系统中存储了大量的有关市场经营的数据资料；也可以由本企业的各种记录来提供，如各种业务资料、统计资料、财务资料以及平时所积累的各种各样的报告、总结、会议记录、用户来信、营销活动的照片与视频等。

> 技能点：
> 文案调查法的资料来源

2. 企业外部资料

企业外部的信息来源很多，信息量更大。包括：发布在互联网上的真实可靠的信息资料；政府机构、行业协会、各种经济信息中心、专业信息咨询机构、银行、消费者组织公布的和提供的各方面的信息资料；各类新闻、出版部门发行的书报杂志以及电台、电视台公布的各种市场信息、经济信息；有关生产和经营机构提供的商品目录、产品说明书、产品价目表、广告资料、专利资料以及上市公司发布的中期和年度财务公告；国内外商品博览会、展销会、洽谈会、订货会上发布的消息；专业性、学术性机构每年召开的年会、学术研讨会上所发表的论文及各级图书馆收藏的大量与企业经营活动相关的二手资料；各种国际组织、外国使领馆、各国银行、经贸部门、各国商会所提供的国际市场信息等。

5.1.4 文案调查法的操作步骤

文案调查的组织工作虽然相对简单，但也遵循一定的步骤，其程序如下：

第一步，评价现有资料，即对手头拥有的资料进行筛选。主要从资料的内容、时间、准确性等方面进行评价。

第二步，寻找收集情报的途径，即一般先从一般资料、最广泛的角度入手，逐步过渡到特殊资料的收集。

第三步，资料的筛选，即剔除与研究问题不相关的、不完整的资料，获得有价值的资料。

第四步，提交调查报告。

5.1.5 文案调查法的应用

文案调查可以发现问题并为市场研究提供重要参考依据。具体适用于以下几个方面：

（1）市场供求趋势分析。即通过收集各种市场动态资料并加以分析对比，以观察市场发展方向。例如，根据某企业近几年的营业额平均以15%的速度增长，由此可推测未来几年营业额的变动情况。

（2）相关和回归分析。即利用一系列相互联系的现有资料进行相关和回归分析，以研究现象之间相互影响的方向和程度，并可在此基础上进行预测。

（3）市场占有率分析。是根据各方面的资料，计算出本企业某种产品的市场销售量占该市场同种商品总销售量的份额，以了解市场需求及本企业所处的市场地位。

（4）市场覆盖率分析。是用本企业某种商品的投放点与全国该种产品市场销售点总数的比较，反映企业商品销售的广度和宽度。

5.2 实地调查法——访问法

本节重点和难点：
实地调查法的种类和应用

技能点：
访问法的应用

实地调查法是在没有明确理论假设的基础上，研究者直接参与调查活动，收集资料，依靠本人的理解和抽象概括，从收集资料中得出一般性结论的研究方法。实地调查所收集的资料常常不是数字而是描述性的材料，而且研究者对现实的体验和感性的认识也是实地调查法的特色。

5.2.1 访问法

1. 访问法的含义

知识点：
访问法的特点和种类

访问法，即访问调查法，又称询问调查法，是调查人员直接向被调查者提出问题，以获得信息资料的调查方法，也称直接调查法，它是市场调查中最常用的方法之一。

2. 访问法的特性

（1）方法灵活性。访问法包含多种方式的调查方法，可采取面访、电话或邮寄的方式，在访问过程中掌握主动性，直接与调查对象交流，可对调查问题进行灵活处理。调查结果受双方素质影响较大。

（2）设计简洁性。访问法必须简单明了，使受访者方便理解，便于回答，以降低拒访率，增加信息收集的可靠性及准确性。

（3）计划周密性。访问法需事先进行周密计划，以应对各种突发状况，保证访问顺利进行，获得所需信息。

3. 访问法的种类

按照不同标志，访问法可以分为许多类型，主要有以下几种：

（1）按访问形式不同，分为面谈访问、电话访问、邮寄访问和网络访问等方法。

（2）按访问方式不同，分为直接访问和间接访问。

直接访问是调查者与被调查者直接进行面谈访问，这种方式可以直接深入到被调查对象中进行访问，也可将被调查者请在一起座谈访问。

间接访问是通过电话或书面形式间接地向被调查者进行访问，如电话访问、邮寄访问、面谈访问中的留置问卷调查等。

（3）按访问内容不同，分为标准化访问和非标准化访问。

标准化访问又称结构性访问，是指调查者事先拟好调查问卷或调查表，有条不紊地向调查者访问，主要应用于数据收集和定量研究。

非标准化访问又称非结构性访问，是指调查者按粗略的提纲自由地向被调查者访问，主要应用于非数据收集和定性研究。

访问调查法的特点是通过直接或间接的问答方式来了解被调查者的意见和看法。整个访谈过程是调查者与被调查者相互影响、相互作用的过程，也是人际沟通的过程。所以，访问要取得成功，要顺利地获得调查所需的资料，不仅要求调查者事先做好调查准备工作，熟练掌握访谈技巧，还要求被调查者密切配合。

5.2.2 面谈访问法

1. 面谈访问法的含义和优缺点

（1）面谈访问法的含义。面谈访问法，是指派调查员当面访问被调查者，询问与调查项目有关问题的方法。它是访问法中的一种常用方法。

（2）面谈访问法的优缺点，如表 5-1 所示。

表 5-1 面谈访问法的优缺点

优点	缺点
● 回答率高 ● 准确性高 ● 灵活性强 ● 互动性好	● 调查成本高、时间长 ● 调查质量容易受到气候、调查时间、被访者情绪等相关因素干扰 ● 对调查者的素质要求高

2. 几种常见的面谈访问法

（1）入户访问。这是指调查员到被调查者的家中或工作单位进行访问，直接与被调查者面对面的交谈。入户访问要求访问者一定要选好访问时间，以确定

知识点：
面谈访问法的优缺点

被调查者在家或单位中；同时访问者要具备较高的人际交往能力，要让对方相信自己，否则，可能被拒之门外。即使出现个别被访问者不支持调查工作的情况，调查人员也应尽可能说服对方或改时间再访。

（2）街头拦截访问。是指调查人员在选定的街道或区域内，按照一定的程序和要求，随机地选择符合条件的过往人员访问。街头拦截访问的问卷必须是简短易答的。

> **媒体资源：**
> 街头拦截教学录像

街头拦截访问主要有两种方式：

第一种方式是经过培训的访问员在事先选定的若干个地点，如商场、公园、休闲广场等，按照一定的程序和要求，选取访问对象，征得其同意后，在现场按照问卷进行简短的面访调查。

第二种方式也叫中心地调查或厅堂测试，是根据研究的要求，按照一定的程序，在事先选定的若干场所的附近，拦截访问对象，征得其同意后，带到专用的房间或厅堂内进行面访调查。这种方式常用于需要进行实物显示的或特别要求有现场控制的探索性研究，或需要进行实验的因果关系调查。

（3）个人采访。是指调查人员就某一个专门的问题，有目的地选择一些在这方面有特殊经历或经验的人进行访问，以获得比较详细和丰富的资料。

（4）留置问卷访问。

留置问卷调查是调查人员将调查表当面交给被调查者，并对有关问题作适当解释说明，留给被调查者事后自行填写，按约定日期收回问卷的调查方式。

留置问卷访问的优点如下：

- 回收率高。由于留置问卷调查过程是当面送、当面收，所以问卷的回收率高。
- 内容全面。依据调查者的意图，问卷内容可以详细周密，需要了解什么问题就设置什么问题。
- 可信度高。由于问卷留给被访者填答，被访者有充分时间详细思考，认真作答，而且不受调查者的主观影响，可避免由于时间仓促或误解产生误差，所以可信度高。

留置问卷访问的缺点如下：

- 调查受区域范围的限制，难以进行大范围的留置问卷调查。
- 调查费用高，比入户访问要多跑一趟去回收问卷，调查费用相应增加。

3. 面谈访问法的应用

这种方法主要适用于调查范围较小而调查项目比较复杂的情况，如对消费者与媒介研究、产品研究、市场容量研究等的调查。面谈访问法的调查流程图见图5-1。

（1）访前准备阶段。作为第一阶段，其主要工作是做好访谈方案，其中包括确定访谈目的、确定被访者、设计问卷、时间地点的选择及其他的一些组织、

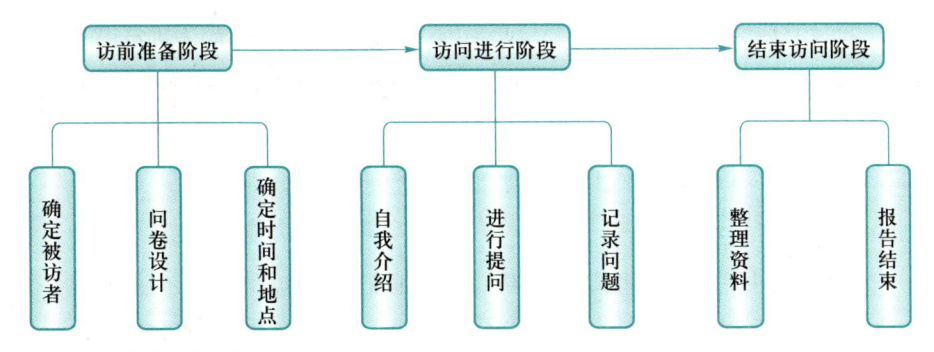

```
访前准备阶段 → 访问进行阶段 → 结束访问阶段
  ├ 确定被访者        ├ 自我介绍        ├ 整理资料
  ├ 问卷设计          ├ 进行提问        └ 报告结束
  └ 确定时间和地点    └ 记录问题
```

图 5-1　面谈访问法调查流程

实施工作安排。访问人员应事先了解被访者的基本情况，对一些在访问中可能会遇到的问题和困难要做到心中有数，同时准备访问的工具、材料等。

（2）访问进行阶段。这阶段主要是进行访问，关键是访问气氛要融洽，才能获得所需资料。访问员在访谈过程中要能控制访问的进程、突出重点、善于引导和启发；访谈时要注意自身的言谈举止、遵循一定的道德准则。

（3）结束访问阶段。这阶段要注意做现场检查，包括问卷中是否有遗漏、信息是否有不准确的，如有错误，尽量当场更正。资料搜集完整后，要及时地整理、分析，提交报告。

4. 访谈人员的注意事项

（1）通过寻找共同点来接近被访者。访问者开始与调查对象接触时，涉及访问的内容先避而不谈，而把话题引到双方共同关心和感兴趣的其他问题上去，以引起对方的共鸣，使对方产生碰到了知己的感觉，然后再切入主题。

（2）从正面直接接近被访者。双方一见面，访问者即开门见山，作了自我介绍后，直接向被访问者说明来意，以委婉的言辞来取得对方的配合。此法简便、省时、效率高，在对方无顾虑的情况下，一般都可以采用此法。

（3）访谈的开始阶段。主要是做这样几件事：打招呼、问好、自我介绍、说明访谈的目的和话题。

（4）进行访问。访问者要热情有礼貌，不失约，要有必要的寒暄、真挚的感谢，注意对方的身份、称谓，提问要得体，并设法造成友好的气氛。要把握住方向及主题，能避免的题外话尽量避免。必须抓紧一切时间和机会，随时记录，如果事先向被访问者说明，则名正言顺，当面记录，用录音或照相，如果没有事先说明，则应事后抓紧时间追记。

（5）时刻注意被访人的情绪变化，不要使访问为他的情绪所左右，不要用刺激情感的字眼，使用的言语越简单越好，题目不能过多，时间注意不能太长。

（6）群体访谈操作程序和要求与个别访谈基本相同，但有一些特殊要求。要注意受访者的选取要有一定的代表性，受访者的人数要适当（一般为 5～10

人），访谈开始要说明访谈发言的一些规则，对那些没有发言的人进行提示，尽可能了解各种不同的意见和看法，在结束访谈时，表示感谢和分发小纪念品。

5.2.3 电话访问法

1. 电话访问法的含义

电话访问法是指调查者预先选定要调查的问题，以电话的形式向被调查者征询意见，从而获得信息资料的一种调查方法。电话访问常用于样本数量多，调查内容简单明了，易于让人接受、需快速获取信息的调查事项的调查。现在最常见于老百姓比较关心的社会事物的调查、了解。中央电视台经济频道每天就一个社会普遍关心的话题，如孩子成长中的儿歌问题，展开电话调查，可以打电话、发短信来参与。

2. 电话访问法的优缺点

电话访问法的主要优缺点如表 5-2 所示。

> 媒体资源：
> 电话访问教学录像

表 5-2 电话访问法的优缺点

优点	缺点
● 调查速度快，操作方便 ● 成本低、回答率高 ● 覆盖面广	● 通话时间不宜过长，调查不深入 ● 调查工具无法综合使用 ● 受地区限制，无电话地区无法采用此方法

3. 电话访问法的流程

电话访问法的流程见图 5-2。

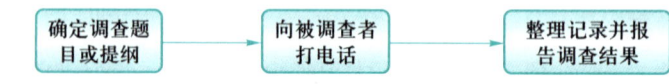

确定调查题目或提纲 → 向被调查者打电话 → 整理记录并报告调查结果

图 5-2　电话调查法流程

4. 电话访问中应注意的几个问题

（1）应预先设计好要了解的问题，最好以问卷形式进行。调查过程中要简明扼要，突出问题的重点；问题不宜太多，并注意最好采用两项选择法进行调查，注意方言与普通话的场合使用。

（2）为了提高电话访问的效率，有时对重要的访问也可以先寄一封信或一张明信片给受访者，说明将要进行的电话访问的目的、内容和时间。

（3）访问的时机要从受访者的实际情况出发，最好避开工作和晚上休息时间，以提高调查的效率。电话访问还有一个特殊的要求，就是电话铃响至没有人接听才可以断定家中无人，才能做出放弃访问的决定。

（4）注意吸引被访者的注意力。在通话的过程中，应掌握主动权，在开头的介绍中就能引起被访者的兴趣，否则，容易遭到拒绝。吸引的方法有很多，应在实践中多加以总结。比如，由公司的主要负责人进行调查，或者以高层主管的名义进行调查，可以克服受访者不重视的问题。在进行正式访问前，应说明访问时间，尽量精简开场白。

5.2.4 邮寄访问法

1. 邮寄访问法的含义

邮寄访问法就是将设计好的调查表通过邮局或快递寄给被调查者，请被调查者填好后在规定的日期内寄回。

2. 邮寄访问法的优缺点

邮寄访问法的主要优缺点如表 5-3 所示。

表 5-3　邮寄访问法的主要优缺点

优点	缺点
● 调查区域广泛 ● 费用节省 ● 被调查者作答自由度高 ● 被调查者有较充分的时间填写问卷 ● 匿名性较强，可得到直接访问得不到的信息	● 问卷回收率低 ● 信息反馈时间长，会影响资料的时效性 ● 被调查者可能有意无意漏答问题 ● 填写问卷的人可能不是目标被调查者，影响样本的代表性 ● 对答题次序无法控制 ● 对受教育程度低者不适用 ● 缺少现场指导，无法纠正被调查者误解的问题

3. 邮寄访问法应注意的问题和应用范围

在使用邮寄访问法时应注意：催收问卷，需要准备一定的礼品进行酬谢，邮寄问卷时附上回邮的信封并贴足邮费，允许快递寄回问卷时选择到付等。

邮寄调查法的应用范围：与其他调查方法相比，邮寄调查方法要求被调查者有一定的文化程度，能理解问卷和答题方式，并有一定的素质，能配合调查人员并寄回调查问卷。所以，邮寄调查在城市比在农村适用；在文化发达的地区比在文化不发达的地区适用；在专业技术人员群体中比在各种人员构成的群体中适用。

5.3 实地调查法——观察法

5.3.1 观察调查法的含义

知识点：
观察调查法的含义和程序

观察调查法，又称观察法，是指观察者根据特定的研究目的，利用感觉器官和其他科学手段，有组织、有计划地对研究对象进行考察，以取得研究所需资料的方法。观察法不直接向被调查者提问，而是从旁观察被调查者的行动、反应和感受。

5.3.2 观察调查法的优缺点

技能点：
观察调查法的应用

观察法的优缺点如表5-4所示。

表5-4 观察法的优缺点

优点	缺点
● 客观真实，准确可靠 ● 时效性长，可作为其他方法的补充 ● 简便易行，灵活性强	● 调查成本较高、时间较长 ● 趋于表面化 ● 易受阻碍

5.3.3 观察调查法的程序

为了能够获得有用的信息，采用观察法调查时应遵循一定的调查程序，不能简单、盲目地进行。

观察法的调查流程是：第一步要提出调查的目的及相应的被调查对象，设计好观察记录表格；第二步进行正式调查，可以是表格记录或仪器的记录；第三步对观察取得的资料进行整理分析，并提出观察结果。观察法的具体程序见图5-3。

确定调查题目 设计观察记录表格 准备观察仪器 → 正式调查 登记表格 仪器记录 → 整理资料 报告结果

图5-3 观察法的调查流程

在具体操作过程中要注意不能凭调查人员的主观想象、直觉来进行观察记录；在使用仪器前要进行检查，而且为了不干扰调查对象，保持观察场景的自然状态，最好不要公开使用一些观察仪器，如摄像机等；在某些情况下也可以事先告知被调查者，以便于与调查人员积极配合。

5.3.4 观察调查法的记录技术

（1）观察卡片。观察卡片或观察表的结构与调查问卷的结构基本相同，卡片上列出一些重要的能说明问题的项目，并列出每个项目中可能出现的各种情况。

（2）速记。速记是指用一套简便易写的线段、圈点等符号系统地来表示文字，进行记录的方法。

（3）头脑记忆。头脑记忆是指在观察调查中，采用事后追忆的方式进行的记录，多用于调查时间急迫或不宜现场记录的情况。

（4）机械记录。机械记录是指在观察调查中使用录音、录像、照相的相关仪器等进行记录。

5.3.5 观察调查法的主要应用

1. 观察顾客的行为

了解顾客行为，可促使企业有针对性地采取恰当的促销方式。所以，调查者要经常观察或者摄录顾客在商场、销售大厅内的活动情况，如顾客在购买商品之前，主要观察什么，是商品价格、商品质量还是商品款式等；顾客对商场的服务态度有何议论等。

2. 观察顾客流量

观察顾客流量对商场改善经营、提高服务质量有很大好处。例如，观察一天内各个时间进出商店的顾客数量，可以合理地安排营业员工作的时间，更好地为顾客服务；又如，为新商店选择地址或研究市区商业网点的布局，也需要对客流量进行观察。

3. 观察产品使用现场

调查人员到产品用户使用地观察调查，了解产品质量、性能及用户反映等情况，实地了解使用产品的条件和技术要求，从中发现产品更新换代的前景和趋势。

4. 观察商店柜台及橱窗布置

为了提高服务质量，调查人员要观察商店内柜台布局是否合理，顾客选购、付款是否方便，柜台商品是否丰富，顾客到台率与成交率以及营业员的服务态度如何等。

5. 交通流量观察

为了更合理地定位某一街道、路段的商业价值或提出可行的交通规划方案，常需要调查某一街道的车流量、行人流量及其方向。调查时可由调查人员或用仪器记录该街道在某一时间内所通过的车辆、行人数量及方向，并测定该街道车辆和行人的高峰和平峰的规律，供营销决策参考。

5.4 实地调查法——实验法

5.4.1 实验法的含义

> 知识点：
> 实验法的含义和类型

实验法是在对某个问题进行调查时，假设其他因素不变而分别研究其中某一个因素或某几个因素对调查问题所产生影响的一种调查方法。实验法是一种类似于实验室求证的调查方法，又称因果性调查法，它可以验证某一个因素与另一个因素是否存在因果关系，要验证因果关系就必须证明两个因素之间符合因果条件。

5.4.2 实验法的优缺点

实验法的主要优缺点如表 5-5 所示。

表 5-5 实验法的优缺点

优点	缺点
● 方法科学，结果较准确 ● 增强主动性，开拓新市场 ● 可以探索不明确的因果关系，实验结论有较强的说服力	● 费用大，时间长 ● 自变量难以控制 ● 保密性较差 ● 难以实施

5.4.3 实验法的基本类型

按照实验场所的不同，可将实验法分为实验室实验和现场实验两种。

1. 实验室实验

实验室实验是指在模拟的人造环境中进行实验，易操作，所需时间较短，费用较低。

2. 现场实验

现场实验是指在实际的环境中进行实验，较难操作，所需时间较长，费用较高。现场实验又分为产品实验和销售实验。

> 示例：
> 实验法的示例

（1）产品实验。是指对产品的质量、性能、规格式样、色彩等方面的市场反应进行调查，其基本方法是举办产品试用（试穿、试戴、试尝、试饮）会。

例如，北京某日化厂试制一款新型抗皱霜，在没有上市之前，让目标市场的消费者进行短时间实际消费性试用，同时派出技术人员对消费者的使用情况进行考察，通过试用，征求消费者对产品在各个方面的意见和建议。调查人员可以用访问法或表格法进行提问测试，如你喜不喜欢这种抗皱霜，你认为这款产品的效果如何，你最喜欢的是这款产品的哪一方面，这款产品的包装好不好，这款产品的价格是否合理，这款产品的香型你是否喜欢，你认为霜体是用白色或淡绿色好还是用其他颜色好，等等。

（2）销售实验。是指产品在大量上市之前，以有限的规模在代表性的市场内试销，得出销售效果。

5.4.4 实验法的应用范围

实验法只适用于对当前市场现象的影响分析，对历史情况和未来变化影响较小，如产品准备改变品质、变换造型、更换包装、调整价格、改换渠道、变动广告、推出新产品、变动产品陈列等，都可采用实验法测试其效果，可利用展销会、试销会、交易会、订货会等场合进行测试。

5.5 网络调查法

本节重点和难点：
网络调查法的程序和主要形式

5.5.1 网络调查法的含义

网络调查法，是传统调查在新的信息传播媒体上的应用。它是指在互联网上针对调查问题进行调查设计、收集资料及分析咨询等活动。与传统调查方法相类似，网络调查也有对原始资料的调查和对二手资料的调查两种方式，即利用互联网直接进行问卷调查，收集第一手资料，可称为网上直接调查；或利用互联网的媒体功能，从互联网收集第二手资料，称为网上间接调查。

5.5.2 网络调查法优缺点

1. 网络调查法的优点

（1）调查成本低。实施网上调查节省了传统调查中耗费的大量人力和物力，调查成本低，调查结果更便捷。

（2）调查速度快。网上信息传播速度非常快，如用 E-mail，几分钟就可把问卷发送到各地，问卷的回收也相当快。利用统计分析软件，可对调查的结果进行即时统计，整个过程非常迅速。

知识点：
网络调查法的优缺点

（3）调查隐匿性好。网络调查的隐匿性较离线调查高，网络调查的这一特点可使被访者在填答问卷时的心理防御机制降至最低程度，从而保证填答内容的真实性，回答问题时更加大胆、坦诚，调查结果可能比传统调查更为客观和真实。

（4）调查具有交互性。这种交互性在网上市场调研中体现在两方面，一是在网上调查时，被访问者可以及时就问卷相关的问题提出自己的看法和建议，可减少因问卷设计不合理而导致的调查结论出现偏差等问题；二是被访问者可以自由地在网上发表自己的看法，同时没有时间的限制。

（5）调查结果的可靠性和客观性。由于网络的特殊性，被调查者容易打消顾虑，真实地回答问题，使调查的可靠性大大提高。同时，网上调查可以避免访问调查时人为错误导致调查结论偏差，从而保证了调查结果的客观性。

（6）调查的可检验性和可控制性。利用网上调研收集信息，可以有效地对采集信息的质量实施系统的检验和控制。这是因为网上市场调查问卷可以附加全面规范的指标解释，有利于消除因对指标理解不清或调查员解释口径不一而造成的调查偏差；问卷的复核检验由计算机依据设定的检验条件和控制措施自动实施，可以有效地保证对调查问卷100%的复核检验，保证检验与控制的客观公正性。

2. 网络调查法的缺点

（1）调查范围受到限制。由于受网络分布影响，从而使调查范围受到限制，资料的代表性只能是有限群体的。

（2）调查结果的准确性不能验证，结果的正确与否很难断定。一方面受被调查者对互联网技术和操作方法的熟练程度影响；另一方面也受被调查者的态度影响，因在访问过程中不被监控，完全取决于自身，如果是漫不经心的回答，资料的准确性必然降低。

（3）调查问卷回收率低。为了提高回收率，必须对调查问卷的设计技巧提出更高的要求。

5.5.3 网络调查的程序

网络调查的程序与其他调查方法的程序相比有所不同，它的整个调查过程都在互联网的计算机上进行。

具体流程是：先在计算机上进行问卷设计并确定样本，然后将问卷通过电子邮件等形式传递给被调查者，被调查者将问卷在计算机上填好后以同样的形式传递回来，最后调查者在计算机上进行整理分析并报告结果。整个过程见图5-4。

> 知识点：
> 网络调查法的程序和主要形式

确定调查题目并设计问卷 → 正式调查发送电子邮件 → 被调查者接收并回传电子邮件 → 整理问卷并报告结果

图5-4 网络调查流程

5.5.4　网络调查的主要形式

1. 网上直接调查

网上直接调查方法是利用互联网直接进行问卷调查，收集第一手资料。如将问卷设计好后，按照已知的 E-mail 地址发给接受者，或者直接粘贴在自己的网站上。

按照调查方法不同，可以分为网上问卷调查法、网上实验法和网上观察法，常用的是网上问卷调查法。这种方法是将问卷在网上发布，被调查对象通过互联网完成问卷调查。

网上问卷调查一般有两种途径：

一种是将问卷放置在网站上，等待访问者访问时填写问卷。这种方式的好处是填写者一般是对此问卷内容感兴趣的，但缺点是无法核对问卷填写者真实情况以及无法纠正某些错误。

另一种是通过 E-mail 方式将问卷发送给被调查者，被调查者完成后将结果通过 E-mail 返回。用该方式时首先应争取被访问者的同意，或者估计被访问者不会反感，并向被访问者提供一定补偿，如有奖问答或赠送小件礼物，以降低被访问者的拒访率。

2. 网上间接调查

网上间接调查主要利用互联网收集与企业营销相关的市场、竞争者、消费者以及宏观环境等信息。企业用得最多的还是网上间接调查方法，因为它的信息广泛满足企业管理决策需要，而网上直接调查一般只适合于针对特定问题进行专项调查。

（1）利用公告栏收集资料。公告栏的用途多种多样，一般可以作为留言板，也可以作为聊天（沙龙）、讨论的场所。利用 BBS 收集资料主要是到主题相关 BBS 网站进行了解情况。

（2）利用 E-mail 收集资料。E-mail 是互联网中使用最广的通信方式之一，它不但费用低廉，而且使用方便快捷，最受用户欢迎。目前许多企业都利用 E-mail 发布信息。

（3）利用搜索引擎收集资料。

（4）利用相关的网上数据库查找资料。网上数据库有付费和免费两种。在国外，市场调查用的数据库一般都是付费的。我国的数据库业也已有较大的发展，日趋成熟。

> 知识点：
> 网络调查法的应用

5.5.5　网络调查法的应用

网络调查法主要是利用企业的网站和公共网站进行市场调查研究，有些大型的公共网站建有网络调查服务系统，该系统是拥有数十万条记录的有关企业和消费者的数据库，利用这些完整详细的会员资料，数据库可自动筛选受访样本，为网络调查提供服务平台。

网络调查的应用领域十分广泛，主要集中在产品消费、广告效果、生活形态、社情民意、网上直报、产品市场供求等方面的市场研究。

> **同步案例**
>
> ### "小维托"（Little Viule）鸡饲料品牌的市场占有率
>
> "小维托"（Little Viule）是一种鸡饲料品牌。推广"小维托"是D先生的职责。自从首创以来，在其销售的4年中，与其他鸡饲料相比，小维托持续迅速发展，所以管理部门认为在产品发展期，其策略目标是提高其在全部鸡饲料市场的占有率。因此，D的总体目标瞄准了争取最大的市场占有率。鉴于广告是完成总体目标的控制手段，D准备利用广告的感染力，使鸡的饲养者最大限度地购买该品牌。这个基本决策归结起来是：鸡饲料市场的哪一部分将作为下一年度广告战的目标？
>
> 这个市场主要可分为雏鸡饲料市场与成年鸡饲料市场两个部分。D认为经3年的开发，雏鸡饲料市场已开发得差不多了，在过去五年里，D已经转到第二个细分市场，即成年鸡饲料市场。但是，现在D又担心原先占有的市场份额可能下降。因此D先生对营销调查部门有下述的请求：
>
> 决策目标：两个市场中，选择哪一个作为小维托广告的目标观众？
>
> 资料目标：测量这些可供选择的市场，看哪一个通过广告手段，在提高市场占有率方面有更大的潜力。
>
> 问题：
>
> 你认为营销部门应从哪几个方面收集资料来确定决策目标。
>
> 分析：
>
> 1. 从选择正确的资料目标考虑
>
> 调查者很容易发现，这个资料目标过于概括，因为它没有详细说明将要测量什么，进一步使资料目标具体化如下：
>
> （1）雏鸡需要专用饲料的人数所占比例；
>
> （2）成年鸡需要专用饲料的人数所占比例；
>
> （3）哪些人现在给鸡喂专用饲料，记下专用饲料商标名称和喂养次数等；
>
> （4）将来继续给鸡喂专用饲料的期望；
>
> （5）调查小维托商标名称和其他商标，记录知晓程度；
>
> （6）在非鸡饲料用户中：他们用什么；不用小维托品牌的原因；过去是否使用过；将来希望用什么。
>
> 2. 通过各种实地调查方法获取一手资料
>
> D先生关心的是为推销活动规定目标市场。他发现有关鸡饲料买主的资

料可能过时了，不能依赖。为了正确地调查市场，他需要这方面的第一手资料。调查人员可与鸡的饲养者（具体到每一个决策者）联系。确定调查对象包括拥有 50 只鸡以上（假定）的鸡厂或家庭，下一步应指定向调查对象中的什么人询问所期望的信息，而且这些人是实际购买饲料的。最后，从该实地调查中获取一手资料，并重新确定资料目标、决策目标。

3. 通过文案调查形成最后资料目标和决策目标

上述是获取第一手资料的主要内容。然而，总体来讲，第一手资料的计划过程还没有结束。在上述主要的计划内容基础上，通过文案调查方法查找相关资料，获取营销信息，最终确定目标观众。

课堂能力训练

1. 某市需定期了解城镇居民的收入和消费的情况，你建议应采用何种调查方式，并采用何种调查方法。如果你想研究该市城镇居民的收入和消费总量和结构的变动趋势，你认为可通过哪些渠道获得其历史数据。

2. 某县盛产椪柑、蜜橘、金橘等橘类产品，投资商 A 拟在该县投资兴办一家橘类产品加工厂，他想知道该县的橘类产品的资源分布、产品产量和结构、投资环境、有无同类产品加工厂及其生产能力；他想论证和评估市场需求、项目背景、技术方案、环境保护、效益与风险、投资规模、项目实施条件等方面的可行性，你建议应采用哪些调查方式，可采用哪些调查方法？并设计可行性研究方案。

3. 案例分析。

咖啡杯的调查研究

美国某公司准备改进咖啡杯的设计，为此进行了市场实验。首先，他们进行咖啡杯选型调查，他们设计了多种咖啡杯子，让 500 个家庭主妇进行观摩评选，研究主妇们用干手拿杯子时，觉得哪种形状好；用湿手拿杯子时，哪一种不易滑落。调查研究最终结果是选用四方长腰果型杯子。然后对产品名称、图案等也同样进行造型调查，接着他们利用各种颜色使人产生不同感觉。通过调查实验，选择了颜色最合适的咖啡杯子。他们的方法是：首先请了 30 多人，让他们每人各喝 4 杯相同浓度的咖啡，但是咖啡杯的颜色，则分别为咖啡色、青色、黄色和红色 4 种。试饮的结果，使用咖啡色杯子的人认为"太浓了"的占 2/3，使用青色杯子的人都异口同声地说"太淡了"，使用黄色杯子的人都说"不浓，正好"，而使用红色杯子的 10 人中，竟有 9 个说"太浓了"。根据这一调查，公司咖啡店里的杯子以后一律改用红色杯子。该店借助于颜色，既可以节约咖啡原料，又能使绝大多数顾客感到满意。这种咖啡杯投入市场后，与市场上的通用公司的产品开展激烈竞争，以销售量比对方多两倍的优势取得了胜利。

阅读以上材料，回答下面问题：

(1) 本案例中应用的是什么调查方法？这种方法有什么优缺点？

(2) 该项目的调查对象是谁？调查的主要内容有什么？

(3) 如果让你设计调查方案，你有什么好建议。

职业资格与技能同步训练

单元技能训练

一、单项选择题

1. 文案调查法所收集的资料也叫（　　）。
   A. 一手资料　　B. 二手资料　　C. 调查资料　　D. 直接资料
2. 简单来讲，（　　）是我们可能在足不出户的情况下，通过一些工作获取已有信息就可以佐证我们的调查项目，支持决策活动。
   A. 访问调查法　B. 观察调查法　C. 文案调查法　D. 网络调查法
3. 在对现象进行观察时常用的调查方法是（　　）。
   A. 神秘顾客调查法　　　　　　B. 访问法
   C. 实地调查法　　　　　　　　D. 问卷调查法
4. 在调查实践中，（　　）曾被认为是最佳的访问方式。
   A. 拦截调查　B. 电话调查　　C. 入户访问　　D. 留置问卷

二、多项选择题

1. 市场调查方法有（　　）。
   A. 直接调查法　　　　　　　　B. 文案调查法
   C. 实地调查法　　　　　　　　D. 观察法
   E. 网络调查法
2. 访问法的优点有（　　）。
   A. 准确性高　B. 灵活性强　　C. 互动性好　　D. 拒访率低
3. 观察法的缺点有（　　）。
   A. 调查成本高　　　　　　　　B. 时间较长
   C. 取得资料趋于表面化　　　　D. 准确度低
   E. 易受阻碍产生误差
4. 怎样才能做到降低拒访率？（　　）。

A. 调查者要衣装得体、精神饱满
B. 调查者要言语诚恳、胆大心细
C. 调查者要材料证明齐全
D. 调查者要依据被调查者的心理活动过程进行访问

5. 网络调查的主要形式有（　　　　）。
A. 网上直接调查　　　　　　B. 网上问卷调查
C. 网上浏览　　　　　　　　D. 网上间接调查

综合实训

综合实训 1：面谈访问调查应用

【实训目的】

1. 通过本次训练，让学生认识到面谈访问法的技巧是非常重要的，访问者给对方的第一印象是决定本次访问成功与否的关键所在。

2. 通过本次训练，使学生熟悉面谈访问法的流程，锻炼学生的语言表达能力、人际交往能力，为后面走出学校打下基础。

文本资源：
学生调查方法应用作品参考

【实训内容与要求】

1. 各组根据自己设计的调查问卷，以 3 人为一组，随机采访教室内的一位学生，进行模拟面谈演练。（课上完成）

2. 要求同学进行校园体验，结交陌生同学，与其进行访谈，了解其对学校文化生活的意见和建议，并总结陌生拜访的秘诀。（课下完成）

【实训步骤】

1. 以小组调查问卷为依据，根据实训内容和要求进行有意识的访谈调查。

2. 同学之间进行交流总结陌生拜访的技巧和自我介绍的技巧，每个小组推荐 1 人进行介绍。

3. 教师和学生共同评估给出成绩。

【组织形式】

1. 全班分小组进行，每组 4~6 人，自愿组合，合理分工；

2. 以小组和个人结合的形式完成相关实训要求。

【考核要点】

1. 面谈访问法的特征。

2. 面谈访问法的技巧。

3. 面谈访问法的应用。

综合实训 2：观察调查法的应用

【实训目的】

1. 通过本次训练，让学生总结实地观察法的流程，如何通过观察收集到全面的数据。

2. 通过本次训练，提高学生的观察能力，掌握实地观察法的技巧。

【实训内容与要求】

1. 选择一个居民区的超市，采用观察的方法，对家庭主妇的购买路线、时间、费用，以及购买的商品种类进行观察，并写成简单的报告。

2. 为了解学校内各班级自习室的利用程度，让学生到自习室进行实地观察，学生通过查阅资料，分组讨论，了解自习室的利用程度需要哪些数据来验证，通过实地观察来搜集这些数据。

【实训步骤】

1. 根据任务要求做好实地考察前的准备。

2. 组长组织进行实地考察。

3. 每人完成考察记录，简要写出实地考察报告。

4. 组长根据成员考察报告，总结完成小组报告。

5. 在全班展开课堂讨论与小组间交流。

6. 由教师对学生根据所提交调查报告和现场介绍的情况进行评估打分。

【组织形式】

1. 全班分小组进行，每组 4~6 人，自愿组合，合理分工。

2. 以小组和个人结合的形式完成相关实训要求。

【考核要点】

1. 实地观察前的准备工作完备性。

2. 实地观察法的流程是否科学。

3. 实地观察报告完整性。

综合实训 3：电话调查法的应用

【实训目的】

1. 通过本次训练，让学生了解电话调查法的流程，掌握电话调查法的技巧。

2. 通过本次训练，提高学生的语言表达能力，总结出电话调查的注意事项。

【实训内容与要求】

1. 了解学校学生每月花销的数额和其分布情况，让学生通过拨打校内电话了解相应情况。

2. 学生分组讨论确定电话调查中所要提出的问题，及应该如何获取学生寝室电话。

3. 运用电话调查方法，每小组提供一份本校学生月花销数额与分布情况的调查报告。

【实训步骤】

1. 根据任务要求确定出电话调查的电话号码。

2. 组长合理分配小组成员电话调查的配额。

3. 完成电话调查，由小组专门审核员审核调查记录。

4. 组长根据成员报告，总结完成小组报告。

5. 在全班展开课堂讨论与小组间交流。

6. 由教师对学生根据所提交调查报告和现场介绍的情况进行评估打分。

【组织形式】

1. 全班分小组进行，每组 4~6 人，自愿组合，合理分工。

2. 以小组和个人结合的形式完成相关实训要求。

【考核要点】

1. 电话调查前的准备工作是否齐全。

2. 是否按照电话调查的程序进行工作。

3. 电话调查法的应用。

综合实训 4：文案调查法的应用

【实训目的】

1. 通过本次训练，让学生了解文案调查法的程序，掌握文案调查法的技巧。

2. 通过本次训练，提高学生的文献检索能力，让学生学会去查找资料、搜集资料、运用资料。

【实训内容与要求】

1. 为了解北京市高考人数及结构的变化，让学生查阅资料搜集北京市高考人数及结构的数据。

2. 研究中国电子信息产业的总产值、增加值、主要产品产量、经济效益等方面的变动趋势。

3. 通过学习收集资料方法与渠道获得其历史数据和相关资料，写出资料收集报告。

【实训步骤】

1. 根据任务要求做好文案调查前的准备工作。

2. 小组成员按照文案调查的资料来源查阅资料。

3. 组员根据查阅的资料写出报告，并提交组长。

4. 组长在小组成员充分讨论的基础上，总结完成小组报告。

5. 小组之间进行交流，每个小组推荐 1 人进行介绍。

6. 由教师对学生根据所提交调查报告和现场介绍的情况进行评估打分。

【组织形式】

1. 全班分小组进行，每组 4~6 人，自愿组合，合理分工。

2. 以小组和个人结合的形式完成相关实训要求。

【考核要点】

1. 收集的信息和调查目的是否相关。

2. 文案调查的操作流程合理性。

3. 文案调查资料来源的方式与方法。

4. 报告撰写格式是否规范。

综合实训 5：网络调查法的应用

【实训目的】

1. 通过本次训练，让学生认识到网络调查法的优势和劣势，掌握网络调查法的程序和技巧。

2. 通过本次训练，让学生学会利用互联网搜集所需资料，能够熟练运用调研软件。

【实训内容与要求】

1. 通过搜索引擎和相关网站的间接调查，和学校网站论坛直接调查，收集学生对学校就业指导工作的评价。

2. 利用网络调查软件完成资料的收集工作。

【实训步骤】

1. 根据实训要求做好网络调查前的准备工作。

2. 小组成员按照网络调查的形式采集所需资料。

3. 组员根据调查来的资料写出简要报告，并提交组长。

4. 组长在小组成员充分讨论的基础上，总结完成小组报告。

5. 小组之间进行交流，每个小组推荐 1 人进行介绍。

6. 由教师对学生根据所提交调查报告和现场介绍的情况进行评估打分。

【组织形式】

1. 全班分小组进行，每组 4~6 人，自愿组合，合理分工。

2. 以小组和个人结合的形式完成相关实训要求。

【考核要点】

1. 网络调查的前期准备工作是否充分。

2. 应用网络调查方式是否合理。

3. 收集资料是否符合主题的要求。

4. 调查软件应用是否熟悉。

项目六
市场调查的组织实施

本项目知识点

- 调查队伍的构成
- 调查员应具备的基本素质
- 调查员培训的内容、方式及应注意的一些关键问题
- 市场调查的管理控制

本项目技能点

- 掌握组织实施市场调查的工作流程
- 能针对调查项目对调查员进行培训
- 具有管理控制市场调查的能力

知识导图

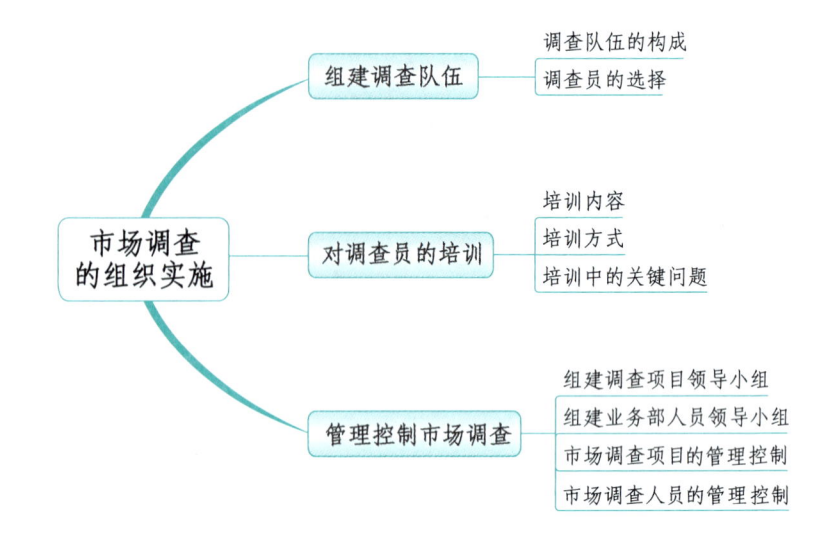

图：
市场调查的组织
实施项目框架

市场调查的组织实施
- 组建调查队伍
  - 调查队伍的构成
  - 调查员的选择
- 对调查员的培训
  - 培训内容
  - 培训方式
  - 培训中的关键问题
- 管理控制市场调查
  - 组建调查项目领导小组
  - 组建业务部人员领导小组
  - 市场调查项目的管理控制
  - 市场调查人员的管理控制

案例引入

案例引入：
对北京市新能源
纯电动小客车目标
市场的调查

对北京市新能源纯电动小客车目标市场的调查

某新能源电动汽车生产企业为了解北京市新能源纯电动小客车市场消费者的构成、消费者购买时对新能源电动汽车的关注因素、消费者对新能源电动汽车市场的满意程度等，需要对目标消费者进行一项调查。

该生产企业把这个调查项目委托了专业的市场调查公司，市场调查公司专门成立了调查小组，设置了项目主管、实施主管和调查督导，并招聘了一些经管类的大学生作为兼职的调查员参与调查。项目主管统筹管理整个项目，制定项目运行计划和进程表，保证能够按时向客户提交报告。实施主管负责计划的实施，并挑选合适的调查员，对督导团队进行管理。调查督导主要职责是培训并指导调查员的工作。

经过调查小组的分工及协作，调查项目得以顺利进行。委托方也通过调查报告更好地了解目标市场及目标消费者，为他们新能源电动汽车生产及营销决策提供了依据。

针对这个项目的组织实施，市场调查人员需要将方案付诸实施，根据调查方案的相关要求和调查计划的具体安排，有组织、细致、系统地收集各种市场资料。市场调查资料的收集工作需要大量的人力、财力做支撑，而且该阶段调查误差较易出现，因此组织、管理、控制便成为这一阶段工作成效的基本保障。具体工作包括以下几个方面：

第一，组建调查队伍，选择合适的调查员。

> 第二，对调查员进行培训，提高其业务素质。
> 第三，管理控制市场调查，包括对调查项目的控制及对调查员的控制，保障调查作业的质量。

6.1 组建调查队伍

本节重点和难点：
调查队伍的构成以及调查员应具备的基本素质

6.1.1 调查队伍的构成

一般来说，调查队伍应包含以下几种角色：

1. 项目主管

协调各部门的关系，起草初步的计划，制定预算并监督资源的使用情况。其责任是确保项目的目标、预算和计划的执行。

知识点：
调查队伍的构成

具体来说，项目主管有以下职能：

（1）对项目团队进行流程培训。项目主管在调查项目的进行过程中（启动、计划、控制、执行和收尾阶段），要对项目团队进行调查项目管理的原则和标准、方法以及流程等方面的培训。

（2）推进项目计划和控制阶段的工作。例如，计划、制作工作分解结构图、估算资源时间和任务周期、负责问题以及风险的管理、总结经验教训以及报告项目的进展状况等。

组织实施市场调查

（3）制定项目进度表。进度表被用来衡量工作进度、分配资源、跟踪重要事件、监视并报告项目执行情况。

（4）控制进度，确保成功。项目主管主动管理进度表，确保项目能够按时交付。如果项目较大，还需要根据项目的具体情况，选定多名项目实施主管，分别负责一定区域的子项目。

（5）跟踪和分析成本。

（6）管理项目中的问题、风险和变化。

2. 实施主管

实施主管的责任主要包括：①了解调查项目的目的和具体的实施要求；②根据调查设计的有关内容和要求挑选调查督导和调查员；③负责督导团队的管理和培训；④负责调查实施中的质量控制。实施主管是项目主管和调查督导员的中间桥梁，要求既要掌握市场调查的基本理论和方法，又要有比较强的组织和运作能力，还要有丰富的现场操作经验。

3. 调查督导

调查督导负责对调查人员工作过程的监督检查以及对调查结果的审核检查，这也是市场调查活动的基础性工作。调查督导分为现场督导和技术督导，其工作成效关系到后续调查工作的成效，甚至关系到市场调查结论是否科学、精准。因此，督导人员应该由对工作认真负责、业务技能精湛的市场调查机构或部门人员担当。

4. 调查员

调查员也称访问员，是市场调查相关实施的具体执行者。由调查员亲自进行调查，调查问卷的回收率较高。在访问过程中，调查员可以帮助被访者理解并完成问题，问卷的可信度较高。

6.1.2 调查员的选择

1. 调查员的重要性

调查员是调查项目的直接实施者，他们的素质是调查实施能够成功的最重要的保证。如果调查员在收集资料过程中缺乏责任心或沟通方式选择不当，即使其专业水平很高，最终获取的数据资料也不能反映真实、有效的市场信息。

2. 调查员应具备的基本素质

市场调查是一项高强度、高智力性的工作，是一项繁重而艰辛的工作，同时承担这项工作的人员素质对调查结果产生直接的影响，而市场调查是为市场预测和营销决策提供客观依据的，如果选择的调查人员不具备该有的素质，将会对整体营销决策产生影响。

市场调查人员一般由专职和兼职两部分组成。为了节约运营成本，调研公司一般不会保持一个庞大的调查员队伍，而是根据不同调查项目的需求和预算，临时招聘一些兼职的调查员。但无论是专职还是兼职的调查员，都应具备以下基本素质：

（1）良好的文字理解能力和交流沟通能力。调查员需要借助调查问卷获取被调查者的信息，所以需要良好的文字理解能力。另一方面是口头表达能力。一般情况下，调查员尽量使用标准普通话。特殊情况下，比如许多地方平时习惯使用当地的方言，如果访问员能够使用方言跟受访者交谈，容易得到受访者的认同，降低受访者的心理防御，提高访问的成功率。

（2）良好的职业道德水平。调查员的工作量大、又繁杂琐碎，常常独立工作，需要有良好的职业道德，拒绝造假，否则会直接影响调查资料的真实性和客观性，造成调查质量的下降。

（3）谦虚谨慎、平易近人。在调查过程中，调查员可能面对各种挫折，经受各种拒绝、猜测和冷嘲热讽，因此要具备良好的信心和耐心；为了避免错答漏答，要有足够的细心；另外还要有谦虚和善的态度，以取得受访者的好感和信任。

（4）一定的专业背景知识。调查员最好具备一定的关于市场营销、统计、消费者心理之类的知识，这样有利于更好理解调查目的以及和调查对象进行沟通。

（5）有敬业精神。要热爱市场调查工作，在调查工作中认真、细致、具有敏锐的观察力，不放过任何有价值的资料数据，也不错拿一些虚假的资料。凭自身业务素质，断定有些资料存在疑点时，能够不辞辛苦，反复核实，做到万无一失。

6.2 对调查员的培训

本节重点和难点：
对调查员的培训内容、培训方式和培训中的关键问题

6.2.1 培训内容

1. 基础培训

基础培训主要是针对新聘用的调查员进行的，其内容包括以下三方面：

（1）职业道德教育。合法的手段，严谨的态度，杜绝弄虚作假和舞弊行为，以健康和积极的心态面对调查工作，同时也对被调查者和客户保密。

（2）行为规范。主要是按调查项目的要求，规范其行为。如按照抽样计划选择被调查者；严格按照规范要求进行操作，包括提问、记录答案、使用卡片等；调查访问过程中应保持中立态度，不能加入自己的观念和意见。

（3）调查访问技巧的培训。统一培训调查实施调查访问的程序、步骤及原因。调查员进行调查访问的方式包括入户访问、拦截访问、电话访问、邮寄问卷、留置问卷等，针对每一种方法的操作流程、注意事项以及访问技巧都包含在培训内容中。

知识点：
调查员的培训内容

2. 项目培训

项目培训是针对所以调查员进行的，目的是让调查员了解项目的基本情况要求和问题处理方法等。

（1）行业背景及项目方案介绍。市场调查项目会涉及不同的行业，每个行业都有不同的情况和专业知识，了解这些背景知识有助于调查员理解项目，更好地与被调查者沟通。

（2）讲解问卷内容及抽样方法。包括问卷结构、题目类型、记录方法、抽样程序以及一些抽样图表或其他辅助工具的使用方法。

（3）其他要求。筛选被调查者；需要完成的样本量和时间进度的要求；介绍所需要的调查工具，如胸卡、照片、调查介绍信等。

6.2.2 培训方式

1. 讲授

讲授是将接受培训的人员集中起来，采用授课的方式进行培训，它是按照一定的组织形式有效传递大量信息的成本最低、时间最节省的一种培训方法。讲授的内容包括介绍项目背景资料，讲解问卷及实施要求，讲授调查技巧等。

（1）由督导或其他项目调查研究人员向全体调查员介绍该项调查研究的计划、内容、目的、方法及与调查项目相关的其他情况，以便调查员对该项工作有一个整体性的了解，同时还要就调查访问的步骤、要求、时间安排、工作量、报酬等具体问题加以说明。

（2）介绍和传授一些基本的和关键的调查访问技术。比如如何敲门，如何进行自我介绍，如何取得被调查者的信任，如何尽快与被调查者建立良好的合作关系，如何客观地提出问题，如何记录回答等。同时要组织调查员集中学习调查员须知、调查问卷、调查员手册等材料，特别是要弄清楚调查问卷的全部内容、提问方式、填写方法、注意事项等。

2. 模拟访问

由培训的人员组织调查员进行不同角色模拟调查活动，使调查员熟悉调查访问的流程，以及如何利用培训方法技巧解决调查中出现的各种问题。模拟访问更强调操作中的实际运用，侧重调查人员应变能力的提升。

3. 督导陪访

即督导员陪同调查人员一起进行调查访问，陪访结束后，培训专家再对访问员进行一次集中总结，及时纠正配方中存在的问题，并及时淘汰部分难以胜任工作的调查员。这样，整个培训工作的效果就能得到基本保障，此方法能在短时间内提高调查人员访问技能。

6.2.3 培训中的关键问题

为了保证调查的质量，提高访问员的工作效率，对访问员进行培训是非常必要的。在培训时主要注意以下关键问题：

1. 如何避免访谈开始就被拒

事先设计一段有效的自我介绍。结束时，出示身份证明，如实表面访问目的，态度要诚恳、自信、亲和力强，以便增强受访者的信任感和参与意愿。

【例1】

"您好！我是李东，是北京联合大学市场营销专业的学生，这是我的学生证。为了了解当今大学生的手机消费情况，我们特进行本次调查。经过科学抽样设计，您是本次调查中被选中的被访者之一，麻烦您能抽出几分钟时间回答几个相关问题，谢谢！"

【例2】

"您好！我是张乐，我是万达集团北京营销部的代表，这是我的工作证件。我们正在进行一项关于消费者对大型购物中心偏好的研究。您是经过科学选样挑选出的参与调查研究的调查对象之一。我们非常重视您的意见，希望您能回答以下几个问题，谢谢！"

2. 如何避免访谈中途被拒

（1）问题一：灵活选择适当的入户访问时间。

工作日——19:00—21:00 之间进行访问。

双休日——9:00—21:00 之间进行访问（避开吃饭和午休时间）。

（2）问题二：灵活应对受访者"借口"。

以"没有时间"为借口——约定有效时间（具体时间点）。

以"不合格""缺乏了解"为借口——鼓励被访者并做适度介绍。

以"不感兴趣"为借口——耐心说明解释。

（3）问题三：灵活解决其他干扰。

有他人插话——对插话者说："您的观点很对，待会儿我再专门向您请教。"

家庭成员影响——受访者不答，应终止访问。

其他噪声——逐渐降低说话声，引起受访者注意，避免干扰。

3. 如何保持中立

调查人员应鼓励受访者说出自己的真实感受，不要表现出过度的表情和态度，尽量始终保持自己的冷静、中立。同时，要向被访问者解释他们的观点才是真正有用的。

4. 如何提问和追问

提问：调查人员应按问卷设计的问题顺序及提问措辞依次提问。

追问：开放题一般要求充分追问。追问时，不能引导，也不要用新的词汇追问，要使被访者的回答尽可能具体。熟练的访员能帮助被调查者充分表达他们自己的意见。被调查者不能很好地全面回答提问，也有时问卷本身就设定了追问问题，这时都需要运用追问技巧来达到预期的目的。

追问技巧：重复读出问题；重复被调查者的回答；停顿、无言或使用中性追问用语（如表 6-1 所示）。

表 6-1　访问员追问用语

标准访问员用语	缩写语	缩写符号
还有其他想法吗？	另因	(+?)
还有另外的原因吗？	他因	(△+?)
您的意思是什么？	意思	(……)

续表

标准访问员用语	缩写语	缩写符号
哪一种更接近您的感觉？	近似	（∽）
为什么您会这样认为呢？	原因	（⊙？）
重复问题！	重复	（＜？）
您能告诉我您的想法吗？	想法	（？：）

5. 如何结束访问

致谢：感谢受访者抽出时间给予合作及做出的贡献。

检查问卷：看有没有遗漏，是否有需要受访者澄清的含糊答案；单选题是否有多选的情况，问题的答案是否有前后不一致的地方等。

再征求意见：询问受访者的想法、要求，并告诉他如有可能，还要进行一次回访，希望也给予合作。

离开现场：要表现得彬彬有礼，为受访者关好门，向受访者及家人说再见。

6.3 管理控制市场调查

本节重点和难点：管理控制市场调查的步骤

市场调查的组织与实施是对调查人员基本素质、责任感等方面进行有效规范和管理从而保障市场调查工作的质量，确保市场调查结果的准确性和客观性。一般情况下需要按以下步骤着手完成：

1. 组建调查项目领导小组

从认真组织实施委托单位的各个阶段的调查工作开始，为确保调查项目的顺利实施，需在公司内部组建调查项目领导小组进行管理控制项目的实施，向委托方及时反馈调查进程及其他信息。

2. 组建业务部人员领导小组

在市场调查公司内部的调查部，设立调查一部、调查二部等，以便收集市场数据资料。一般情况下，根据职责分工，专业调查公司会指派市场调查业务部人员组成项目领导组。对于受托项目规模较大，涉及较广的调查项目，则需要调查公司内部的各部门（包括开发部、调查部、统计部、资料室等）指派相关人员组建领导小组。

媒体资源：管理控制市场调查教学录像

3. 市场调查项目的管理控制

市场调查资料的收集工作阶段需要大量的人力、财力做支撑，这一阶段最

技能点：市场调查项目控制

容易出现调查误差。因此，组织、管理、控制就成为这一阶段工作成效的有力保障，需要从三个方面着手：

（1）对计划的执行进行监督。调查工作计划是指为确保调查的顺利实施而拟定的具体工作安排，包括调查人员安排和培训、调查经费预算、调查进度日程等。

调查工作计划直接关系调查工作的质量和效益。调查人员的工作能力、职业态度、技术水平等会对调查结果产生重要影响，一般要求，调查人员应具沟通能力、创造力和想象力；调查费用因调查种类和收集资料精确度的不同而有很大差异。调查组织者应事先编制调查经费预算，制定出各项费用标准，力争以最少的费用取得最好的调查效果。调查进度日程指调查项目的期限和各阶段的工作安排，包括规定调查方案设计、问卷、抽样、人员培训、实地调查、数据录入、统计分析、报告撰写等完成日期。为保证调查工作的顺利开展和按时完成，调查者可制定调查进度日程表，对调查任务加以具体规定和分配，并对调查进程随时进行检查和控制。

（2）对调查问卷进行审核。在问卷的初稿完成后，调查者应该在小范围内进行试验性调查，了解问卷初稿中存在哪些问题，以便对问卷的内容、问题和答案，问题的次序进行检测和修正。试验调查的具体方法是：选择一些有代表性的调查对象进行询问，将问卷中存在的问题尽可能表现出来，问题涉及问卷中的语言使用、问题的选项、问卷的长短等方面，然后依据试验调查的结果，看问卷中所有问题是否乐意回答或能够回答，哪些问题属于多余，还有哪些不完善或遗漏的地方。发现问题，应该立即进行修改。如果预先测试导致问卷内容发生了较大的变动，调查者还可以进行第二轮测试，以使最后的定稿更加规范和完善。

（3）审核抽样方法。抽样方法的选择取决于调查研究的目的、调查问题的性质以及调研经费和允许花费的时间等客观条件。调研人员应该在掌握各种类型和各种具体抽样方法的基础上，对拟选择的抽样方法进行验证。只有这样才能在各种环境特征和具体条件下及时选择最为合适的抽样方法，以确定每一个具体的调查对象，从而保证了数据采集的科学性。

4. **市场调查人员的管理控制**

一般利用下列四种方式来判断调查人员访问的真实性，再结合每个调查人员的任务完成质量，从经济上给予相应的奖励或惩罚。

（1）现场监督：调查人员进行现场调查时，督导跟随以便随时进行监督并对不符合规定的行为进行即时指正。这种方法比较适合电话访谈、拦截访问、整群抽样调查。

（2）审查问卷：对调查人员收集回来的问卷进行检查，看问卷是否有质量问题，如是否有遗漏；答案之间是否有前后矛盾；笔迹是否一样等。

（3）电话回访：根据调查人员提供的电话号码，由督导或专职访问员进行电

技能点：
对调查员进行控制的方法

话回访。

（4）实地复访：如果电话回访找不到有关的被访问者，根据调查人员提供的真实地址，由督导或专职访问员进行实地复访。这种方法比电话回访真实可靠，但需要花很多的时间和精力。

> **同步案例**
>
> **友邦顾问公司的调查质量控制**
>
> 友邦顾问公司通过严格的项目流程控制与管理，保证了市场调查数据的客观性和准确性。其包括：调查全程控制、访问过程控制和拒访率控制等。
>
> 1. 调查全程控制
>
> 即实施严格的全程质量控制措施。为确保调查项目能高质量完成，公司设有专业的质量审核员负责质量检查工作，一般消费者调查的复核比例为总样本量的10%~30%，集团消费者复核比例在30%~50%。他们对调查质量的控制是全程性的，对如下环节中的每个步骤都有严格的管理制度，这些环节包括：调查设计—问卷设计—调查记录—调查数据—数据审核—数据接收—数据复核—数据汇总与录入—数据分析—报告大纲—报告撰写—客户报告会—客户接收。
>
> 2. 访问过程控制
>
> 友邦顾问公司市场研究项目管理实行项目经理负责制。项目经理接到部门经理转发下来的项目任务书时，即表明该项目正式确立，项目任务书是整个项目最主要和最有效的书面文件，项目经理将会参照项目任务书严格执行项目的操作流程。
>
> 计划书内容包括：抽样计划、进度计划、访问员计划、可能问题预估报告。计划书相关人员须人手一份，进度计划须复制一份给质量控制部。
>
> （1）抽样。
>
> 抽样由项目经理负责。每个被调查地区的抽样是由地区访问督导（或抽样员）根据抽样原则来完成，最终由项目经理来确认。
>
> （2）访问员的召集/确认。
>
> （3）工具准备。
>
> 所需工具包括：文件夹、问卷、项目进度计划表、调查样本框等。
>
> （4）模拟访问。
>
> ① 模拟安排在培训后进行，主持模拟的督导必须参加培训并对问卷细节进行熟悉。
>
> ② 模拟合理安排时间，不得短于正常问卷访问时间。
>
> ③ 模拟结束后必须把不合格的访问员剔除掉，并将模拟中出现的问题及时反馈到部门经理处。

（5）问卷移交。

移交问卷须由专人负责，移交问卷时双方签名确认，不可他人代收签名。

（6）项目控制。

① 项目进行中，项目经理负有严密控制项目按计划进行的主要责任。发现有出现偏差，必须马上追查偏差产生的原因，如果偏差会影响到项目的进度及质量，须马上作出应急措施，并告知部门经理。

② 复核工作由项目督导随机抽取30%作电话复核；汇交总部质量控制部。委托方可随时要求进行抽样复核。

③ 当质量控制部发现有人作弊时，须立即通知该访问员停止作业，并尽快回公司与质量控制部督导对质。

（7）审卷。

① 一审应在访问员交卷时马上进行，做到需要补问的问卷可立即交访问员回去补问。

② 审卷时需认真、仔细，审卷的准确率应不低于95%。

③ 审卷中发现不能解决的问题，须立即报知部门经理，由部门经理协助解决。

（8）项目结束。

① 收卷后一天内，项目督导必须完成各项目收尾工作，召开访问员小结会，召开督导小结会，最后所有资料归档，项目结束。

② 归档资料。

③ 按项目表现对访问员进行评价，评价后访问员表现须输入访问员管理库中。

3. 拒访率控制

（1）合理的抽样设计。

（2）特定的访问程序。

（3）完备的培训体系。

（4）专业人员的访问经验。

（资料来源：友邦顾问公司，有删改。）

问题：

1. 结合案例，谈谈如何进行调查质量控制。

2. 在调查质量控制过程中，调查员应该做哪些工作。

分析：

1. 友邦顾问公司所用到进行调查质量控制的方法包括调查全程控制、访问过程控制和拒访率控制，把质量控制落实到保证调查的每一个环节。其他方法还有：① 对计划的执行进行监督；② 对调查问卷进行审核；③ 审核抽样方法；④ 对市场调查人员进行控制。

> 2. 为了保证调查质量，调查员应该做到：① 认真参加培训；② 严格按照抽样方法进行抽样；③ 按要求进行问卷调查，不能作弊；④ 遇到问题要和督导进行沟通，需要补问的问卷要及时回去补问；⑤ 项目结束后要进行总结，不断提高技能、改进工作。

课堂能力训练

1. 某高职学院要进行一次校园餐厅用餐满意度情况调查，请你设计一份组织实施方案，方案内容包括调查队伍的组建、调查员的培训以及对调查项目的管理控制。

2. 对调查员的培训一般有讲课、模拟访问、督导访问三种方式，请同学们讨论这三种方式的优缺点，并提出改进的方法。

3. 案例分析。

某班级的一个研究小组以"高职毕业生求职面试礼仪情况"为调查项目进行问卷调查，并撰写了组织实施方案，以此来指导调查的实施。

关于"高职毕业生求职面试礼仪情况"市场调查组织实施方案

一、选择市场调查人员

由于本次调查需要 1000 份问卷，涉及的各个调查人员必须有专业的态度，饱满的工作热情。在相关人员选择上必须严谨，科学。

1. 对调查访问员要求

有责任感、应变能力和语言表达能力，能吃苦、严守时间、保密客户资料。

2. 招聘条件

性别：不限

年龄：19—21 周岁

语言：普通话

专业：不限

学历：大专及大专以上

其他条件：善于与人交流、吃苦耐劳、有道德操守、人品端正、细心等。

二、培训调查人员

对相关调查人员的培训，要理论与实践相结合，分别进行书面与口头训练，以便对高职毕业生求职面试礼仪情况进行调查时更加有说服力。

1. 培训的组织原则

（1）普通性培训与专业性培训分开进行。

（2）专业性培训作为重点内容。

（3）运用试访与陪访。

2. 培训步骤

（1）准备培训场地。

（2）准备培训资料。

（3）进行培训和考评。

3. 培训内容

（1）访问前必须携带的物品，问卷、介绍信、笔、纸、赠品、文件夹等。

（2）选择好被访问者，选择恰当时间、地点。

（3）注意访问技巧。

（4）注意处理访问时发生的特殊情况。

4. 适当的培训方式

（1）集中讲授。

（2）个别指导。

（3）模拟访问。

5. 人员培训注意问题

注意沟通技巧，增加实际应用能力，多模拟，注意礼貌等。

三、对调查进行控制管理

为了保证调查员能按要求开展调查，将采用现场监督以及问卷审查的方式进行控制。

请就该方案进行思考和讨论：

（1）你觉得这份方案是否完整、规范？

（2）在调查人员的选择及培训上有无需要改进之处？

（3）对调查进行控制管理的方式是否有效？

职业资格与技能同步训练

一、单项选择题

1. 在访问过程中，当被调查人员谈论与主题无关的事时，调查人员应（　　）转回正题。

    A. 间接　　　B. 策略　　　C. 立即　　　D. 不急于

2. 一般情况下，根据职责分工，专业调查公司会指派市场调查业务部人员组成（　　）。

    A. 委员会　　B. 调查大队　　C. 项目领导组　　D. 专家组

3. 为保证调查工作的顺利开展和按时完成，调查者可制定（　　），对调查进程随时进行检查和控制。

A. 调查进度日程表　　　　　　B. 调查项目列表

C. 计划表　　　　　　　　　　D. 时间安排表

4. 市场调查中最重要的因素是（　　　）。

A. 时间　　　B. 成本　　　C. 调查员　　　D. 调查对象

二、多项选择题

1. 市场调查活动的组织与控制包括（　　　）控制和（　　　）控制。

A. 经费　　　B. 调查项目　　　C. 调查人员　　　D. 成本

2. 访谈过程中常用的追问方法有（　　　）。

A. 重复提问　　B. 重复回答　　C. 适当的停顿和沉默

D. 适当的鼓励和支持　　　　　E. 利用客观的或中型的评论

3. 可以利用（　　　）手段来判断调查人员访问的真实性。

A. 现场监督　　B. 审查问卷　　C. 电话回访　　D. 实地复访

4. 调查队伍的角色构成包含（　　　）。

A. 项目主管　　B. 实施主管　　C. 调查督导　　D. 调查员

综合实训

【实训目的】

1. 通过本项目训练，帮助学生掌握组织实施市场调查的步骤。

2. 通过本项目训练，帮助学生掌握访问员培训的内容和方式。学生根据调查项目要求和市场调查的要求完成培训步骤和培训内容、方式的设计。

3. 通过本项目训练，帮助学生掌握管理控制市场调查的方法。学生通过问卷审查、现场监督、电话回访等方式来保证调查作业的质量。

【实训内容及要求】

1. 要求学生根据市场调查任务招聘选择调查访问员。

2. 根据调查项目的特点，对访问员进行培训，设计培训的程序、内容和方式。

3. 利用审查问卷等方法，对调查结果进行管理控制。

【实训步骤】

1. 以小组为单位，根据所选调查项目提供一份调查组织实施方案。

2. 根据组织实施方案，小组对组内调查员进行培训，实施调查，并对调查结果进行管理控制。

文本资源：
学生组织实施市场调查方案作品参考

3. 根据方案撰写及实施情况，由教师及学生共同评价给出成绩。

【组织形式】

1. 以小组为单位完成调查组织实施方案，并根据方案实施调查。
2. 每个小组推举 1 人介绍方案及实施情况。

【考核要点】

1. 实施步骤是否完整、内容是否科学。
2. 培训内容和方式是否结合调查对象的特点。
3. 是否采用课堂介绍的方法对调查结果进行了管理控制。
4. 发言代表口头表达是否顺畅，仪态是否大方得体。

项目七
调查数据的整理与分析

本项目知识点

- 市场调查数据整理的含义与程序
- 市场调查资料的审核内容
- 调查资料的编码与汇总
- 市场调查资料的分析方法

本项目技能点

- 能够对市场调查资料进行整理
- 能够对调查资料进行编码与汇总
- 能够利用统计图和统计表对市场调查数据进行展示和分析

知识导图

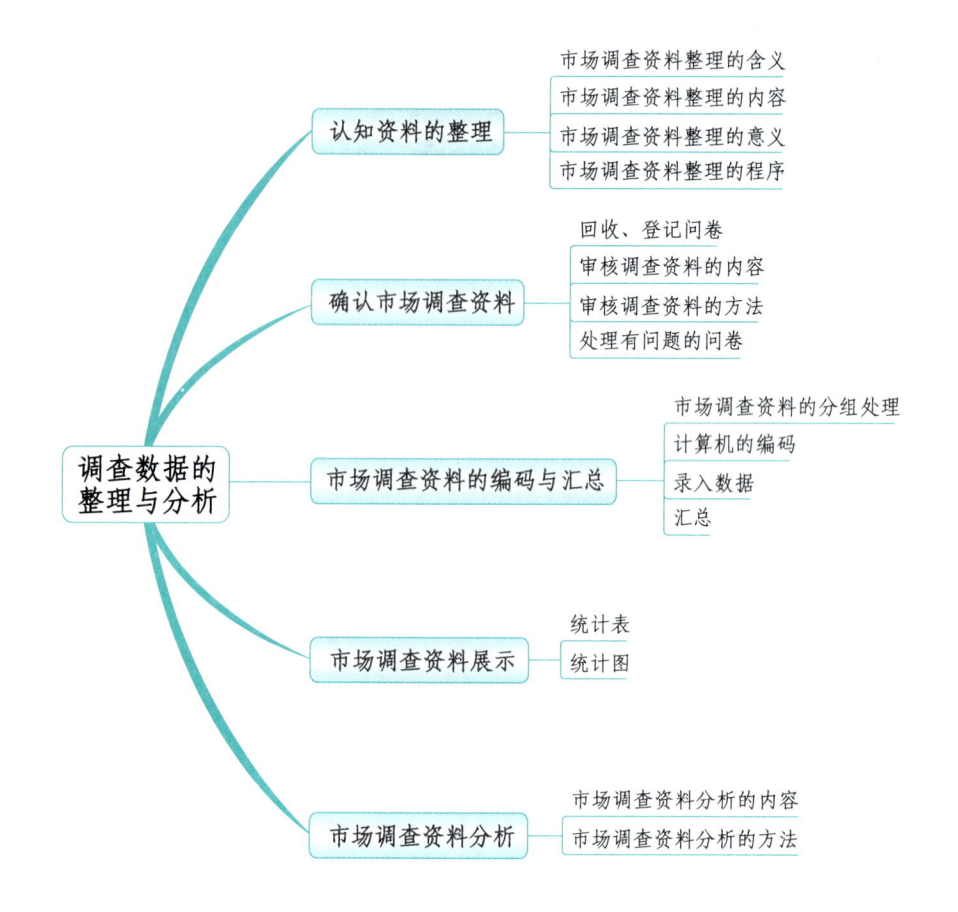

图：调查数据的整理与分析工作项目框架

```
                          ┌─ 市场调查资料整理的含义
              认知资料的整理 ─┼─ 市场调查资料整理的内容
                          ├─ 市场调查资料整理的意义
                          └─ 市场调查资料整理的程序

                          ┌─ 回收、登记问卷
              确认市场调查资料 ┼─ 审核调查资料的内容
                          ├─ 审核调查资料的方法
                          └─ 处理有问题的问卷

调查数据的                  ┌─ 市场调查资料的分组处理
整理与分析 ── 市场调查资料的编码与汇总 ┼─ 计算机的编码
                          ├─ 录入数据
                          └─ 汇总

              市场调查资料展示 ┬─ 统计表
                          └─ 统计图

              市场调查资料分析 ┬─ 市场调查资料分析的内容
                          └─ 市场调查资料分析的方法
```

案例引入

案例引入：某校后勤集团学生食堂服务质量调查

某校后勤集团学生食堂服务质量调查

现今社会，饮食的质量和卫生情况越来越受到关注，吃的好坏直接影响到一个人的营养状况和身体健康问题，而作为大学生，为了求学，往往孤身一人在一个陌生的城市，远离了父母的悉心照顾，校园就是他们第二个家。

在这第二个家中，食堂作为大学生除了教室、寝室以外必去的第三个场所，他们的一日三餐基本是在那解决的，能不能在那吃得舒服、健康和营养不光是许多学生家长关心的问题，也是学生自己极其关注的问题。因而食堂质量的好坏对广大学生的身体健康、切身利益和学校的稳定是极其重要的。

某校后勤集团为了提高食堂服务质量，获取同学们对食堂质量好坏评价的各种信息及搜集对食堂改善的一些宝贵建议，从而得出目前食堂需待改善的地方以及总结出一些切实可行的建议，切实为学生服务，针对本校食堂服务质量，委托调研小组进行问卷调查，请针对本案例内容认真分析，设计完成此次调查，并对原始资料进行整理与分析。

> 调查资料的整理对于整个市场调查工作具有非常重要的作用。它是研究阶段的第一步，更是进一步分析研究资料的基础，只有进行整理之后，才能使原始资料具有长期保存的价值，资料整理也是对调查资料的全面检查。针对本案例，项目组成员需要了解市场调查的工作流程和注意事项。项目组成员在完成本调研之后，需进行资料的整理与分析，明确以下四个方面：
> 第一，确认数据资料，包括回收、登记问卷，审核数据，针对不合格数据酌情处理；
> 第二，对调查数据进行编码和汇总；
> 第三，利用统计图和统计表完成数据的展示；
> 第四，对数据进行初步分析。

7.1 认知资料的整理

本节重点和难点：
市场调查数据整理的内容和程序

7.1.1 市场调查资料整理的含义

市场调查资料整理是指根据研究目的和要求，运用列表、作图等方法，对调查资料进行科学的加工、归纳和简缩，使之系统化、条理化，成为反映总体特征的工作过程。

市场调查资料整理对于整个市场调查工作具有非常重要的作用。它是研究阶段的第一步，更是进一步分析研究资料的基础，只有进行整理之后，才能使原始资料具有长期保存的价值。资料整理也是对调查资料的全面检查。要得到一套完备的、系统的资料，首先需要对资料进行归纳，使大量繁杂的资料条理化，从而为进一步的分析创造条件。另外还要从整体上考察现有资料满足研究目的的程度如何，有没有必要吸收补充其他资料。

知识点：
市场调查数据整理的含义

7.1.2 市场调查资料整理的内容

市场调查资料整理的基本内容包括以下三个方面：

（1）数据确认。数据确认是指对调查问卷或调查表提供的原始数据进行审核，确保数据质量。

（2）数据处理。数据处理就是对确认无误的问卷或调查表进行加工处理，

知识点：
市场调查数据整理的内容

其任务在于使原始数据和二手数据实现综合化、系列化和层次化，为分析研究准备有使用价值的数据。

（3）数据展示。数据展示是指对加工整理后的数据用一定的形式表现出来，以便调研者阅读和使用。

7.1.3 市场调查资料整理的意义

市场调查资料整理是整个市场调查工作的基石，具有重要意义。

1. 市场调查资料整理是市场调查与分析中十分必要的步骤

市场调查与分析的根本目的是获取足够的市场信息，为正确的市场营销决策提供依据。从市场调查与分析的过程可知，在市场信息收集与市场信息的使用之间，必然有一个市场信息的加工处理环节。这是因为运用各种方法，通过各种途径收集到的各类信息资料，尤其是第一手资料，大多处于无序的状态，很难直接运用，即使是第二手资料，也往往难以直接运用，必须经过必要的加工处理。对市场信息的加工处理，可以使收集到的信息资料统一化、系统化、实用化，从而方便使用。

2. 市场调查资料整理提高了调查资料的价值

未经处理的信息资料由于比较杂乱、分散，其使用价值有限。资料整理是一个去伪存真、由此及彼、由表及里、综合提高的过程，其能大大提高市场信息的浓缩度、清晰度和准确度，从而大大提高信息资料的价值。

3. 市场调查资料整理可以激发新信息的产生

在信息资料的处理过程中，通过调查人员的智力劳动和创造性思维，使已有的信息资料相互印证，从而可能在此基础上产生一些新的信息资料。应用各种历史和现状信息资料，推测和估计市场的未来状态，这种预测信息也是一种新的信息。

4. 市场调查资料整理可以对前期工作起到纠偏作用

在市场调查与分析工作的各个阶段、各具体环节，都会出现计划不周或工作中的偏差等问题。比如，对市场调查与分析问题的定义可能并不十分全面；对市场调查与分析的设计可能忽视了某些工作；信息资料的收集可能存在遗漏或者收集方法存在欠缺等。这些问题有可能在实施过程中，通过检查、监督、总结等活动被发现，并加以纠正。但是，很难避免有些问题未被人们发现。在信息加工处理过程中，往往能发现一些问题，通过及时反馈，就能够采取措施，对存在的问题加以纠正，以避免造成不良的后果。

7.1.4 市场调查资料整理的程序

市场调查资料的整理主要是指对文字资料和数字资料的整理。整理工作大体可分如下步骤进行：

技能点：
市场调查数据整理的程序

（1）对市场调查资料进行审核。市场调查资料的审核包括对原始调查资料的审查和核实，也包括对次级资料，如历史资料或其他已经加工过的资料的再一次审核。审核是市场调查资料整理的一个重要步骤，是使分析工作顺利进行的前提。

（2）对市场调查资料进行科学分类或分组。对文字资料和对数字资料的分类或分组包括确定分类或分组的标志、分类或分组的具体方法、分布数列的编制等。资料的分类或分组是市场调查资料整理的中心环节。

（3）对分类或分组后的市场调查资料进行编码和汇总。

通过对数据资料进行编码，将调查信息转化为计算机能够识别的符号，进而将分散的调查信息以集中的形式显示出来，有利于数据进行进一步处理和分析。

（4）对市场调查资料整理结果的显示和分析。市场调查资料整理的结果一般以汇编资料或统计表的形式显示。社会调查为社会所承认，才能发挥其社会效益，向社会公布市场调查资料是现代市场调查不可缺少的一个环节。

7.2 确认市场调查资料

本节重点和难点：
市场调查资料的审核和处理

确认市场调查资料主要包含回收、登记问卷，审核调查资料，处理有问题的调查资料三方面工作。

7.2.1 回收、登记问卷

就我国企业界目前市场调查而言，主要集中在对原始资料的收集，也就是说，在调查实践中，调查者整理的资料多为问卷资料。当所有收集资料的工作完成以后，摆在调研者面前的可能是一堆填答完的问卷，少则几百份多则几千份，每份问卷从至少几页到几十页甚至更多。通常，调查所得问卷资料总是显得杂乱无章，不容易看出事物之间的本质联系，更难以直接利用，必须经过整理，才便于储存和利用。这就是对问卷的回收、登记工作了。

问卷的回收和登记应从开始就要与资料收集工作相配合，随时掌握完成的问卷数和接收的问卷数，给每份问卷编一个有顺序的识别号码，对于已经完成的问卷，需要记录完成的日期及接收的日期，以便前后比较。在工作交叉进行时，要注意原始文件在哪里，保证不丢失。多个调查项目同时进行时，要分清每个项目问卷的回收等情况，工作要有条理。

7.2.2 审核调查资料的内容

> 知识点：
> 市场调查资料审核的内容

审核是对问卷资料进行筛选以选用真正有用的问卷资料。也就是说所谓调查资料的审核，是指对已经收集到的资料进行总体检验，检查其是否齐全、是否有差错，以决定是否采用此份调查资料的过程。对于回收来的问卷，主要审核资料是否完整、是否准确。

1. 调查资料完整性的审核

（1）调查对象齐全性审核。查询有没有被遗漏的调查对象，如事先规定样本是 120 户居民，调查资料只有 80 户居民，这就是调查资料不完整。

（2）调查项目资料的完整性审核。如问卷上各个问题，被调查者是否都回答了，有没有遗漏。

（3）调查资料的详细度审核。例如，对某商品销售额进行调查，预定收集该商品各品种、规格、花色、型号在各个地区的销售额资料，而如果只收集了一个总销售额数字或只有一个地区的销售资料，就达不到调查资料的完整性要求了。

2. 调查资料准确性的审核

（1）被调查者样本范围审核。如事先规定抽样调查 100 户高收入居民家庭，而调查资料显示出来的是对低收入户居民家庭的调查，这就不符合样本的要求。

（2）调查资料明显错误审核。如某问卷中有这样两个问题：

【例 1】

> 示例：
> 调查资料的审核

问题 5：逛街购物对我来说是一种享受（　　）。
A. 十分赞成　B. 赞成　C. 不赞成也不反对　D. 不赞成　E. 十分不赞成
问题 15：逛街是我生活中的一件愉快的事（　　）。
A. 十分赞成　B. 赞成　C. 不赞成也不反对　D. 不赞成　E. 十分不赞成
（资料来源：李灿. 市场调查与预测 [M]. 北京：清华大学出版社，2012.）

这两个问题虽然在语义上有些差别，但是对两个问题回答的态度应该是一致的，可能只是程度不同而已。如果出现了某个受访者在"问题 5"上选择了"赞成"，而在"问题 15"上选择了"不赞成"，则出现了答案上的逻辑矛盾，其原因可能是受访者的心不在焉等，包含相互矛盾答案的问卷是不合格的，相应的数据应该予以删除。

（3）调查资料口径、计算方法、计量单位等统一性审核。例如调查职工月收入，有的人只按基本工资填写，有的人按基本工资、奖金、加班费填写，这样的调查资料口径就不统一了。

3. 调查资料及时性的审核

审查各被调查单位是否都按规定日期填写和送出。填写的资料是否是最新资料。现代市场活动节奏越来越快，只有代表市场活动最新状态的市场信息才是使用价值最高的信息，切勿将失效、过时的信息引入决策中。

7.2.3 审核调查资料的方法

1. 逻辑审核

这是根据调查项目指标之间的内在联系和实际情况对资料进行逻辑判断，看是否有不合情理或前后矛盾的情况。例如，产品成本的升降总是和占成本比重很大的主要原材料、燃料、动力等的消耗相关，若企业报送的资料中反映成本显著下降，而对主要原材料、燃料、动力等的消耗升高，这就存在矛盾，需要进一步查校。又如，一张调查表中年龄填写 13 岁，而婚姻状况却填"已婚"，其中必有一项是错误的。总之，从回答是否合理可以看出答案的准确与否。

> 技能点：
> 市场调查资料审核的方法

2. 计算审核

这是对数据资料的计算技术和有关指标之间的相互关系进行审查，一般在整理过程中进行。主要看各数字在计算方法和计算结果上有无错误。常用的计算检查方法有加总法、对比法、平衡法等。例如，对 400 人的收支状况调查汇总见表 7-1。

表 7-1　400 人的收支状况调查汇总

目前收支情况	人口数	比重（%）
结余较多	30	7.50
略有结余	225	56.25
收支平衡	120	30.00
入不敷出	25	6.25
合计	400	100.00

> 示例：
> 计算审核的示例

人口数的合计为 400 人，如果合计大于或小于 400 人，说明汇总时有错误，必须重新查找。又如，一张表的进销存资料不平衡，其中一定有错误。有时各项有关数字之间虽然平衡，但数字不一定都准确，这就需要经验、知识和对有关情况的了解。对于从抽样调查得来的资料，首先要注意样本的抽取是否遵守了随机原则。此外，有些资料使用不同计量单位或价格计算，对此必须折合成标准单位或相同单位才能比较。

3. 经验审核

经验审核就是根据已有经验，判断数据是否真实、准确。例如，如果被调查者的年龄填为 132 岁，根据经验判断，年龄填写肯定有误。又如，某杂货店营业面积 400 平方米，根据经验，这样的营业面积肯定与事实不符。

7.2.4 处理有问题的问卷

> 技能点：
> 问题问卷处理方法

在审核问卷之后，即一审后，要处理有问题的问卷，对问卷上一些答案模糊、前后不一致等信息进行修正校订，这也叫做二审，通常有以下三种处理方法。

1. 返回现场重新调查

对于存在不合格回答的调查问卷，当样本容量小、调查对象易于辨认时，可以将这些问卷返还调查现场，与调查对象重新取得联系。

2. 视为缺失数据

当不可能将调查问卷退还现场的时候，可以通过进一步的信息整理来避开遗漏信息，保留剩余有用信息。

3. 视为无效问卷

在以下几种条件下，可以选择将不合格的问卷剔除：样本容量相当大；不合格问卷占总量比例较小；缺少对关键变量的回答；不合格回答在一份问卷中所占比例较大等。

> 本节重点和难点：
> 市场调查资料的
> 编码和汇总

7.3 市场调查资料的编码和汇总

7.3.1 市场调查资料的分组处理

调查资料审核无误后，可进入分组处理。分组是根据调研需要，根据调查总体的某些特征将其区分为性质不同的类别或不同的组。也就是说，分组是按照一定标志将总体各单位区分为若干组的一种数据加工处理方法。所谓标志是调查单位所具有的属性或特征的名称。通过分组，把相同性质的现象归纳在一起，把不同性质的现象分开，从而反映出被研究对象的本质和特征，为后续工作打下良好基础。

1. 选择分组标志

分组的关键在于选择和确定分组标志。分组标志有两类，即品质标志和数量标志。按品质标志分组，就是选择反映事物属性差异的标志作为分组标志，如消费者按性别、职业等分组，商品按主要用途分组，商店按经营类型分组，设备按种类分组等。按数量标志分组，就是选择反映事物数量差异的标志作为分组标志。比如消费者按年龄分组，商店按销售额分组，企业按规模分组等。

2. 确定分组界限

分组界限是组与组之间划分的界限，分组标志确定后，就需要确定分组界限。对于品质标志分组而言，性别、职业等分组界限就比较明确、简单。数量标志分组则需对组数、组限、组距等进行确定。

（1）确定组数。组数是分组的个数。当数量标志的变动范围很小，而且标志值的项数不多时，可直接将每个标志值都列为一组，形成单项数列。例如：某工程第一车间有50名工人，专门看护机器，最多的看4台，最少的看一台，按工人看管的机器台数对第一车间工人进行分组，如表7-2所示。

表7-2　某车间工人看护机器统计表

看护机器数量（台）	工人数（名）	百分比（%）
1	6	12%
2	19	38%
3	20	40%
4	5	10%
合计	50	100%

示例：
单项数列的示例

当数量标志的变动范围很大，而且标志值的项数又很多时，就可将一些临近的标志值合并在一组，以减少组的数量，形成组距数列，如表7-3所示。

表7-3　某市居民家庭人均年收入分布

组别	样本户数（户）	比重（%）
5 000元以下	180	9
5 001~10 000元	220	11
10 001~20 000元	320	16
20 001~30 000元	500	25
30 001~40 000元	360	18
40 001~50 000元	260	13
50 001元以上	160	8
合计	2 000	100

示例：
组距数列的示例

（2）确定组限。组限是组距的两个端点，是组与组之间的分界值。组限有上限和下限两种。上限是每组中的最大值，下限是每组中的最小值。分组时，如果某一标志值正好与组限值一致时，应遵循统计学中"上组限不在内"原则，将具有这一标志值的调查单位化归属于下限的那一组。上限、下限都有的组叫封闭组，只有下限或只有上限的组叫开口组。

（3）确定组距。组距是各组中最大值和最小值的差额。组距相等的叫等距分组，组距不相等的叫不等距分组。进行分组过程中，不要遗漏任何原始资料的数据。组距尽可能取整数，并且尽量使用等距分组。如果问卷已经是分类进行提问的，尽量按照已有的分类进行排列。

7.3.2 计算机的编码

技能点：
数据编码

编码是将原始资料转化为数字（或符号）的信息代换过程，对每个问题中的每种可能的回答都规定一个相应的的数字来表示。编码要与分组相适应，具有唯一性、完备性。编码可以使接下来数据录入工作更为简便，也使计算机统计分析软件对数据处理的效果更好，更便于调查资料的量化。尤其是对品质标志分组来说，编码环节尤其重要。

编码可以根据进行时间，分为当时编码和事后编码。也就是说，编码可以在收集数据之前便在问卷中编号，也可以在问卷回收之后才进行编码工作。

1. 当时编码

所谓当时编码，是指针对答案类别事先已知的问题，如结构式问卷中的封闭题和数字型开放题，在问卷设计的同时设计编码表。也就是说在设计问卷时，即将编号标注在各备选答案旁边。这种编码设计最大优点是节省时间和劳动力。但有可能由于问卷选项的设计缺少某重要选项，或设置多余选项，而影响数据质量。所以当时编码只适用于篇幅短、内容较为简单的问卷，而对于复杂资料，特别是开放式问题，问卷设计者是无法用当时编码概括全部回答的。

（1）单项选择题只需规定一个变量，取值为选项号。例如：

【例2】

示例：
单项选择题的编码

请问您最近半年内买过音像制品吗？

1. 买过　　2. 没买过

变量的取值范围为1、2，其中1表示买过，2表示没买过，0表示该题无回答。这个编码不能与合理回答相重复。例如询问家中的电视机数时，答案为0表示家中没有电视，如果无回答也用0表示，编码就会出现异义，也就不能如实反映原数据了。这一点也适用于其他类问题的编码设计。

（2）对多选题须规定多个变量。通常是将各个可能回答的答案选项都设为0~1变量，如被调查者选择了该答案，此变量的值为1，否则为0。例如：

【例3】

示例：
多项选择题的编码

下面哪种媒体的广告对您的消费影响较大？

A. 电视（0，1）　　　B. 报纸（0，1）

C. 街头广告（0，1）　　D. 购物场所的广告（0，1）

这种方法的优点是便于分析，编码的结果不用经过转换，可直接分析。缺点是不便于录入，变量随选项增多而增多，对于大样本，录入工作负担较重，容易出错。

（3）对排序题可以像多选题那样规定多个变量，实现起来有两种方式。

第一种方式把变量个数即选项个数，按照选项排列顺序，分别定义各变量，为对应选项所排次序号，取值即为次序号。例如：

【例4】

您选择去某一商场购物需要考虑的因素是什么（请按重要程度顺序排序）？

A．服务水平（　　　）　　　B．地理位置（　　　）

C．商品质量（　　　）　　　D．价格因素（　　　）

示例：
排序题的编码

按照这种题型对所有选项排序，采用此法比较可行，问卷设计时对应各选项统一留出位置填写次序号。但是如果仅取前几名排序，采用此法与多选题一样，优点是可以直接进行分析，但录入工作量大。

第二种方式是变量个数为要求排序的项数，依照次序号排列顺序，分别定义各变量为各次序号对应的选项项数，取值即为选项号。仍以上题为例，但改变其形式：

【例5】

您选择去某一商场购物最重要的因素是什么？（　　　）其次呢？（　　　）再次呢？（　　　）

示例：
排序题的编码

A．服务水平　　　B．地理位置　　　C．商品质量　　　D．价格因素

如果问题只要求取前几名排序。与多选题一样，采用此方法便于录入，减少工作量和出错率，但分析时要先进行数据转换。

2. 事后编码

事后编码是在问题作答之后，给予每个答案一个数字代码或符号，是由专门编码员完成的。事后编码一般应用于封闭式答案的"其他"或开放式问题答案，不仅便于简化编码，还允许研究者对于单一变量的多种问答进行编码。例如，一个问题可能有 10 多个可选答案，而被调查者实际只选择了 5 个，此时只需要 5 种编码就够了。再例如，如果要求被调查者从 5 项答案中选 1 个作答，但由于问卷设计欠周到或调查过程中出错，导致较大规模多项无法作答时，无法决定哪一项作为分析资料，此时事后编码可以在不歪曲原始数据的基础上进行分析。

保证事后编码工作顺利进行可遵循以下几点：让所有的编码员都在同一地点，使用同一编码册进行工作。编码工作中，每个编码员要保持编码册的整洁和清晰。给编码员提供一份空白的问卷模板，以免引起偏差，最好也能对每一个项目做一个编码册，然后给编码员提供一份编码表或编码名单及编码指南，类别的设置尽量设立得多些、窄些。这些都是编码工作的技术要点。

问卷编码工作是问卷调查中不可缺少的流程，同时也是数据整理汇总阶段重要而基本的环节。

7.3.3 录入数据

录入是将经过编码的数据资料输入计算机或其他存储设备中，这样便可供计算机统计分析了。数据的录入形式有两种：一种是以单独数据文件的形式录入和

存在，另一种是直接录入专门的统计分析软件中（例如 EXCEL、SPSS）。

7.3.4 汇总

汇总的主要任务是将市场调查的各种原始资料按照分组标志和编码设计进行统计汇总。一般来说汇总主要有手工汇总和计算机汇总，手工汇总主要适合调查的样本数量较少的情况。常见方法有：

（1）问卷分类法。将全部问卷按照问项设计的顺序和分组处理的要求，依次对问项答案进行问卷分类，分别清点有关问卷的份数，就可得到各个问题答案的选答次数。

（2）折叠法。将全部调查问卷中的同一问项及答案折叠起来，并一张一张地叠在一起，用别针或回形针别好，然后计点各个答案选择的次数，填入事先设计的分组表内。

（3）划记法。事先设计好空白的分组统计表，然后对所有问卷中的相同问项的不同答案一份一份地进行查看，并用划记法划记（常用"正"），全部问卷查看与划记完毕，即可统计出相同问项下的不同答案的次数，最后录到正式的分组统计表上。

（4）卡片法。利用摘录卡作为记录工具，对开放式问题的回答或深层访谈的回答进行过录或记录，然后再依据这些卡片进行"意见归纳处理"。

另外一种是计算机汇总。随着科学技术的发展，计算机的普及，给资料汇总带来了极大的方便。尤其是近几年计算机软件的应用，如：利用 Excel 可以对数据的某个指标进行计数、求和等，无论是速度还是准确度都有了显著提高。

7.4 市场调查资料展示

市场调查资料加工整理的最终结果，通常需要借助于一定的形式展示出来，以供调研者和用户阅读、分析和使用。市场调查数据展示的方式主要有统计表和统计图。

7.4.1 统计表

1. 统计表的含义和结构

资料整理的结果可以用不同形式表现，但统计表是应用最广泛的形式。资料通过统计汇总，得出许多说明社会现象和过程的数字资料，把这些资料按照一定的目的，在表格上表现出来，这种表格就叫做统计表。统计表能有条理、有系统地排列统计资料，使人们在阅读时一目了然，还能合理地、科学地组织统计资料，使人们在阅读时便于对照比较。

统计表从形式上看，是由总标题、横行标题、纵栏标题、指标数值四个部分构成。如图 7-1 所示。

总标题 → 20××.6中国分类域名数

分类域名	数量（个）	占域名总数比例
CN	3 984 188	45.6%
COM	3 758 855	43.1%
NET	482 704	5.5%
中国	311 399	3.6%
ORG	108 071	1.2%
其他	85 866	1.0%
合计	8 731 083	100.0%

（资料来源：中国互联网信息中心，中国互联网络发展状况统计报告。）

图 7-1 统计表的形式表现图

> 示例：
> 统计表结构的示例

统计表从内容上看，由主词或宾词两大部分构成。主词是统计表所要说明的总体的各个构成部分或组别的名称，列在横行标题的位置。宾词是统计表所要说明的统计指标或变量的名称和数值，宾词中的指标名称列在纵栏标题的位置。有时为了编排的合理和使用的方便，主词和宾词的位置可以互换。

2. 统计表的种类

统计表按分组情况可以分为两种，简单制表和交叉制表。其中简单制表是将答案分类而形成的统计表。如：2018 年某 4S 店汽车销售数量表，如表 7-4 所示：

表 7-4 2018 年某 4S 店汽车销售数量表

时间段	销售数量（台）
第一季度	280
第二季度	310
第三季度	300
第四季度	260

> 示例：
> 简单制表的示例

另外一种常见的统计表叫做交叉制表，是按两个或两个以上的标志进行层叠分组而形成的统计表。例如，某地区社会商品零售额统计表同时采用按时间标志和按对象标志层叠分组，就属于交叉分组表，如表 7-5 所示。

示例：
交叉制表的示例

表 7-5　某地区社会商品零售额统计（20××年）

项目	金额（万元）
社会商品零售额	9 000
其中：（一）对居民的零售额	5 000
1. 城市	3 000
2. 农村	2 000
（二）对社会集团的零售额	4 000
1. 城市	3 000
2. 农村	1 000

3. 统计表的编制规则

知识点：
统计表的编制原则

统计表应遵循科学、实用、简练、美观的原则进行设计。一般的编制规则有：

（1）统计表通常应设计成由纵横交叉线组成的长方形表格，长宽之间应保持适当的比例。

（2）统计表的总标题要用概括、简练的文字说明表的内容，并在总标题内或在其下注明资料所属的时间、地点和单位。

（3）统计表的主词各行和宾词各栏，一般应按先局部后整体的原则排列，即先列各项目，再列合计。如果没有必要列出所有项目时，可以先列合计，而后再列其中一部分重要的项目。

（4）统计表的上下两端用粗线或双线绘制，在有些需要明显分隔的部分也应用粗线或双线，其他则用细线。在横行和合计栏、横行与纵栏标题间要画线。表的左右两端应是开口的，不得画线。

（5）统计表中如果栏目较多，可以加以编号：一般主词的计量单位栏用（甲）（乙）（丙）等次序编号，宾词各栏用（1）（2）（3）等次序编号。若各栏中统计指标有一定的计算关系，还可以用算式表示。

（6）统计表中的数字要注明计量单位。如果表中的数字属同一计量单位，可将计量单位标在表的右上方；如果宾词的计量单位不同，可直接标注在指标名称的旁边或下方；如果主词的计量单位不同，可在横行标题后设计量单位专栏。

（7）统计表中数字应填写整齐，对准位数。当数字为 0 或遇数小可略而不计时，要写上 0，不得留空；当缺少某项资料时，用"…"表示；不应有数字时用符号"—"表示；上、下、左、右数字相同，必须如实写出，不得用"同上""同左"或"…"等符号。

（8）必要时，应在统计表的下端加注说明或注解、资料来源等。

7.4.2 统计图

1. 统计图的含义

统计图是以图形形象地表现统计资料的一种形式。用各种图形形式来反映统计资料，从视觉角度来说具有简洁具体、形象生动和直观易懂的特点，能给人明确深刻的影响，一般能取得较好的效果。

统计图可以揭示现象的内部结构和依存关系，显示现象的发展趋势和分布状况，还能表明统计指标不同条件下的对比关系，有利于调研者进行分析与研究。

技能点：
统计图的种类和绘制

2. 统计图的种类

常见的统计图有条形图、扇形图、环形图、曲线图、散点图等。当然，统计图只是描述和揭示统计数据特征的有效方法之一，它并不能代替统计分析。

（1）条形图。条形图是以若干等宽平行长条或圆柱的长短来表示品质属性数列中各组频数或频率大小的图形。通常以横轴代表不同的组别，纵横代表各组的频数或频率，有时亦可用纵轴代表各组，横轴代表频数或频率。如图 7-2 和图 7-3 所示。

示例：
条形图的示例

图 7-2 中国 2013—2018 年居民人均可支配收入情况

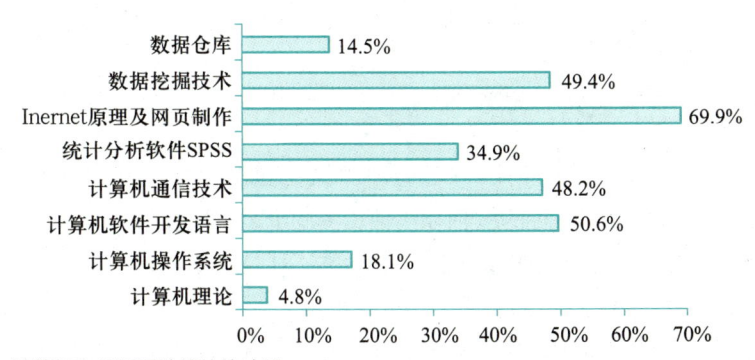

图 7-3 计算机专业课程选修的统计图

（2）扇形图。扇形图是用圆形和圆内扇形的面积来表示数值大小的图形，主要用于表示总体中各组成部分所占的比例，对研究结构性问题十分有用。在绘制扇形图时，总体中各部分所占的百分比用圆内的各个扇形面积表示，这些扇形的中心角度是按各部分百分比占360度的相应比例确定的。具体如图7-4所示：

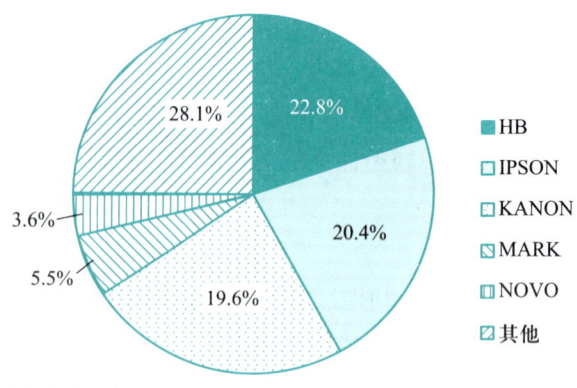

> 示例：
> 扇形图的示例

图7-4 品牌支持率的频率分布图

（3）环形图。环形图是将总体或样本中的每一部分数据用环形中的一段表示。环形图亦可同时绘制多个总体或样本的数据系列。每一个总体或样本的数据系列为一个环。如图7-5所示。

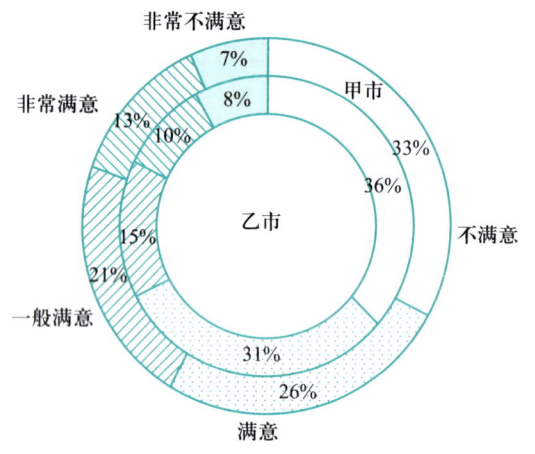

> 示例：
> 环形图的示例

图7-5 消费者对空调售后服务满意度评价分布

（4）曲线图。曲线图是用曲线的升降来表示数值大小和发展变化的图形。其主要构成要素是直角坐标的纵轴和横轴。多用于表明现象的动态、计划完成情况、现象之间的依存关系和现象的次数分布等。其分为动态曲线图、计划检查曲线图和次数分配曲线图。

动态曲线图。它是反映现象在不同时期发展水平变动的图形，从曲线的斜度可以看出发展进度的快慢。如图7-6。

计划检查曲线图。它是用不同线条来代表计划数和实际数，以用来检查企业计划执行情况。如图7-7，通过实际生产线和计划生产线的对比，可以看出完成

图 7-6　2018 年 1 月 – 6 月中国小型车市场某品牌关注走势图

示例：
动态曲线图的示例

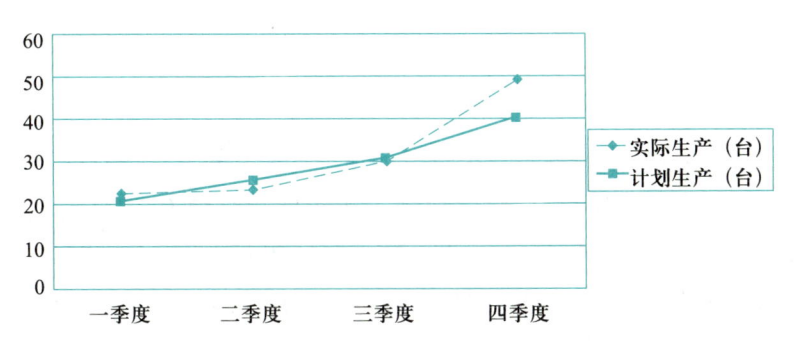

图 7-7　某企业 2018 年生产完成情况

示例：
计划检查曲线图的示例

情况。

次数分配曲线图。它是用曲线的升降起伏，反映总体单位在总体分组中的分配情况及次数分配变化的规律性。如图 7-8。

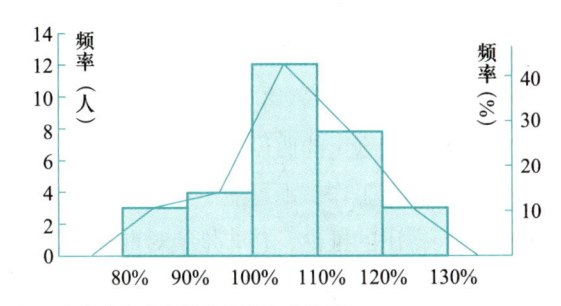

图 7-8　某企业 30 名工人完成劳动定额情况分布曲线图

示例：
次数分配曲线图的示例

（5）散点图。散点图主要用于显示因变量（y）与自变量（x）之间是否具有相关关系，以及相关关系的形式是直线相关还是曲线相关，是正相关还是负相关。通常以横轴代表自变量（x），纵轴代表因变量（y）。如图 7-9 所示。

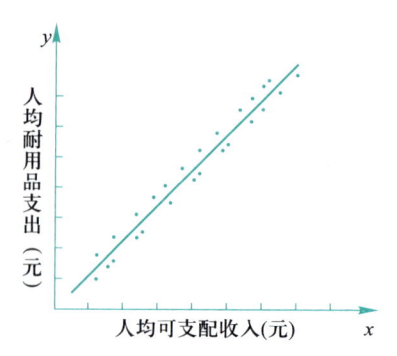

图 7-9　某市居民耐用品购买支出与人均可支配收入关系图

本节重点和难点：
统计资料的分析方法

7.5　市场调查资料分析

市场调查所获取的全部原始资料经过编辑、汇总和制表等阶段之后，就可以转入下一步的工作——资料分析。这是整个市场调查资料工作的最后阶段。资料分析的主要任务是利用经过调查得来的全部情况和数据去验证有关各种因素的相互关系和变化趋势，即将全部的资料适当地组合为足以揭示其所包含着的某种意义的模式，以明确具体地说明调查结果。

7.5.1　市场调查资料分析的内容

市场调查资料分析是指根据市场调研的目的，运用多种分析方法对市场调查收集整理的各种资料进行对比研究，通过综合、提炼、归纳、概括得出调研结论，进行对策研究，撰写市场调研报告的过程。

在进行资料分析时，要有步骤、有条不紊地组织和进行工作，并反复核对全部有关资料，从一切资料来源到每份表格上所引用的每一个数据，均应反复核对，尽量避免差错，尽量减少主观上的假设和推断。

调查人员要清楚，任何调查工作都不可能得到十分完整的市场调查资料，因此，基于分析手上的资料而得出的推论，并非是绝对准确可靠的。为此，还应在多方面考虑问题，并采取适当的措施，对误差进行处理。

市场调查资料分析主要包括背景分析、状态分析、因果分析和对策研究。

7.5.2　市场调查资料分析的方法

1. 定性分析方法

定性分析主要是界定事物的大小、变化的方向、发展的快慢、事物的优劣、态度的好坏、问题的性质。定性分析方法主要有：

（1）归纳推理法。它是对收集到的资料进行归纳，概括出一些理论观点。归纳法分为完全归纳法和不完全归纳法。

完全归纳法是根据某类市场中每一个对象都具有或不具有某种属性，从而概括出该类市场的全部对象都具有或不具有这种属性的归纳方法。

不完全归纳法分为简单枚举法和科学归纳法。简单枚举法是根据某类市场中部分对象具有或不具有某种属性，从而概括出该类市场的全部对象都具有或不具有这种属性的归纳方法。这种方法是建立在直接经验基础上的一种归纳法，结论具有一定的可靠性，并且简便易行。科学归纳法是根据某类市场中部分对象与某种属性之间的必然联系，推论出该类市场的所有对象都具有某种属性的归纳方法。与简单枚举法相比，科学归纳法更复杂、更科学，其认识作用也更大。

> 知识点：
> 定性分析方法

例如，某个空调市场的调查表明，所调查的 300 个空调用户中有 200 个用户在调查中表明将来更换空调时，很大可能或绝对会购买海尔空调。根据这一发现，得出这样的结论：大部分空调用户（67%）在更换空调时会购买海尔空调。

> 示例：
> 归纳推理法的示例

（2）演绎分析法。市场调研中的演绎分析法就是把调研资料的整体划分成包含各个方面、因素等的分类资料，并通过对这些分类资料的研究，分析出每一类的本质和特征并联系起来，最终形成对调研资料的整体认识。

（3）比较分析法。比较分析法是把两个或两类市场的调查资料相对比，从而确定它们之间的相同点和不同点的逻辑方法。比较分析法是调研中经常运用的一种方法。

（4）结构分析法。结构分析法是指根据调查资料，分析某个市场现象的结构及其组成部分的属性，进而认识这一市场现象的本质。结构与属性是各类现象的普遍特征，因而结构分析法也是定性分析中常用的方法之一。

2. 定量分析方法

定量分析是指从市场的数量特征方面出发，运用一定的数据处理技术进行数量分析，从而挖掘出数量中所包含的市场本身的特性及规律性的一种分析方法。

> 技能点：
> 定量分析方法

（1）相关分析法。相关分析法是通过计算变量之间的相关系数，分析现象之间的相关关系和相关程度，理清相关关系中的主要因素、次要因素以及这些因素间的关系，并用适当的数学表达式表示的统计分析方法。

（2）判别分析法。判别分析法是判别样本属于何种已知类型的一种多变量统计分析方法。在已知被调查对象已经被分为若干组的前提下，判断新的被调查对象属于已知类型的哪一类。例如判别某个顾客是可能购买者还是可能非购买者，是某产品的可能使用者还是可能非使用者。其中，购买者和非购买者、使用者和非使用者都是已知类型，该顾客为新的被调查对象，判别分析法就是判别顾客归属于哪一种类型。

（3）因子分析法。因子分析法的本质是从大量的变量和样本中通过归类找到数据的内在联系，通过研究众多变量之间的内部依赖关系，寻找变量之间的数据结构。分析影响变量或支配变量的共同因子有几个、各因素的本质如何，由表及里地探索市场之间的本质联系。在市场研究中，通常会通过分析消费者对各种消费品的态度，研究消费者选择消费品的因素，为制定营销策略和拟定广告宣传主题提供参考依据，这种情况下通常采用因子分析法。

（4）聚类分析法。聚类分析法是根据研究对象的特征而对研究对象进行分类的一种多元分析技术，把性质相近的个体归为一类，使得同一类中的个体都具有高度的同质性，不同类之间的个体具有高度的异质性。在市场研究中涉及市场细分问题时，常使用聚类分析法。

（5）回归分析法。这是一种从事物因果关系出发进行预测的方法。在操作中，根据统计资料求得因果关系的相关系数，确定回归方程，相关系数越大，因果关系越密切。回归分析法的优势在于可以较为准确地预测事物的发展趋势。

本节侧重于分析方法的定义与分类，具体分析方法的运用将在后续章中详细讲解。

> **同步案例**
>
> **一个真实案例的数据整理与分析**
>
> 本项调查的主要内容是关于某校学生兼职的实际情况。调查主要采用问卷法和电话访谈法进行调查。
>
> 整个调查共发放问卷 600 份，收回问卷 562 份，回收率为 93.7%。有效问卷共计 489 份，有效率为 81.5%。问卷的回收情况比较理想。通过对调查问卷审核、编码、录入、汇总后的数据整理结果见表 7-6：
>
> 表 7-6　数据整理结果
>
> | 选项 | 1. 请问您如何看待兼职 | 2. 您每月兼职的月收入 | 3. 您获取兼职信息的方式 | 4. 您曾做过或现在正在做的兼职 | 5. 您做兼职的理由 | 6. 您在兼职过程中遇到哪些问题 | 7. 兼职能提升自身什么能力 |
> | --- | --- | --- | --- | --- | --- | --- | --- |
> | A | 138 | 246 | 216 | 51 | 288 | 147 | 132 |
> | B | 162 | 132 | 159 | 216 | 162 | 153 | 174 |
> | C | 150 | 81 | 93 | 138 | 186 | 126 | 252 |
> | D | 33 | 30 | 9 | 93 | 114 | 96 | 138 |
> | E | 6 | — | 12 | 72 | 24 | 21 | 60 |
> | F | — | — | — | 21 | — | 36 | 36 |
> | G | — | — | — | 6 | — | 63 | — |
> | H | — | — | — | — | — | 39 | — |
> | 总数 | 489 | 489 | 489 | 597 | 774 | 681 | 792 |

问题：

结合案例，思考如何进行数据分析？

分析：

根据汇总数据，制作统计表和统计图进行数据分析，具体如下：

（一）我校学生看待兼职的态度

通过"请问您如何看待兼职"的问题，我们调查出认为非常有必要的学生有 138 人，占总人数的 28%；认为比较有必要的学生有 162 人，占总人数的 33%；认为一般的学生有 150 人，占总人数的 31%；认为不是很有必要的学生有 33 人，占总人数的 7%；认为根本没有必要的学生有 6 人，占总人数的 1%。现在大学生对兼职的认可度日益提高，这一方面说明学生看待兼职普遍认为是有必要的。所以从此项调查中我们得出，大学生不但认为兼职是有必要的，还愿意积极地参与进去，见图 7-10。

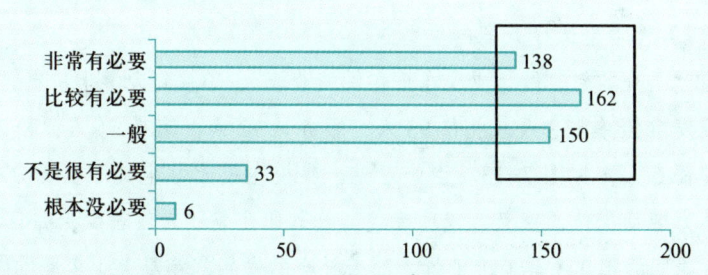

图 7-10 我校学生看待兼职的态度

（二）大学生兼职的月收入

通过调查"您每月兼职的月收入"，我们了解到我院四届学生月收入不多于 500 的有 246 人，在 501~1 000 元的有 132 人，在 1 001~2 000 元的有 81 人，大于 2 001 元的有 30 人，见图 7-11。综上所述，大部分学生工资少于 500 元。大学生能提供的工作时间不是很多，每月工资不是很乐观，大部分工资低于 500 元。

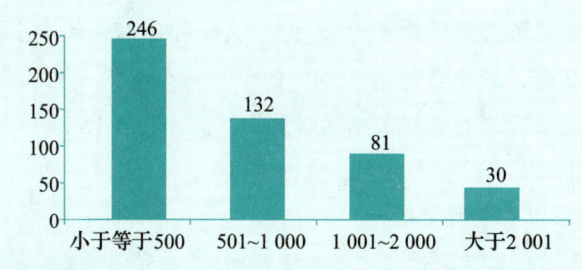

图 7-11 大学生兼职的月收入

（三）兼职信息的来源

通过调查"您获取兼职信息的方式"，我们了解到有 44% 的学生是熟人介绍的，有 33% 的学生是自己找的，有 19% 是中介机构介绍的，通过熟人接受和自己找的人比较多，见图7-12。因此，加强中介的管理，增加学生获得兼职信息的来源，仅通过熟人介绍对岗位的种类造成很大的局限性。

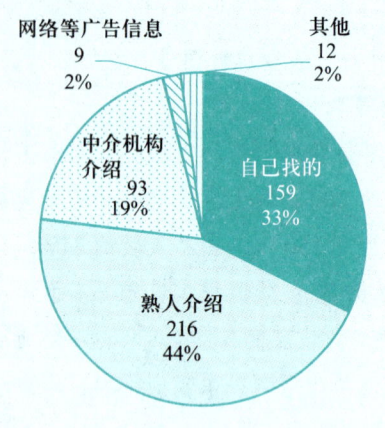

图7-12 兼职信息的来源

（四）大学生选择兼职的类型

通过调查"您曾做过或现在正在做的兼职"，了解到大学生从事促销有216人，派发宣传单138人，礼仪93人，服务员72人，家教51人，校园代理21人，安保6人，见图7-13。由此可见，我校在校大学生兼职主要分布在低收入的体力劳动岗位，家教、代理等较高收入职业兼职人数较少，并且社会提供大学生兼职的工作不具有专业性，随着社会的发展，希望企业多提供岗位。

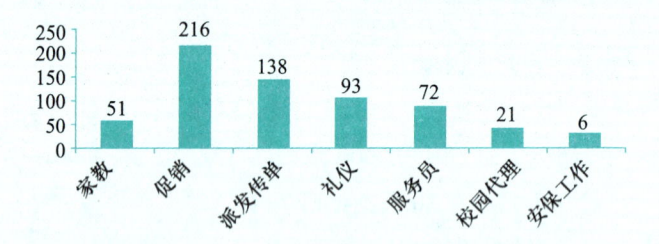

图7-13 大学生选择兼职的类型

（五）兼职的主要目的

通过调查"您做兼职的理由"，我们了解到有37%的学生认为通过兼职来提前接触社会，锻炼自己，有24%的学生认为积累一些社会、工作经验，有21%的学生希望通过兼职来减轻家里的负担，还有15%的学生希望通过兼职多认识一些朋友，发展人际网，见图7-14。

（六）兼职中遇到的问题

通过调查"您在兼职过程中遇到哪些问题"，我们了解到学生在兼职中遇到的拖欠工资有153人，被中介机构欺骗的有147人，被克扣工资的有126人，遇到不合理待遇的有96人，技能知识运用不娴熟的有63人，与同事领导不和的有36人，被客户投诉的有21人，见图7-15。由此可以看出，大学生兼职中出现的大多是外在因素问题，大学生法律观念不强，社会相应的保

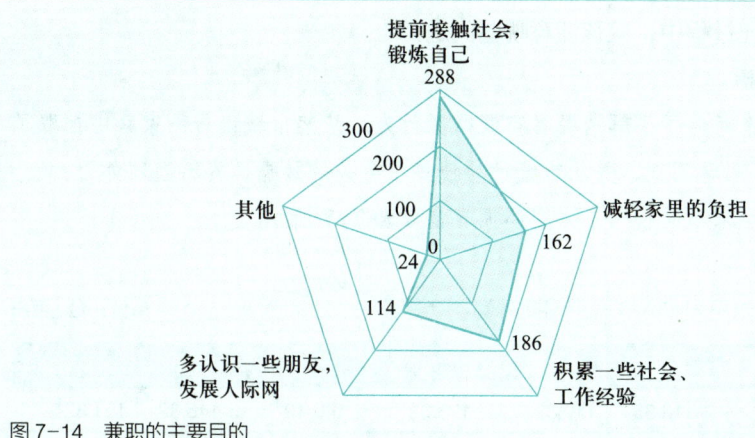

图 7-14 兼职的主要目的

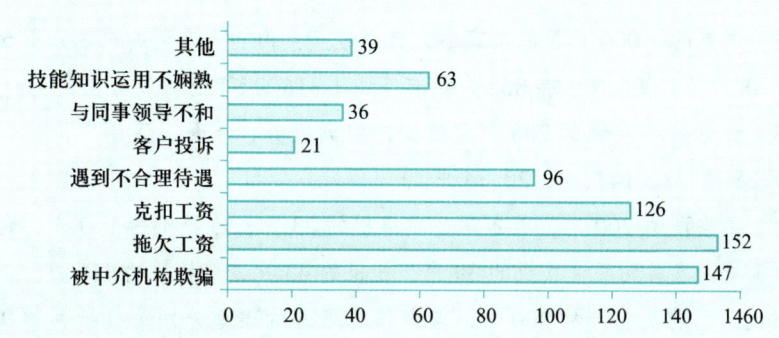

图 7-15 兼职中遇到的问题

障体系未完善，造成大学生兼职出现了很多权益无法得到保障的现象，所以社会应该加强引导。

（七）提升自身能力的方面

通过调查"兼职能提升自身什么能力"，我们了解到提升人际交往能力有252人，提高知识技能的有174人，提高管理经营能力的有138人，锻炼口才的有132人，提高理货理财能力有60人，见图7-16。综上所述，人际交往能力的提升是最重要的。

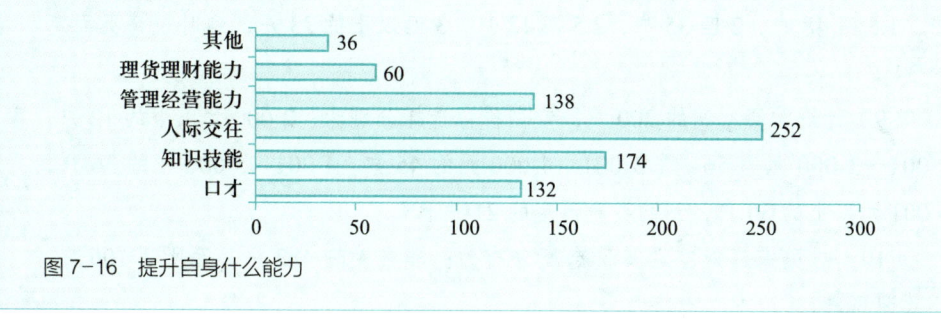

图 7-16 提升自身什么能力

课堂能力训练

1. 针对调查所得的原始资料，需要进行哪些工作以完成市场调查资料的整理工作，在整理过程中，应该注意哪些问题？

2. 案例分析。

某家电经销商为了解消费者空调购买行为，从某市城镇居民家庭中抽取了1 000户进行了问卷调查，并从市统计局搜集了有关的数据。资料整理如下：

（1）上年年末不同收入家庭空调拥有量如表7-7所示。

表7-7　上年年末不同收入家庭空调拥有量　　　　　　　　　　　　单位：台/百户

项目	最低收入	低收入	中等偏下	中等收入	中等偏上	高收入	最高收入
拥有量	88.46	116.35	119.32	123.32	140.12	145.32	151.32

（2）调查的1 000户居民家庭中，计划近三年内购买空调的户数分别53户、89户、58户（1 000户中有868户拥有空调1 316台，132户没有空调）。

（3）计划购买空调的200户家庭关注空调服务、质量、促销、价格、其他要素的分别为28、144、4、20、4户。

（4）买空调的200户，准备购买单冷机的23户，冷暖机的170户，到时再决定的7户；准备购买窗式机的39户，柜机的43户，壁挂机的118户。

（5）计划购买空调的200户，空调信息来源的渠道分别为报纸刊物90户，电视87户，销售现场8户，朋友同事告知6户，销售人员促销3户，户外广告4户，网络广告2户。

（6）计划购买空调的200户，考虑购买空调地点分别为：专卖店77户，大型电器商场94户，综合性商场82户，家电连锁店56户，厂家直销店48户（有同时选择多个地点的情形）。

（7）计划购买空调的200户，考虑购买时间选择分别为：夏季86户，冬季60户，厂家促销期42户，春季和秋季12户。

（8）计划购买空调的200户，空调功率选择分别为：1匹以下7户，1匹41户，1.5匹48户，2匹35户，2.5匹12户，3匹以上的23户，到时视情况而定的34户。

（9）计划购买空调的200户，空调价位选择分别为：2 000元以下的12户，2 001~3 000元的56户，3 001~4 000元的45户，4 001~5 000元的36户，5 001元以上的30户，到购买时再定的21户。

（10）居民家庭对空调降价态度分布为：非常欢迎482户，无所谓106户，不欢迎5户。

（11）居民家庭对绿色环保空调的看法：符合空调发展方向的252户，符合消费需求的312户，空调的必须要求127户，厂家炒作112户，不知道的197户。

（12）居民家庭对变频空调的看法：符合空调发展方向的169户，符合消费者需求的294户，空调的必须要求140户，厂家炒作99户，不知道的298户。

（13）居民家庭对静音空调的看法：符合空调发展方向239户，符合消费者需求391户，空调的必须要求210户，厂家炒作52户，不知道108户。

（14）居民家庭认为厂家宣传推广对购买决策很有影响的170户，有影响的280户，一般的235户，无影响的15户。

阅读以上材料，回答下面问题：

（1）你认为上述调查数据加工处理有何特点，有哪些缺陷。

（2）实际工作中，应怎样弥补这些缺陷。

（3）根据这些数据，你认为可制作哪些形式的统计表和统计图。

职业资格与技能同步训练

一、单项选择题

1. 市场调查工作中，（　　）阶段是现场实施阶段。
   A. 搜集资料阶段　　　　　　B. 研究阶段
   C. 总结阶段　　　　　　　　D. 实施阶段

2. 分析市场信息，使之集中化、有序化，成为可利用的信息，这一过程是（　　）。
   A. 市场调查　　　　　　　　B. 市场分析
   C. 市场预测　　　　　　　　D. 整理资料

3. 在资料整理阶段，资料分类时要注意同一资料的（　　）。
   A. 差异性　　　　　　　　　B. 共同性
   C. 统计性　　　　　　　　　D. 详尽性

4. 资料审核的内容不包括（　　）。
   A. 资料的真实性　　　　　　B. 资料的准确性
   C. 资料的完整性　　　　　　D. 资料的适时性

5. 统计分组的依据是（　　）。
   A. 标志　　B. 指标　　C. 标志值　　D. 变量值

6. 统计分组的关键在于（　　）。
   A. 正确选择分组标志　　　　B. 正确划分各组界限
   C. 正确确定组数和组限　　　D. 正确选择分布数列种类

7. 某连续变量数列，其末组为开口组，下限为200，又知其邻组的组中值为170，则末组的组中值为（　　）。
   A. 260　　B. 215　　C. 230　　D. 185

二、多项选择题

1. 从表式上看，统计表由（　　　　）部分构成。
   A. 总标题　　　B. 主词　　　　　C. 纵栏标题
   D. 横行标题　　E. 指标数值

2. 统计资料整理的内容一般包括（　　　　）。
   A. 资料审核　　B. 统计分组　　　C. 统计汇总
   D. 统计分析　　E. 编制统计表

3. 下列分组中属于按品质标志分组的有（　　　　）。
   A. 职工按工龄分组　　　　　　B. 企业按所有制属性分组
   C. 教师按职称分组　　　　　　D. 人口按地区分组
   E. 人口按文化程度分组

4. 下列分组中属于按数量标志分组的有（　　　　）。
   A. 企业按年产量分组　　　　　B. 职工按工龄分组
   C. 企业按隶属关系分组　　　　D. 企业按计划完成程度分组
   E. 学生按健康状况分组

5. 统计资料审核主要是审核资料的（　　　　）。
   A. 准确性　　　B. 及时性　　　　C. 完整性
   D. 代表性　　　E. 科学性

6. 在组距数列中，组中值（　　　　）。
   A. 是上限与下限的中点数　　　B. 在开口组中可参照相邻组来确定
   C. 在开口组中无法计算　　　　D. 是用来代表各组标志值的一般水平
   E. 就是组平均数

综合实训

【实训目的】

1. 通过本项目训练，使学生在从事市场调查资料回收、审核、登记、分组、录入、展示和分析等活动的同时，体验统计与生活的联系，全面了解整理和分析市场调查资料的基本内容和流程，培养学生处理数据的能力。

2. 学生在实训结束时，应具备市场调查资料整理和分析的基本技能。会对调查资料进行审核，能选择合适的分组和科学的编码方案，会用 Excel 进行数据的录入并能用图表形式对数据进行显示。

3. 通过经历市场调查资料的整理过程，培养学生的应用意识和实践能力，在小组学习的活动中学会与人合作。

文本资源：
学生数据整理与
分析典型作品参考

【实训内容与要求】

要求学生开展"本校学生最想开展的校园活动"调查。调查问卷如下:

关于本校学生校园活动的调查问卷

问卷编号:

亲爱的同学您好:

为了更好地开展学生工作,开展参与度高、效果好的学生活动,在学工处的组织下,特进行了本次调研,请放心答卷,一切个人资料绝对保密,谢谢合作!

年级:　　　　　性别:　　　　　专业:

1. 您一般通过何种途径了解到校园活动(　　)。
   A. 校园广播　　　　　　B. 食堂门口摆点宣传
   C. 海报、宣传板　　　　D. 同学或老师宣传

2. 您觉得目前校园活动的数量(　　)。
   A. 很少　　B. 比较少　　C. 一般
   D. 比较多　　E. 很多

3. 您更倾向于以(　　)方式参与校园活动。
   A. 个人参加　　B. 组队参加　　C. 均可

4. 您一般可接受校园文化活动持续多长时间?(　　)
   A. 1周　　B. 2周　　C. 3周
   D. 4周　　E. 无所谓

5. 校园活动最吸引你的部分包括(　　)。(多选,并按从主到次的顺序排列)
   A. 新颖的形式　　　　　B. 活动正规公平
   C. 有丰厚的奖品　　　　D. 和自己的兴趣相符
   E. 和自己的专业也相符

6. 您更倾向于参加(　　)的校园活动。(最多2项)
   A. 体育竞技类　　　　　B. 文化艺术类
   C. 学术类　　　　　　　D. 科技创新类
   E. 志愿服务

7. 请列举一到两个你喜欢的学生活动。
   _____

衷心感谢您的支持与合作!祝您开心!

要求学生按照实训内容完成调查问卷的整理和分析任务。学生首先对调查问卷进行发放和回收,然后对回收上来的问卷进行审核、分组和编码,接着对调查

资料进行计算机录入与汇总，主要采取统计表形式，体会利用表格整理数据的好处。最后为了更形象、直观地反映出主题，调查资料采用饼形图、条形图等统计图的形式进行展示，并进行简单的分析。

【实训步骤】

1. 全班分成若干小组（每组 4~6 人），每个小组自行选择被调查者完成调查任务。
2. 将搜集好的问卷进行审核、分组、编码、录入、汇总。
3. 针对整理好的数据，利用统计图和统计表进行简单分析。

【组织形式】

以小组为单位根据背景资料进行市场调查资料的整理和分析，各小组自行确定每个成员的具体分工。

【考核要点】

1. 调查资料的回收过程是否完整。
2. 调查资料的审核是否严谨。
3. 调查资料的分组和编码是否科学。
4. 调查资料的录入与汇总是否准确。
5. 调查资料的表现形式是否得当。
6. 针对调查资料的分析是否合理。

项目八
市场发展趋势的预测

本项目知识点

- 市场预测内容与程序
- 经验判断分析法
- 时间序列分析法
- 回归分析法

本项目技能点

- 能够运用经验判断分析法分析简单市场调查数据资料
- 能够运用时间序列分析法分析市场调查数据资料
- 能够运用回归分析法分析市场调查数据资料

知识导图

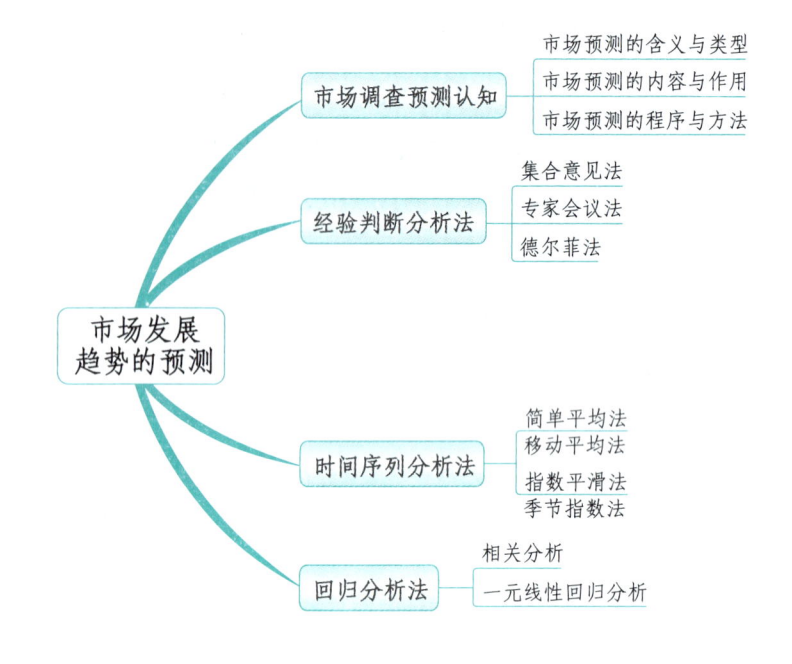

图：
分析市场发展趋势框图

市场发展趋势的预测
- 市场调查预测认知
  - 市场预测的含义与类型
  - 市场预测的内容与作用
  - 市场预测的程序与方法
- 经验判断分析法
  - 集合意见法
  - 专家会议法
  - 德尔菲法
- 时间序列分析法
  - 简单平均法
  - 移动平均法
  - 指数平滑法
  - 季节指数法
- 回归分析法
  - 相关分析
  - 一元线性回归分析

案例引入

案例引入：
准确的市场预测决定公司的成败

准确的市场预测决定公司的成败

美国有家出口公司向印度出口小五金制品，畅销产品是一种挂锁。该公司几乎每月都有一船的产品运向印度。但是，这种挂锁不太牢靠，用力一拉就开了，或者用一枚大头针也可以拨开它。随着印度生活水平的不断上升，这种锁的销量大幅下降。

然而，该公司的老板预测市场需求下降是挂锁质量问题导致的，就对它进行了技术改造。但是事与愿违，改造过的锁根本卖不动。4 年后该公司破产，被一个原来规模只有它 1/10 的小企业取代，因为这家小企业通过对市场的了解而做出了正确的市场预测。原来挂锁向来是印度人神圣的象征，没有任何小偷敢去开启这种挂锁。因此，钥匙从来没有被使用过，而且经常丢失。该公司强调挂锁的牢固性，使消费者感到非常不方便。而对于新生的中产阶级来说，挂锁功能明显地无法满足安全需求，于是销量就减少了。

小企业对印度市场的预测得到的结论是生产两种锁：一种是没有锁头和钥匙，只有一个拉栓的锁，其售价不到原来的 1/3；另一种相当牢靠，配有 3 把钥匙的高级锁，而售价是原来的两倍。结果两种产品都很畅销。

（资料来源：杨凤荣. 市场调查方法与实务 [M]. 北京：科学出版社，有删改。）

四种中药药材市场预测分析

> 　　一个企业进行市场调查预测是企业制定主营产品和营销战略的依据。主营产品和营销战略的制定，首先要有正确的市场预测背景；市场预测的方法的正确选择又必须依靠市场信息资料来提供保证。案例中要进行准确的市场预测，必须明确以下几个问题：
> 　　第一，市场预测的基本内容和类型；
> 　　第二，市场预测的程序；
> 　　第三，定性预测的方法与应用；
> 　　第四，定量预测的方法与应用。

8.1　市场调查预测认知

本节重点和难点：
市场预测的类型与程序

　　市场预测是把握市场未来需求发展变化趋势的科学，也是企业经营管理的技术。

8.1.1　市场预测的含义

　　市场预测，是指在掌握市场信息的基础上，运用科学的理论和方法，对市场有关因素未来变化发展趋势及其可能水平作出估计和测算，为企业决策服务的活动。企业生产经营活动离不开市场预测。例如：某企业产品主要进口到东南亚国家。亚洲金融危机后，他们预测东南亚国家经济将衰退，对进口商品的需求将缩减。为此他们决策，减少进口到东南亚国家的产品数量，积极开拓其他国际市场和国内市场，从而变被动为主动。

　　正确理解市场预测概念，应把握以下几层意思：其一，市场预测的对象是市场有关因素的未来发展趋势和可能的水平。如对某产品未来 2 年的销售量或市场占有率进行预测。其二，市场预测的依据是关于市场的历史资料和现在的市场信息。其三，市场预测的目的是把握市场未来需求变化的趋势，为企业经营决策服务。其四，市场预测要应用科学方法和知识，如定性预测法中的专家意见法，定量预测法中的移动平均法，还有数理统计知识等。

技能点：
市场预测流程运用

8.1.2　市场预测的类型

　　依据不同的标准、角度划分，市场预测有以下类型。

1. 按预测的时间期限不同分类

　　（1）短期预测。预测的时间期限一般在一个季度内。如预测下月份冷饮的销售量。它主要为企业日常生产经营计划服务，讲究预测的时效性。

（2）近期预测。预测的时间期限一般在一年内。如预测明年某产品的市场需求量。它为企业制定年度生产或经营计划服务，为采购原材料等生产要素、组织货源提供依据。

（3）中期预测。预测的时间期限一般在一年以上，五年以内。它为企业制定中期发展规划提供依据。

（4）长期预测。预测的时间期限在五年以上。它是为企业发展的长远规划提供依据。

2. 按预测的角度范围不同分类

（1）宏观市场预测。宏观市场预测是对整个国民经济发展前景和整个社会经济活动趋势的预测。宏观市场预测的主要内容有：国民生产总值及其增长态势、物价总水平及其变动、商品零售总额、商品需求总量、基本建设投资规模及其增长程度、新技术和新产品发展动向、消费结构变化等。

（2）微观市场预测。微观市场预测主要是指企业对产品的市场需求量、销售量、市场占有率等内容的预测。微观市场预测的内容比较具体、细致，对指导企业的生产、经营活动有直接的影响和作用。

3. 按预测的商品对象不同分类

（1）单项商品预测。单项商品预测是对某种品牌、规格、花色、款式等具体商品市场需求或销售量的预测。比如，对彩电各种品牌的需求预测。单项商品预测是十分具体细微的。

（2）同类商品预测。这是对某一类别商品的市场需求量或销售量的预测。大的类别有生产资料的预测与生活资料的预测。每一类别又可分为较小的类别层次，如生活资料类预测可分为食品类、衣着类、日用品类、家电类等。按不同的用途与等级，上述各类生活资料还可分为更具体的类别层次，如家电类可分为电视类、音响类、冰箱类、微波炉类等。

（3）对象性商品预测。这是对某一类消费群体所需商品的需求量或销售量的预测。如儿童玩具等需求预测。还有按消费年龄、性别等不同划分，如分为青年服装市场预测、女性服装市场预测等。

8.1.3 市场预测的内容

市场预测内容丰富而又广泛，概括起来有以下方面：

1. 市场需求预测

市场需求预测是对消费者、用户在一定时间和市场范围内的商品需求的预测。它主要包括商品需求量预测、商品需求变化预测和社会购买力及投向变化预测。市场需求预测是市场预测最重要的预测内容，也是企业最关注的问题。

商品需求量预测包括消费品需求量和生产资料需求量这两方面的预测。

（1）消费品需求量的预测主要预测消费者及社会集团对消费品需求量的预测，也包括对主要消费品需求量的预测。首先，要预测消费者平均消费水平和消费总量。其次，要做好社会集团对消费品需求量的预测。社会集团如政府机关、企事业单位，也是消费的主体。再次，要做好对各种主要消费品需求量的预测。这种预测要落实到对各种主要消费品的品牌、规格、品种上。

（2）生产资料需求量的预测主要预测物质生产部门对生产资料未来的需求量，分析影响需求变化的原因及其变动趋势。从工业生产资料市场需求预测看，它包括工业发展规模、结构变化、基础设施建设投资、劳动生产率、技术进步、固定资产使用年限、管理水平等方面的预测；从农业生产资料市场需求预测看，它包括对可耕地面积、农业内部结构变化、农民收入水平、农业贷款、农用生产资料价格、农业新产品和新技术的发展等方面的预测。

2. 市场供求关系和价格变化的预测

（1）市场商品供给量及其变化预测。市场商品供给量是指在一定时期内可以投入市场以供出售的商品资源总量。市场商品供给量及变化预测，就是对市场商品资源总量及其构成、各种具体商品市场供给量，以及其变化趋势的预测。市场商品供给量有两个来源，一是我国国内企业生产的商品，二是从国外进口的商品。因此对商品供给量的预测就是要对国内企业商品生产能力和商品生产数量进行预测，其次，要对进口商品的数量、商品结构及其变化趋势进行预测。

（2）市场商品供求关系及其变化预测。在市场激烈竞争条件下，商品供求关系总是处于不断变动中。供求关系变动有三种情况：供不应求；供大于求；供求平衡或基本平衡。市场商品供求关系及其变化预测，就是要预测商品供求关系未来趋势是供求平衡、供大于求，还是供不应求及其程度。它包括预测社会商品总体的供求关系趋势，也包括预测某一具体商品的供求关系的趋势。商品供求关系及变化预测对于企业来说十分重要，只有事先预测某一商品供求关系变化，才能未雨绸缪，根据市场变化来组织生产经营活动，适应市场的需要。

（3）商品价格变化的预测。市场供求关系变化必然引起商品价格变化，而商品价格变化直接关系到企业的利润大小。商品价格变化的预测主要预测消费品和生产资料价格变化的趋势。尤其要重视对关系国计民生的重要生活资料和生产资料价格变化趋势的预测。

3. 科学技术发展影响的预测

科技技术发展影响的预测，就是要预测科学技术未来的发展对行业技术发展的影响，对企业产品开发、企业生产工艺、材料、设备等的重大影响，以及对企业其他经营活动的影响。众所周知，科学技术本身拥有强大力量，能够迅速淘汰旧产品和旧的工艺，甚至一个工业部门。科学技术的发展，新技术、新工艺、新材料的推广应用，对企业商品性能、质量、销售、成本、定价等都有重要影响。

企业要想取得经营上的成功，就必须预测科学技术发展可能引起的后果和问题，可能带来的机遇或挑战，必须十分注意本行业产品的技术状况及科技发展趋势。

企业只有高度重视科技发展影响的预测，才能使企业的生产技术、经营活动紧跟世界科技潮流，在竞争中处于优势地位。如企业加强本行业产品技术状况及发展前景的预测，就可以加速对新产品、新工艺、新材料和新能源的开发和利用，推陈出新，升级换代，将企业运行建立在科技进步的基础上。

4. 企业经营能力和经营效益的预测

企业经营能力的预测，主要是对企业研究发展能力、销售能力等的预测。企业研究发展能力预测，主要包括市场调研能力、技术创新能力、管理协调能力、经营决策能力等方面的预测。企业销售能力的预测，主要有拓宽销售渠道能力、促销技术能力、销售服务能力等方面的预测。

企业经营效益的预测，主要是预测企业的经济效益和社会效益。企业经营的目的就在于以较少的投入获取较大的收益。企业经济效益预测，是对未来一定时期内企业生产经营活动所得取的经济效果与劳动耗费进行预测。如企业投资效益预测。企业社会效益预测是对未来一定时期内企业从事市场营销活动的结果给社会宏观效益所带来的影响的预测。社会效益是指企业经营行为是否有益于消费者身心健康，是否有益于环境保护等。一个好的企业，不仅要有良好的经济效益，也要有良好的社会效益。

5. 市场占有率预测

市场占有率预测，是预测某企业生产或营销的某种商品，在该种商品的总生产量或总销售量中所占的比重。在现代社会生产中，绝大多数商品都是由多家企业生产和营销。企业注重对市场占有率的预测，能够促进企业在组织生产或营销中，提高经营管理水平，提高生产产品的质量和营销产品的质量，促使企业采用先进的生产技术和灵活多样的促销手段。

市场预测除了上述内容外，同行竞争趋势的预测、消费者心理行为预测、产品市场生命周期预测、市场营销发展趋势预测等，都是市场预测的重要内容。

8.1.4 市场预测的作用

同市场调查一样，市场预测与企业生产、经营活动密切相关。市场预测在企业生产、经营活动中有多方面的重要作用。

1. 市场预测有利于企业做出正确的经营决策

经营决策是否正确是一个企业成败与兴衰的关键，而正确的决策则要以科学的市场预测为前提。市场预测能为企业经营决策提供必要的市场经济信息，为决策方案制定提供科学依据。市场预测是企业正确决策的充分必要条件。这是因为，市场预测是以市场历史、现实发展过程事实材料为基础，借助预测理论与方法探索未来，对市场活动未来发展趋势作出预计，减少对市场活动认识的不确定性，针对解决决策关心的主要市场问题（即市场变量），如市场需求、商品销售、价格、市场占有率、产品生命周期等的发展变动趋势与可能达到水平作出定性和定量的估计，为制定解决问题的方案及方案论证的比较选择提供科学依据。市场预测是对未来市场的变量不确定、发展前景作出表述和预计，市场预测得到的未来市场信息越准确、可靠，企业经营决策正确性的把握就越大。

2. 市场预测有利于企业主动适应市场变化，提高企业竞争力

市场是千变万化的，今天的市场不等于就是明天的市场。企业要提高竞争力，就不仅要关心研究现有的市场，还要关心研究未来的市场。而市场预测就是对未来市场需求的估计和判断。因此，要使企业在竞争中得到发展，必须通过市场预测活动，随时了解市场上各种商品的供求变动状况及趋势，随时把握消费者潜在需求，自觉地指导企业正确选择或调整生产经营方向，选择新产品开发，采取经营对策，促使产品及时打入并占领市场，不断扩大产品销售，提高市场占有率。只有这样，企业才能更好适应市场变化，提高企业竞争力。

3. 市场预测有利于企业提高经营计划的科学性和经济效益

企业全部生产经营的核心是提高经济效益。企业生产经营活动能否不断取得理想的经济效益与企业经营计划是否科学有直接关系。搞好经营的基础之一就是积极做好市场预测工作。企业应生产经营哪些产品，数量多少；开发什么新产品，投入资源多少；产品定价多少，如何销售；这些问题的解决都要依赖市场预测。配备了落后的生产设备，采购了不对路的原材料，就可能使生产经营的产品不符合市场变化的需求而导致产品积压，企业经营亏损；或者出现产品供不应求，造成脱销，既影响社会需要，也不利于企业提高经济效益。

在市场调查的基础上，通过市场预测，可以了解商品需求的变化及其发展趋势，并根据商品需求的预测制定企业生产经营计划，促使产销的紧密结合，产品适销对路，企业才能获得良好的经济效益。

8.1.5 市场预测的一般程序

市场预测的程序就是开展预测工作的步骤，它是提高预测工作的效率和质量的重要保证。完整的预测工作一般包含以下几个步骤（如图8-1所示）：

1. 确定预测目标

确定预测目标，就是要明确预测的目的、要求。具体包括要确定预测对象、预测项目、预测的空间范围和时间要求。预测目标应尽量具体、详尽，不能含糊、抽象。它既关系到整个预测活动的成败，又关系到预测中其他步骤的开展，如收集什么样的资料，采用什么样的预测方法，

图8-1 市场预测的步骤

以及如何制定该项预测的具体工作计划和进度等。

确定了预测目标，就使整个市场预测工作有了明确的方向和内容。例如某地区为制定小轿车生产行业长远规划，开展了该地区家庭小轿车需求预测。该项预测目标明确，预测对象是小轿车，预测项目涉及居民家庭小轿车的需求量预测、影响居民小轿车需求的各种因素（如收入水平）的预测。该项预测属于长期的市场预测。对企业而言，预测目标的确定，应根据企业生产经营管理的需要，服从企业经营决策的要求。要开展目标分析，也就是运用系统观点，逐步把握目标和外部环境之间的依存关系。

2. 收集相关资料

科学的市场预测，必须建立在掌握充分的市场资料基础上。预测目标确定后，就要围绕预测目标，去广泛收集各种历史和现实资料。市场资料众多，在预测中应收集什么样的资料，完全由预测目标来决定。市场预测所需资料有两类：一类是关于预测对象本身的历史和现实资料，如上例中某地区家庭私人近年来购买小轿车的统计资料。另一类是影响预测对象发展过程各种因素的历史和现实的资料。如影响居民家庭购买小轿车的因素资料有收入状况及变化资料，小轿车价格变动资料，城市道路发展变化资料等。

围绕市场预测目标，收集市场资料，力求收集资料的完整性、可靠性、准确性和适用性。收集历史资料和收集现实资料，在内容和方法上有所不同。历史资料包括企业已经建档和各级政府统计机构发布或经报刊、会议文件等其他途径发布的各种经济与社会发展资料，包括宏观的、中观的与微观的各种历史统计资料，诸如：人口状况、就业与人均收入的变化情况、社会购买力、货币流通量、商品生产与销售情况、企业经营的各种业务数据和财务数据等。从历史资料的分析中，可以认识与揭示预测对象发展变化规律，进而推测未来。历史资料主要通过文献调查法获得。

3. 分析判断资料

分析判断是指对收集的历史和现实资料进行综合分析，对市场未来的发展变化趋势做出判断，为选择预测方法和建立预测模型提供依据。分析判断的内容是多方面的。

（1）分析各种市场影响因素对市场未来需求的影响。一要分析国家方针、政策和经济形势对市场未来需求的影响。如基建投资规模和房地产业的发展与建材需求密切相关。二要分析进出口贸易对市场未来需求的影响，如进出口商品的规模与结构对国内商品的需求量和需求结构有直接的影响。三要分析居民的收入水平和消费结构变化对市场未来需求的影响。如居民的消费结构变化直接决定市场需求的结构。四要分析产品之间的替代关系和依存关系对市场未来需求的影响。如空调和电风扇两类产品是相互替代的，哪一类产品生产销售的变化都会影响到另一类产品的生产销售。

（2）分析预测期内生产、供应和销售关系及其变化。这方面的分析主要包括：分析商品供需关系及其变化，即社会商品供应是否能满足市场需求，供需关系将发生何种变化；分析各种企业生产、销售的商品结构是否与消费者、用户需求结构相适应；分析商品流通渠道能否适合商品销售和满足消费者购物需要；分析各类产品生产、供应是否与销售相脱节等。

（3）分析消费心理、消费倾向等对市场未来需求的影响。主要分析消费者的消费心理、消费倾向、消费行为、价值观念等变化对市场未来需求的影响。如随着我国进入小康社会，人们对健康日益重视，可以预测各种健身用品需求量将越来越大。

4. 选择预测方法，建立预测模型

市场预测要依赖预测方法。根据预测目标，在对有关资料进行分析判断后，就要选择预测方法。预测方法选择是否适当，将直接影响预测结果的可靠性。预测的方法很多，有定性预测法和定量预测法两大类，第一类中，又有许多具体方法，而每一种方法对不同的预测对象、目标的有效性是不同的。

如何选择预测方法，一般应从以下方面考虑：

第一，要根据预测目标和要求，来选择预测方法。预测方法要服从于预测目标和预测要求。例如，预测项目是短期和近期的，一般选用集合意见法、市场调研预测法、移动平均法、指数平滑法等。预测项目是中长期的，一般采用趋势延伸法、回归分析法、德尔菲法等。若预测目标用于企业战略性决策，一般采用适合中、长期预测的方法；若预测目标用于企业部门的短期决策，可采用适合近、短期预测的方法。

第二，要根据预测对象商品本身的特点来选择预测方法，不同的预测对象商品，具有不同的属性和其内在的变化特点。如服装、儿童玩具、家用电器类商品，一旦被社会所接受，其发展速度相当迅速，但更新淘汰也很快。因此，不宜采用趋势延伸法，而市场调研预测法较适宜。像空调、冷饮等季节性商品，一般采用季节指数法进行预测最合适。像香皂、毛巾等日用品预测，可采用移动平均法、指数平滑法等进行预测。此外，还应考虑预测的条件和基础。

预测方法的选择必须建立在切实可行的基础上。各种新的预测方法层出不穷，在实际中还是要受数据资料、经费、人力、设备等方面条件制约。因此，选择预测方法时需要考虑是否具备相应的各个条件。

预测模型与预测方法是紧密联系在一起的。确定了预测方法，也就确定了预测模型。建立预测模型，就是指依据预测目标，应用预测方法建立起来的数学模型。建立预测模型应注意以下问题：

第一，在满足预测目标和要求前提下，尽可能使预测模型简单化；

第二，在应用预测模型时，要对模型进行必要的检验，以判断模型是否适用；

第三，当预测模型不够科学时，应及时进行修正。

5. 做出预测结论

这是市场预测工作的最后一个阶段。包括两个环节：

（1）利用预测模型计算出预测值。就是根据具体的数学模型，输入有关数据资料，经过运算，求出预测值。

（2）评价预测值的合理性，最后确定预测结论。利用预测模型计算出来的预测值，只是初步预测的结果。由于种种原因，预测值和实际情况总是存在一定偏差，这就是预测误差。因此，在确定最后预测结论时，一般需要对预测的误差作出估计，预测误差实质上是对预测模型精确度的直接评价，决定着对模型是否认可，是否需要作出修正。如果预测误差较小，符合预测要求，最后就可确定预测结论，即确定最终的预测值。

需要指出，为了保证预测值的准确性，在市场预测中，常常要同时采用不同的预测方法与预测模型。并对它们的预测结果进行比较分析，进而对预测值的可信度作出评价，以确定最符合实际的预测值。

8.1.6　市场预测方法

市场预测方法多达百种以上，按预测方法性质、作用不同，可以分为定性预测方法和定量预测方法。

1. 定性预测方法

定性预测方法是指预测者通过市场调查掌握有关资料，依靠个人实践经验、知识和分析能力，对市场未来变化的趋势和性质作出判断，再以判断为依据作出量的测算。定性预测法也叫判断分析预测法。定性预测法的应用，主要取决于预测者掌握的实际资料、个人经验、知识和分析判断能力。

定性预测性主要包括集合意见法、专家意见法、市场调研预测法、消费水平预测法等。运用这些方法不需要高深的数学知识。在缺乏必要的历史资料，掌握信息数据不多、不够准确、对主要影响因素难以定量和建立数学模型时，定性市场预测就是一种行之有效的市场预测法。如对新建企业生产经营发展前景的预测、新产品生产销售前景的预测，由于缺少必要的历史信息数据，以采用定性预测法为宜。

定性预测法的优点是：需要的资料数据和经费少，比较简便易行；能考虑不能定量因素的影响，综合性强；可利用预测者的丰富经验、业务理论水平、掌握的实际情况和分析判断能力，进行比较切合实际的预测。

其缺点在于：经验判断有一定局限性，以定性判断为主，数量估计粗略；预测者由于业务理论水平、实践经验和分析判断能力差异，再加上易受心理情绪影响，预测时包含的主观因素较多。尽管如此，简便易行的定性市场预测法在市预测中仍占有重要地位。

2. 定量预测法

定量预测法是指预测者在掌握比较充分的资料基础上，运用数学知识和方法，对市场未来的变化趋势作数量估计和测算。定量预测方法有两个特点：其一是依靠历史资料数据，重视数据作用和定量分析。其二是要建立一定的数学模型，作为定量预测的工具。

定量预测法是将数学统计知识与市场预测实践相结合而形成发展起来的。定量预测法分为两类：

（1）时间序列分析预测法，是以事物的时间序列数据为基础，运用一定的数学方法建立数学模型描述其变化规律，以其向外延伸来预测市场未来的发展变化趋势及可能水平。这类方法应用是以假设事物过去和现在的发展变化规律会照样延续到未来为前提，它撇开对事物发展变化过程因果关系的具体分析，直接从时间序列统计数据中寻找事物发展的演变规律，建立模型，据此预测未来。在量的分析预测方法中，时间序列分析方法涉及的数学知识比较简单，方法较直观，在实际中经常被采用。常用的方法有平均法、移动平均数法、指数平滑法、季节指数法、趋势延伸法等。

（2）因果关系分析预测法，是从事物变化的因果关系出发，寻找市场发展变化的原因，分析原因与结果之间的联系，建立数学模型，据以预测市场未来的发展变化趋势和可能水平。因果关系分析预测法需要的数据资料比较完整、系统，建立模型要求一定的数理统计知识，在理论和计算上都比时间序列分析预测法复杂。常用的因果关系分析预测法是回归分析法。

8.2 经验判断分析法

本节重点和难点：
集合意见法、专家会议法、德尔菲法

技能点：
经验判断法的应用

媒体资源：
经验判断教学录像

经验判断预测法，是市场预测方法中常用的一种方法。该方法是依赖于预测人员丰富的经验和知识以及综合分析能力，对预测对象的未来发展前景做出性质和程度上的估计和推测的一种预测方法。该种方法不用或很少用数学模型，预测结果并没有经过量化或者定量分析，所以具有不确定性。

经验判断预测方法的具体形式较多，经常采用的方法有集合意见法、专家会议法、德尔菲法等。

8.2.1 集合意见法

集合意见法是指企业内部经营管理人员、业务人员凭自己的经验判断,对市场未来需求趋势提出个人的预测意见,再集合大家的意见做出市场预测的方法。集合意见法是短期或近期的市场预测中常用的方法。企业经营管理人员和业务人员在日常工作中,积累了丰富的经验,掌握着大量的实际资料,非常熟悉市场需求的变化情况,对他们的意见进行充分调查并加以集中,可以对市场的未来情况做出预测。集合意见法是由企业集合有关人员搜集到的市场情报、资料、数据,运用科学的思想方法和数学运算手段对预测目标进行分析与讨论,判断市场未来发展趋势的一种方法。

集合意见法的主要操作步骤如下:

第一步,预测组织者根据企业经营管理的要求,向参加预测的有关人员提出预测项目和预测期限的要求,并尽可能提供有关背景资料。

第二步,有关人员根据预测要求及掌握的背景资料,凭个人经验和分析判断能力,提出各自的预测方案。在此过程中,预测人员应进行必要的定性分析和定量分析。

定性分析主要分析历史上生产销售资料、目前市场状态、产品适销对路的情况,商品资源和流通渠道的情况及变化,消费心理变化,顾客流动态势等。

定量分析主要确定未来市场需求的几种可能状态(如市场销路好或市场销路差的状态),估计各种可能状态出现的主观概率,以及每种可能状态下的具体销售值。

第三步,预测组织者计算有关人员预测的方案期望值。方案期望值等于各种可能状态主观概率与状态值乘积之和。

第四步,将参与预测的有关人员分类,如厂长(经理)类、管理职能科室类、业务人员类等,计算各类综合期望值。综合方法一般是采用平均数、加权平均数或中位数统计法。

第五步,确定最后的预测值。预测组织者将各类人员的综合期望值通过加权平均法等计算出最后的预测值。

【例1】

某家电厂商为了预测明年的产品销售额,要求经理和业务科、计划科、财务科及营销人员做出年度销售预测。

运用集合意见法预测的具体步骤如下:

第一步:各位经理、科室负责人和营销人员分别提出各自的预测方案意见。见表8-1至表8-3。

表8-1 经理预测方案 单位：万元

经理	销售估计值						期望值	权数
	销售好	概率	销售一般	概率	销售差	概率		
甲	500	0.3	420	0.5	380	0.2	436	0.6
乙	550	0.4	480	0.4	360	0.2	484	0.4

表8-2 科室负责人预测方案 单位：万元

科室人员	销售估计值						期望值	权数
	销售好	概率	销售一般	概率	销售差	概率		
业务	600	0.5	400	0.2	360	0.3	488	0.3
计划	540	0.4	480	0.3	340	0.3	462	0.3
财务	580	0.3	440	0.3	320	0.4	434	0.4

表8-3 营销人员预测方案 单位：万元

营销人员	销售估计值						期望值	权数
	销售好	概率	销售一般	概率	销售差	概率		
甲	480	0.3	400	0.5	300	0.2	404	0.4
乙	520	0.3	440	0.4	360	0.3	440	0.3
丙	540	0.2	420	0.5	380	0.3	432	0.3

在前面的表格中，未来的市场销售前景有三种可能性：销售好、销售一般、销售差，每一种可能性发生的机会称为概率。如销售好的概率为0.3，即指"销售好"发生的可能性有30%。销售好、销售一般、销售差三种可能性的概率之和等于1。

对于表中的权数，不同人员由于在企业中的地位不同，权威性不同，其预测意见的影响力也不同，如经理甲是正经理，经理乙是副经理，显然经理甲的权威性大于经理乙的权威性，因此，经理甲的权数应大于经理乙的权数。经理甲的权数为0.6，经理乙的权数为0.4，也可以是0.7和0.3，具体数字由预测人员主观确定。其他人员的权数确定也一样，凡是权威性大的人员，其权数也就大。

第二步：计算各预测人员的方案期望值。

方案期望值等于各种可能状态的销售值与对应的概率乘积相加。

如经理甲的方案期望值：

500×0.3 + 420×0.5 + 380×0.2 = 436（万元）

业务科人员的方案期望值：

$600 \times 0.5 + 400 \times 0.2 + 360 \times 0.3 = 488$（万元）

营销人员甲的方案期望值：

$480 \times 0.3 + 400 \times 0.5 + 300 \times 0.2 = 404$（万元）

其他人员的方案期望值都依此计算，并填入表中。

第三步：计算各类人员的综合预测值。

即分别求出经理类、科室人员类、营销人员类的综合预测值（四舍五入去掉小数点）。

综合预测值公式为：$\bar{x} = \dfrac{\sum\limits_{i=1}^{n} x_i w_i}{\sum\limits_{i=1}^{n} w_i}$

$\bar{x}$：某类人员综合预测值；

x_i：某类各人员的方案期望值；

w_i：某类各人员的方案期望值权数。

经理类综合预测值为：$\dfrac{436 \times 0.6 + 484 \times 0.4}{0.6 + 0.4} = 455$（万元）

科室人员类综合预测值为：$\dfrac{488 \times 0.3 + 462 \times 0.3 + 434 \times 0.4}{0.3 + 0.3 + 0.4} = 459$（万元）

营销人员类综合预测值为：$\dfrac{404 \times 0.4 + 440 \times 0.3 + 432 \times 0.3}{0.4 + 0.3 + 0.3} = 423$（万元）

第四步：确定最后预测值。

即对三类人员的综合预测值采用加权平均法再加以综合。由于三类人员综合预测值的重要程度不同，所以应当给予三类人员综合预测值不同的权数。现假定：

经理类权数为：4

科室人员类权数为：3

营销人员类权数为：2

权数可以是小数，也可以是正整数。

最后预测值为：$\dfrac{455 \times 4 + 459 \times 3 + 423 \times 2}{4 + 3 + 2} = 449$（万元）

从预测的结果来看，综合预测值低于管理人员和科室人员的预测值，高于营销人员的预测值，这说明集合意见法本身是个人的主观判断，上边三类人员的预测也是分别从各自的角度进行的，难免出现过于保守或乐观的情况。这就要求在最终确定预测值之前，要对综合预测值进行必要的调整，通过召开会议，互相交流看法，互相补充，从而克服主观上的局限性，在充分讨论和综合各方意见的基础上，由预测组织者确定最终的预测值。

8.2.2 专家会议法

专家会议法是邀请有关方面的专家，通过会议的形式，对市场未来需求趋势或企业某个产品的发展前景做出判断，并在专家们分析判断的基础上，综合专家们的意见，进行市场分析预测的方法。

专家会议法分析市场发展趋势应进行以下操作。

1. 选择专家

专家会议法预测能否取得成功，在很大程度上取决于专家的选择。专家选择应依据以下要求：

（1）专家要有丰富经验和广博知识。专家一般应具有较高学历，有丰富的与预测课题相关的工作经验，思维判断能力敏锐，语言表达能力较强。

（2）专家要有代表性。要有各个方面的专家，如市场营销专家、管理专家、财务专家、生产技术专家等，不能局限于一个部门。

（3）专家要有一定的市场调查和预测方面的知识和经验。

2. 召集专家会议

第一步，做好会议的准备工作。包括确定会议的主题，确定合适的主持人，选好会议的场所和时间，确定会议的次数，准备会议的记录分析工具。

确定主持人对于会议的成功与否起着非常重要的作用，要求其具有丰富的调查经验，掌握与讨论内容相关的知识，并能左右或引导会议的进程和方向。

第二步，邀请专家参加会议。邀请出席会议的专家人数不宜太多，一般8～12人最好，要尽量包括各个方面的专家，要独立思考，不受某个权威意见所左右。

第三步，控制好会议的进程。会议主持人提出预测题目，要求大家充分发表意见，提出各种各样的方案。主持人不要谈自己有什么设想、看法或方案，以免影响与会专家的思路。对专家所提出的各种方案和意见，不应持否定态度，均应表示肯定和欢迎。

在这一步中，需要强调的是会议上不要批评别人的方案，要打开思路，畅所欲言，方案多多益善，气氛民主热烈。同时，要做好会议的记录工作。可以由主持人边提问边记录，也可以由助手进行记录，还可以通过录音、录像的方法记录。

第四步，在会议结束后，主持人再对各种方案进行比较、评价、归类，最后确定出预测方案。

另外，为了使专家会议法更有成效，会前应进行一定的调查研究，提供相关的资料，如市场动态资料，不同厂家所生产的同类产品的质量、性能、成本、价格对比资料，以及同类产品的历史销售资料等。同时，会前还需要作一些组织准备工作。组织准备工作包括如何选择专家，如何让专家充分发表意见。在专家会议上，会议主持人应让与会者畅所欲言，各抒己见，自由讨论；召集会议的预测者不发表可能影响会议的倾向性观点，只是广泛听取意见。在充分讨论的基础上，综合各专家的意见，形成有关市场未来变化发展趋势或某一产品未来需求前景的预测结果。

3. 选择专家会议的形式

专家会议法根据会议的程序和专家交换意见的要求分为下列三种具体的形式。

（1）非交锋式会议。在这种方法中，参与的专家都可以独立地、任意地发表意见，也不带发言稿，以便充分发挥灵感，鼓励创造性思维。但不争论，不批评他人意见。这种非交锋式会议法也称为头脑风暴法。

（2）交锋式会议。就是与会专家都可以围绕预测的问题，各抒己见、直接争论，经过会议达成共识，做出一个较为一致的预测结论。

（3）混合式会议，又称为质疑头脑风暴法，是交锋式与非交锋式会议的混合使用。即第一阶段实施头脑风暴法；第二阶段对前一阶段提出的各种想法意见进行质疑，在质疑中争论、批评，也可以提出新的设想，不断地交换意见，互相启发，最后取得一致的预测结果。

专家会议法的优点：它将一些专家集合成一个小组，由主持人对他们同时进行访谈，这会比个人的访谈产生更多、更全面的信息和观点；与会专家能自由发表意见，各种观点能互相启发、借鉴，有利于集思广益，有利于预测意见得到修改、补充和完善。同时，专家会议法节省时间，节省费用，应用灵活方便。

专家会议法的缺点：会议上与会人员的意见易被个别权威专家的意见所左右；由于与会人员的个性和心理状态，与会者有时不愿发表与众不同的意见，或出于自尊心不愿当场修改已发表过的意见。因此，会议最后的综合意见，可能并不完全反映与会专家的全部正确意见。但是，在难以进行量的分析的情况下，专家会议法仍不失为一种很有价值的预测方法。

8.2.3 德尔菲法

德尔菲法是采用背对背的通信方式征询专家小组成员的预测意见，经过几轮征询，使专家小组的预测意见趋于集中，最后做出符合市场未来发展趋势的预测结论。德尔菲法是为了克服专家会议法的缺点而产生的一种专家预测方法。在预测过程中，专家彼此互不相知、互不往来，这就克服了在专家会议法中经常发生的专家们不能充分发表意见、权威人物的意见左右其他人的意见等弊病。各位专家能真正充分地发表自己的预测意见。

1. 选择德尔菲法

德尔菲法适合在以下情况下发挥作用：

（1）缺乏足够的资料。企业在市场预测中，由于没有历史资料或历史资料不完备，难以进行量化分析时，采用德尔菲法。

（2）作长远规划或大趋势预测。长远规划和大趋势预测，因为时间久远，不可控制的变量太多，进行具体的量化非常困难，也不准确，这时采用德尔菲法是一个不错的选择。

（3）影响预测的因素太多。预测事件的变化总是会受到很多大大小小的因素的影响，假如某事物受到影响因素过多时，就比较适合采用德尔菲法。

（4）主观因素对预测影响比较大。预测事件的变化主要不是受技术、收入等客观因素的影响，而是受政策、法规等主观因素影响时，宜采用德尔菲法。

2. 德尔菲法的操作步骤

德尔菲法的一般操作步骤包括：

（1）确定预测题目，选定专家小组。确定预测题目即明确预测的目的和对象，选定专家小组则是决定向谁做有关的调查。这两点是有机地联系在一起的，即被选定的专家，必须是对确定的预测对象具有丰富知识的人，既包括理论方面的专家，也包括具有丰富实际工作经验的专家，这样组成的专家小组，才能对预测对象提出可信的预测值。专家人数一般10～20人。

（2）制定征询表，准备有关材料。预测组织者要将预测对象的调查项目，按次序排列绘制成征询表，准备向有关专家发送。同时还应将填写要求和说明一并设计好，使各专家能够按统一要求做出预测值。

制定意见征询表时应当注意以下几个要点：征询的问题要简单明确，使人容易回答；问题数量不宜过多；问题的回答要尽量接近专家熟悉的领域，以便充分利用专家的经验；意见征询表中还要提供较详细的背景材料，供专家进行判断时参考。

（3）采用匿名方式进行多轮函询。

第一轮：预测组织者将预测课题、征询表和背景材料，邮寄给每位专家，要求专家一一作答，提出个人的初步预测结果。

第二轮：预测组织者将第一轮汇总整理的意见、预测组的要求和补充的背景材料反馈给各位专家，进行第二轮征询意见。

专家们在接到第二轮资料后，可以了解其他专家的意见，并由此做出新的预测判断。他既可以修改自己原有的意见，也可以仍然坚持第一轮的意见，并将第二轮预测意见按期寄给预测组织者。

第三轮：预测组织者将第二轮汇总整理的意见、补充材料和预测组的要求反馈给各位专家进行第三轮征询意见。要求每位专家根据收到的资料，再发表第三轮的预测意见，专家们将第三轮意见（修改的或不修改的）再次按期寄回。这样，经过几次反馈后，各位专家对预测问题的意见会逐步趋于一致。

（4）运用统计分析方法对专家最后一轮预测意见加以处理，做出最后的预测结论。

① 用德尔菲法征询专家意见一般要求在三轮以上，只有经过多次的征询，

专家们的看法才能更加成熟，并使预测意见趋于集中。用统计分析方法处理专家们的预测数据，得出最终预测值，一般采用平均数法和中位数法。

② 用平均数法，就是用专家所有预测值的平均数作为综合的预测值。公式是：$y = \dfrac{\sum_{i=1}^{n} x_i}{n}$（式中，$x_i$：各位专家的预测值；$n$：专家人数）。

③ 用中位数法，是用所有预测值的中位数作为最终的预测值。中位数的位置：$\dfrac{n+1}{2}$。具体做法是：将最后一轮专家的预测值从小到大排列，碰到重复的数值舍去，那么中位数所处的位置（第 $\dfrac{n+1}{2}$ 位）的数据，就是中位数。

【例2】

某企业市场环境发生了变化，对产品明年家电产品的销售量难以确定，因而聘请 10 位专家，用德尔菲法进行预测。具体数据见表 8-4。

表 8-4　专家预测意见统计表　　　　　　　　　　　　　　　　　　　单位：万台

专家意见	1	2	3	4	5	6	7	8	9	10
第一轮	70	80	75	52	75	45	50	60	54	63
第二轮	70	75	73	55	65	47	54	65	60	63
第三轮	70	73	70	62	72	55	58	68	63	65

从表 8-4 中不难看出，专家们在发表第二轮预测意见时，大部分专家都修改了自己的第一轮预测意见，只有编号为 1 和编号为 10 的专家坚持自己第一轮的预测意见。专家们发表第三轮预测意见也是如此。经过三轮征询后，专家们预测值的差距在逐步缩小，在第一轮征询中，专家的最大预测值 80 与最小预测值 45 相差 35 万台；第二轮征询中，专家最大预测值 75 与最小预测值 47 相差为 28 万台；第三轮征询中，专家最大预测值 73 与最小预测值 55 仅相差 18 万台。

若用平均数法确定最终预测值：

$$y = \dfrac{\sum_{i=1}^{n} x_i}{n} = \dfrac{70+73+70+62+72+55+58+68+63+65}{10} = 65.6（万台）$$

即预测家电产品明年销售量为 65.6 万台。

若用中位数法确定最终预测值：

首先，将表 8-4 中专家的第三轮预测值，按其数值从小到大排列：

55，58，62，63，65，68，70，72，73（有两个 70，舍去 1 个）。

其次，确定中位数所在的位置：$\dfrac{n+1}{2} = \dfrac{9+1}{2} = 5$

那么，第 5 个数据为中位数。

即预测家电产品明年的销售量为 65 万台。

8.3 时间序列分析法

本节重点和难点：
移动平均法、指数平滑法、季节指数法

技能点：
时间序列分析法的应用

媒体资源：
时间序列教学录像

通常情况下，事物的发展变化呈现出一定趋势，这种趋势还可能进一步延续。时间序列分析是指通过对调查数据的统计和计算分析，得到一定的结果，用其来描述和评价调查现象的数量特征和规模，预测到市场未来的发展趋势。时间序列分析方法包括简单平均法、移动平均法、指数平滑法和季节指数法。

8.3.1 简单平均法

简单平均法就是将一定观察期内，预测目标值的算术平均数作为下一期预测值的一种简便的预测方法，具体又分为：简单算术平均法、加权算术平均法和几何平均法。

1. 简单算术平均法

简单算术平均法就是将观察期内时间序列预测目标实际值求和，取其平均值，并将其作为下期预测值。用公式表示为：

$$\bar{x} = \frac{\sum_{x=1}^{n} x_i}{n},$$

式中，$\bar{x}$：观察期内预测目标实际值的算术平均值，即下期的预测值；

x_i：预测目标在观察期内的实际值；

n：数据个数。

【例 3】

某电动自行车厂 2018 年 1—12 月电动自行车销售量分别为 60，50.4，55，49.6，75，76.9，72，68，54.5，44，43.8，47 万辆。利用简单算术平均法，预测 2019 年 1 月电动自行车的销售量（分按全年、下半年、第四季度三种情况预测）。

（1）根据全年的销售量进行预测，如下：

$$\bar{x} = \frac{\sum_{i=1}^{n} x_i}{n}$$

$$= \frac{60 + 50.4 + 55 + 49.6 + 75 + 76.9 + 72 + 68 + 54.5 + 44 + 43.8 + 47}{12}$$

$= 58$（万辆）

（2）根据下半年的销售量进行预测，如下：

$$\bar{x} = \frac{\sum_{i=1}^{n} x_i}{n} = \frac{72 + 68 + 54.5 + 44 + 43.8 + 47}{6} = 54.9（万辆）$$

（3）根据第四季度的销售量进行预测，如下：

$$\bar{x} = \frac{\sum_{i=1}^{n} x_i}{n} = \frac{44 + 43.8 + 47}{3} = 44.9（万辆）$$

由此可以看出，由于观察期长短不同，得到的预测值也随之不同。故观察期的长短选择对预测结果很重要。一般当数据的变化倾向较小，观察期可以短些；当时间序列的变化倾向较大时，观察期应长些，这样预测值相对精确些。

简单算术平均法使用简便，花费较少，适用于短期预测或当对预测结果的精度要求不高的情况。

2．加权算术平均法

加权算术平均法是为观察期内的每一个数据确定一个权数，并在此基础上，计算其加权平均数作为下一期的预测值。加权算术平均法用公式表示为：

$$\bar{x} = \frac{\sum w_i x_i}{\sum w_i}$$

式中，$\bar{x}$：预测目标在观察期内的加权算术平均数，即下期预测值；

x_i：在观察期内的各个数据；

w_i：与 x_i 相对应的权数。

使用加权算术平均法预测的关键就是确定权数。一般距离预测值越近的数据对预测值影响越大，应确定较大的权数，距离预测值较远的数据应确定较小的权数。

【例4】

采取加权算术平均法，根据前例所给数据，利用2018年下半年数据预测2019年1月的销量。

根据加权算术平均法，可得出2019年1月的销量为：

$$\bar{x} = \frac{\sum w_i x_i}{\sum w_i}$$

$$= \frac{1 \times 72 + 2 \times 68 + 3 \times 54.5 + 4 \times 44 + 5 \times 43.8 + 6 \times 47}{1 + 2 + 3 + 4 + 5 + 6}$$

$= 49.9$（万辆）

通过预测，2019年1月电动自行车的销量为49.9万辆。

3. 几何平均法

几何平均法首先要计算出一定时期内预测目标时间序列的发展速度或逐期增长率，然后，以此为依据进行预测。用公式表示为

$$G = \sqrt[n]{x_1 x_2 x_3 \cdots x_n}$$

式中，G：几何平均数，即预测值；

x_i：观察期内的各环比发展速度；

n：数据的个数。

8.3.2 移动平均法

移动平均法是将观察期内的数据，按一定跨越期进行平均的一种预测方法，随着观察期的"逐期推移"，观察期内的数据也随之向前移动，每向前移动一期，就去掉最前面一期数据，而新增原来观察期之后的数据，保证跨越期不变，然后逐个求出其算术平均值并将预测期最近的那一个平均数作为预测值。

常用的移动平均有一次移动平均法和二次移动平均法。一次移动平均法又可分为简单移动平均法和加权移动平均法两种。下面仅对一次移动平均法做简单介绍。

1. 简单移动平均法

简单移动平均法指时间序列按一定的跨越期，移动计算观察数据的算术平均数，形成一组新的数据。

简单移动平均法的基本公式表示为：

$$M_t = \frac{x_{t-1} + x_{t-2} + \cdots + x_{t-n}}{n}$$

式中，M_t：第 $t-1$ 期到第 $t-n$ 期的平均数；

$x_{t-1}, x_{t-2}, \cdots x_{t-n}$：第 $t-1$ 期到 $t-n$ 期的实际值；

n：跨越期。

【例5】

表 8-5 为某城市 2019 年各月份汽油的消耗量，并分别对跨越期为 3 和 5 的情况进行预测。

表 8-5　某城市 2019 年各月份汽油的消耗及其平均值

月份	实际使用量 x_t（万升）	3 个月移动平均值 M_t（$n=3$）	5 个月移动平均值 M_t（$n=5$）
1	120.0		
2	132.0		
3	142.0		

续表

月份	实际使用量 x_t（万升）	3个月移动平均值 M_t（$n=3$）	5个月移动平均值 M_t（$n=5$）
4	138.0	131.3	
5	146.0	137.3	
6	152.0	142.0	135.6
7	146.0	145.3	142.0
8	155.0	148.0	144.8
9	143.0	151.0	147.4
10	156.0	148.0	148.4
11	148.0	151.3	150.4
12	150.0	149.0	149.6

2. 加权移动平均法

加权移动平均法是对跨越期内不同重要程度的数据乘以不同的权数，将这些乘积之和除以各权数之和，求得加权平均数，并以此来预测下一期数据。用公式表示为：

$$M_{t+1} = \frac{w_1 x_t + w_2 x_{t-1} + \cdots + w_n x_{t-n+1}}{w_1 + w_2 + \cdots + w_n}$$

式中，M_{t+1}：时间为 t 的加权移动平均数，即 x_{t+1} 的预测值；

x_t，x_{t-1}，$\cdots$，x_{t-n+1}：观察期内时间序列的各个数据，即预测目标在观察期内的实际值；

w_1，w_2，$\cdots$，w_n：与观察期内时间序列各个数据相对应的权数。

【例6】

利用例5的数据，设跨越期为3，权数分别为0.5、0.3、0.2，运用加权移动平均法预测该城市第二年1月份对汽油的需求量。

利用公式 $M_{t+1} = \dfrac{w_1 x_t + w_2 x_{t-1} + \cdots + w_n x_{t-n+1}}{w_1 + w_2 + \cdots + w_n}$ 计算结果如表8-6所示。

表8-6 计算数据

月份	实际使用量 x_t（万升）	加权移动平均值 M_{t+1}（$n=3$）	预测值
1	120.0		
2	132.0		
3	142.0		
4	138.0	142.0×0.5 + 132.0×0.3 + 120.0×0.2 = 134.6	134.6

续表

月份	实际使用量 x_t（万升）	加权移动平均值 M_{t+1}（$n=3$）	预测值
5	146.0	138.0×0.5 + 142.0×0.3 + 132.0×0.2 = 138.0	138.0
6	152.0	146.0×0.5 + 138.0×0.3 + 142.0×0.2 = 142.8	142.8
7	146.0	152.0×0.5 + 146.0×0.3 + 138.0×0.2 = 147.4	147.4
8	155.0	146.0×0.5 + 152.0×0.3 + 146.0×0.2 = 147.8	147.8
9	143.0	155.0×0.5 + 146.0×0.3 + 152.0×0.2 = 151.7	151.7
10	156.0	143.0×0.5 + 155.0×0.3 + 146.0×0.2 = 147.2	147.2
11	148.0	156.0×0.5 + 143.0×0.3 + 155.0×0.2 = 151.9	151.9
12	150.0	148.0×0.5 + 156.0×0.3 + 143.0×0.2 = 149.4	149.4

8.3.3 指数平滑法

指数平滑法是利用预测目标历史数据的加权平均数作为预测值的一种预测方法，是加权平均法的一种特殊情形。用公式表示为：

$$S_{t+1} = \alpha x_t + (1-\alpha)S_t$$

技能点：
指数平滑法的应用

式中，S_{t+1}：$t+1$ 期预测目标时间序列的预测值；

x_t：t 期预测目标的实际值；

S_t：t 期目标的预测值，即 t 期的平滑值；

α：平滑系数（$0 < \alpha < 1$）。

公式表明，$t+1$ 期的预测值是 t 期实际值和预测值的加权平均数，t 期实际值的权数为 α，t 期预测值的权数为 $1-\alpha$，权数之和为 1。

【例 7】

某自行车厂 2010—2018 年销售额如表 8-7 所示，利用指数平滑法预测 2019 年的销售额。

表 8-7 某自行车厂 2010—2018 年销售额

年份	销售额（万元）	平滑系数 $\alpha=0.1$	平滑系数 $\alpha=0.6$	平滑系数 $\alpha=0.9$
2010	4 000	4 566.67	4 566.67	4 566.67
2011	4 700	4 510.00	4 226.67	4 056.67
2012	5 000	4 529.0	4 510.67	4 635.67
2013	4 900	4 576.10	4 804.27	4 963.57
2014	5 200	4 608.49	4 861.71	4 906.36
2015	6 600	4 667.64	5 064.68	5 170.64

续表

年份	销售额（万元）	平滑系数 $\alpha=0.1$	平滑系数 $\alpha=0.6$	平滑系数 $\alpha=0.9$
2016	6 200	4 860.88	5 985.87	6 457.06
2017	5 800	4 994.79	6 114.35	6 225.71
2018	6 000	5 075.31	5 925.74	5 842.57
2019	—	5 167.78	5 970.30	5 984.26

预测步骤如下所述。

第一步，首先确定初始值 S_1，这是利用指数平滑法的重要一步。由指数平滑法公式可知，要计算 S_{t+1} 就需要知道 S_t，计算 S_t 就要知道 S_{t-1}，以此类推，要知道 S_2 就要知道 S_1，而 S_1 是没有办法计算出来的，只能估算。一般情况下，时间序列的数据越多，初始值距离预测期就越远，权数就越小，对预测值的影响也就越小。初始值可以用实际值来代替，即：$S_1=x_1$。

然后按照上述递推规律，求出 S_{t+1}；若时间序列数据少，初始值对预测值的影响大，则可选择前几个数据的平均值作为初始值。如本例可以将 S_1 确定为前三期数据的平均值，即

$$S_1 = \frac{x_1 + x_2 + x_3}{3} = \frac{4\ 000 + 4\ 700 + 5\ 000}{3} = 4\ 566.67（万元）$$

第二步，选择平滑系数 α。指数平滑法中平滑系数体现了对时间序列各数据的修匀能力，α 值大小与预测结果有着直接关系。通常 α 值可以依据时间数列的波动进行选择。如果时间序列有较大的随机波动或大幅的升降时，应选择较小的平滑系数，以清除这种不规则变动对预测值的影响；如果时间序列有较小的随机变动或数据以固定比率上升、下降时，应选用较大的平滑系数；如果时间序列变动呈水平趋势，预测值与 α 的取值关系不大，可以选择居中的 α 值。

本题中，分别取 $\alpha = 0.1$，$\alpha = 0.6$，$\alpha = 0.9$，通过计算，可以比较它们对时间数列的修匀程度。

当 $\alpha = 0.1$ 时，$S_1 = \dfrac{4\ 000 + 4\ 700 + 5\ 000}{3} = 4\ 566.67（万元）$

$S_2 = 0.1 \times 4\ 000 + (1-0.1) \times 4\ 566.67 = 4\ 510.00（万元）$

……

2019 年销售额预测值 = 5 167.78（万元）

当 $\alpha = 0.6$ 时，$S_1 = \dfrac{4\ 000 + 4\ 700 + 5\ 000}{3} = 4\ 566.67（万元）$

$S_2 = 0.6 \times 4\ 000 + (1-0.6) \times 4\ 566.67 = 4\ 226.67（万元）$

……

2019 年销售额预测值 = 5 970.30（万元）

当 $\alpha = 0.9$ 时，$S_1 = \dfrac{4\,000 + 4\,700 + 5\,000}{3} = 4\,566.67$（万元）

$$S_2 = 0.9 \times 4\,000 + (1-0.9) \times 4\,566.67 = 4\,056.67\,（万元）$$

……

2019 年销售额预测值 = 5 984.26（万元）

第三步，确定预测值。根据本例中 α 对时间序列的修均程度，当 $\alpha = 0.9$ 时，指数平滑值基本反映了时间序列各数据的情况，修均程度小，应确定 $\alpha = 0.9$ 时的平滑值作为预测值。另外，在使用指数平滑法进行预测时，若对预测精度的要求比较高，还需要对不同平滑系数下取得的平滑值进行误差分析。

8.3.4 季节指数法

在市场活动中，某些经济变量的变化随季节的不同而呈现出周期性变化，在一定的时间间隔内出现相似的周期曲线。有些经济变量反映的季节变动较强，而另一些经济变量表现的季节变动相对较弱。因此，在进行市场预测时，应考虑到经济变量的季节性变化。季节指数法就是描述时间序列的季节性变动规律，并以此为依据预测未来市场商品的供应量、需求量及价格变动趋势。利用季节指数预测法的关键是计算时间序列的季节指数，下面用例 8 来介绍最常用的按月（季）平均法。

【例 8】

某家电销售部 2016—2018 年电风扇的销售量资料如表 8-8 所示。预计 2019 年的销售量比 2018 年递增 10%，试预测 2019 年其他各月的销售量。

表 8-8　某家电部 2016—2018 年电风扇的销售量

单位：台

项目	1月	2月	3月	4月	5月	6月	7月	8月	9月	10月	11月	12月	年合计
2016	5	4	10	22	40	108	94	85	62	20	5	6	461
2017	4	5	11	23	51	110	96	80	57	15	4	4	460
2018	3	3	6	18	32	100	92	81	58	13	3	2	411
月平均	4	4	9	21	41	106	94	82	59	16	4	4	37
季节指数	10.8	10.8	24.3	56.8	110.8	286.5	254.1	221.6	159.5	43.2	10.8	10.8	

具体预测如下：

① 计算历年同月的平均值：1 月份的平均值 $= \dfrac{5+4+3}{3} = 4$（台）

② 计算各年合计月平均值 $= \dfrac{4+4+9+\cdots+4}{12} = 37$

各年合计月平均值还可用下式计算：

$$各年合计月平均数 = \frac{461 + 460 + 411}{36} = 37$$

③ 计算各月季节指数：

$$季节指数 = \frac{各年同月平均数}{各年合计月平均数} \times 100\%$$

$$1月份季节指数 = \frac{4}{37} \times 100\% = 10.8\%$$

$$2月份季节指数 = \frac{4}{37} \times 100\% = 10.8\%$$

$$3月份季节指数 = \frac{9}{37} \times 100\% = 24.3\%$$

④ 计算预测值：

某月预测值 = 预测月的季节指数 × 上年各月实际平均数 ×（1+ 预计增长率）

当预测年度预计增长率未知时，则用下式计算预测值：

某月预测值 = 预测月的季节指数 × 上年各月实际平均数

2018 年实际月平均数 = 411 ÷ 12 = 34.25（台）

预测 2019 年各月销售量：

2019 年 1 月份的预测值 = 10.8% × 34.25 ×（1+10%）= 4（台）

2019 年 3 月份的预测值 = 24.3% × 34.25 ×（1+10%）= 9（台）

2019 年 6 月份的预测值 = 286.5% × 34.25 ×（1+10%）= 108（台）

以此类推，可以求出 2019 年各月的预测值。

本节重点和难点：
相关分析与回归分析

8.4 回归分析法

回归分析预测法，是通过对预测对象和影响因素的统计整理和分析，找出它们之间的变化规律，将变化规律用数学模型表示出来，并利用数学模型进行预测的一种分析方法。因此，建立变量之间有效的回归方程，是回归分析预测法的重要工作，主要对市场现象未来发展状况和水平进行预测，如果能将影响市场预测对象的主要因素找到，并能够取得其数据资料，就可以采用回归分析预测法进行预测。它是一种具体的、行之有效的、实用价值很高的常用市场预测方法。

8.4.1 相关分析

1. 相关的概念和种类

（1）相关的概念。相关分析就是研究两个或两个以上变量之间相关程度大小以及用一定函数来表示现象相互关系的方法。

一般来说现象之间的相互关系可以分为两种：一种是函数关系，一种是相关关系。函数关系是指变量之间存在的相互依存的关系，它们之间的关系值是确定的。相关关系是两个现象数值变化不完全确定的随机关系，是一种不完全确定的依存关系。相关关系是相关分析的研究对象，而函数关系则是相关分析的工具。相关关系与函数关系的不同之处表现在：①函数关系指变量之间的关系是确定的，而相关关系的两变量的关系则是不确定的，可以在一定范围内变动。②函数关系变量之间的依存可以用一定的方程 $y=f(x)$ 表现出来，可以给定自变量来推算因变量，而相关关系则不能用一定的方程表示。函数关系是相关关系的特例，即函数关系是完全的相关关系，相关关系是不完全的相关关系。

（2）相关的种类。按相关的程度分，有完全相关、不完全相关和不相关。相关分析的主要对象是不完全的相关关系。按相关的性质分，有正相关和负相关。正相关指的是因素标志和结果标志变动的方向一致，负相关指的是因素标志和结果标志变动的方向相反。按相关的形式分，有线性相关和非线性相关。按影响因素多少分为单相关和复相关。

2. 相关图表

（1）相关表。编制相关表不仅可以直观地显示现象之间的数量相关关系，而且它也是计算相关指标的基础。相关表有简单相关表和分组相关表，分组相关表又有单变量分组相关表和双变量分组相关表。

（2）相关图。相关图有相关散点图和相关曲线图。借助相关图可以直观而形象地显示现象之间相关的性质和紧密程度。

3. 相关系数

（1）相关系数的特点。相关系数是测定变量之间相关密切程度和相关方向的代表性指标。相关系数用符号"γ"表示，其特点表现在：

第一，参与相关分析的两个变量是对等的，不分自变量和因变量，因此相关系数只有一个。

第二，相关系数由正负号反映相关关系的方向，正号表示正相关，负号表示负相关。

第三，计算相关系数的两个变量都是随机变量。

（2）相关系数计算。利用相关系数的基本公式计算相关系数相当繁琐，但利用代数推演的方法可得到许多计算相关系数的简化式，如：

相关系数的应用——调查显示吸烟与肺癌呈正相关关系

$$\gamma = \frac{n\sum xy - \sum x \sum y}{\sqrt{[n\sum x^2 - (\sum x)^2][n\sum y^2 - (\sum y)^2]}}$$

8.4.2 一元线性回归分析

回归分析预测法有多种类型。可根据自变量的个数分为一元回归预测法、二元回归预测法和多元回归预测法。在一元回归分析预测法中，自变量只有一个；二元回归预测法中，自变量有两个；而在多元回归分析预测法中，自变量有两个以上。根据自变量和因变量之间是否存在变量关系，可分为线性回归预测和非线性回归预测。线性回归预测法中变量之间的关系表现为直线型，非线性回归预测法中变量之间的关系主要表现为曲线。

技能点： 回归分析法的应用

1. 一元回归分析的步骤

利用回归分析预测法，其具体步骤如下。

第一步，确定预测目标和影响因素。

通常情况下，市场预测的目标必定是因变量，研究者可根据具体研究的目的来确定。例如，以预计未来 5 年小家电需求为目的的市场预测，它的因变量就是未来 5 年小家电的需求量。而对于影响和制约预测目标的自变量的确定则相对较困难。

确定自变量，预测者既要对历史资料和现实调查资料进行分析，又要根据自己的理论水平、专业知识和实践经验进行科学性分析，必要时还可以运用假设方程先进行假设再进行检验，以确定主要的影响因素。

第二步，进行相关分析。

所谓的相关分析，就是对变量间的相关关系进行分析和研究。这一过程主要包括两个方面：一是确定变量间有无相关关系，这是相关分析也是回归分析的前提；二是确定相关关系的密切程度，这是相关分析的主要目的和主要内容。相关分析可用散点图分析，相关关系的密切程度通常用相关系数或相关指数来衡量。

相关系数计算公式为：

$$r = \frac{\frac{1}{n}\sum(x-\bar{x})\sum(y-\bar{y})}{\sqrt{\frac{1}{n}\sum(x-\bar{x})^2}\sqrt{\frac{1}{n}\sum(y-\bar{y})^2}} = \frac{n\sum xy - \sum x \sum y}{\sqrt{n\sum x^2 - (\sum x)^2}\sqrt{n\sum y^2 - (\sum y)^2}}$$

式中，r：相关系数；

x：自变量的值；

$\bar{x}$：自变量的平均值；

y：因变量的值；

$\bar{y}$：因变量的平均值。

相关系数用 r 表示，范围为 $-1 < r < 1$。当变量 x 与 y 呈线性相关时，$|r|$ 越

接近 1，表明变量间的线性相关程度愈高；|r| 越接近 0，表明变量间的线性相关程度愈低。r > 0 表明为正相关，r < 0 表明为负相关。当呈现较强的非线性相关时，相关系数 |r| 值或许趋近于 0，或许很大，并不确定。

第三步，建立回归预测模型。

建立回归预测模型，就是建立回归方程，依据变量之间的相关关系，用恰当的数学表达式表示出来。

线性回归方程的一般表达式为：

$$y = a + b_1x_1 + b_2x_2 + \cdots + b_nx_n$$

当线性回归只有一个自变量与一个因变量间的回归，称为一元线性回归或简单线性回归、直线回归，可写为 $y = a + bx$。

其他形式的线性回归则称为多元线性回归。

当变量间不呈线性关系时，则需根据曲线的形状建立相应的非线性回归方程。方程的参数通常使用最小平方法计算求得，然后把参数代回预测方程预测目标值。

第四步，回归预测模型的检验。

建立回归方程的根本目的在于预测，将方程用于预测之前需要检验回归方程的拟合优度和回归参数的显著性，只有通过了有关的检验后，回归方程方可用于经济预测。常用的检验方法有相关系数检验、F 检验、t 检验等。

第五步，进行实际预测。

运用通过检验的回归方程，将需要预测的自变量 x 代入方程并计算，即可得到所求的预测值。预测通常有两种情况，一是点预测，就是所求的预测值为一个数值；另一是区间预测，所求的预测值有一个数值范围。通常用正态分布的原理测算其估计标准误差，求得预测值的置信区间。

2. 一元线性回归分析的运用

（1）一元线性回归分析运用。当影响市场变化的众多因素中有一个最基本并起到决定性作用的因素，且自变量与因变量的分布呈线性趋势，此情况下用回归方法进行预测就是一元线性回归预测。一般情况一元线性回归分析表达式为：

$$y = a + bx$$

式中，y：因变量；

　　x：自变量；

　　a，b：参数，b 又称回归参数，它表示当 x 每增加一个单位时，y 的平均增加数量。

参数 a 和参数 b 的确定公式为：

$$b = \frac{n\sum xy - \sum x \sum y}{n\sum x^2 - (\sum x)^2}$$

$$a = \frac{\sum y}{n} - b\frac{\sum x}{n}$$

【例9】

据经验归纳，企业的商品销售额与广告费用支出之间具有相关关系。某家电企业2009—2018年的家电商品销售额和广告费用支出资料如表8-9所示。该企业预计2019年的广告费支出为35万元，要求在95%的确信度下，通过分析所掌握的数据，预测2019年家电商品销售额。

表8-9　某企业家电商品销售额与广告费支出

年份	广告费 x_i（万元）	商品销售额 y_i（百万元）	xy	x^2	y^2
2009	4	7	28	16	49
2010	7	12	84	49	144
2011	9	17	153	81	289
2012	12	20	240	144	400
2013	14	23	322	196	529
2014	17	26	442	289	676
2015	20	29	580	400	841
2016	22	32	704	484	1 024
2017	25	35	875	625	1 225
2018	27	40	1 080	729	1 600
合计	157	241	4 508	3 013	6 777

分析步骤：

第一，进行相关分析。

坐标系下将广告费支出和商品销售额的数据标出，画出散点图，可以发现呈直线趋势。可以判定二者为一元线性关系。

第二，建立回归方程。

回归方程为 $y = a + bx$，其中关键是求参数 a 与 b 的值。根据表8-9中资料，利用最小平方法可以求出 a 与 b 的值。

$$b = \frac{n\sum xy - \sum x \sum y}{n\sum x^2 - (\sum x)^2} = \frac{10 \times 4\,508 - 157 \times 241}{10 \times 3\,013 - (157)^2} = 1.321$$

$$a = \frac{\sum y}{n} - b\frac{\sum x}{n} = \frac{241}{10} - 1.321 \times \frac{157}{10} = 3.36$$

所求回归方程为 $y = 3.36 + 1.321x$。

第三，进行检验。检验相关系数如下：

$$r = \frac{n\Sigma xy - \Sigma x \Sigma y}{\sqrt{n\Sigma x^2 - (\Sigma x)^2} \sqrt{n\Sigma y^2 - (\Sigma y)^2}}$$

$$= \frac{10 \times 4\,508 - 157 \times 241}{\sqrt{10 \times 3\,013 - (157)^2} \sqrt{10 \times 6\,777 - (241)^2}} = 0.993\,9$$

取显著性水平 $\alpha = 0.05$，参数为 $n - 2 = 8$。查相关系数临界值表得：$r_{0.05}(8) = 0.632$。

因为 $r > r_0$，说明广告费与家电商品销售额存在很强的正相关关系。

第四，进行预测。先进行点预测，2019 年的广告费预计支出 35 万元。将其代入方程，有 $y = 3.36 + 1.321 \times 35 = 49.595$（百万元）。

即 2019 年的家电商品销售额可达到 49.595 百万元。再进行区间预测，利用公式 $S = \sqrt{\dfrac{\Sigma(y - y_i)^2}{n - 2}}$ 计算标准误差，查 t 分布表，最后可得商品销售额的预测区间为：49.595±3.731，即：若以 95% 的把握程度预测，当广告费支出为 35 万元时，家电商品的销售额在 45.864 百万元~53.326 百万元。

（2）自变量为时间变量时一元线性回归分析运用。当自变量为动态时间变量时，一元线性回归预测一般表达式为 $\hat{Y} = a + bt$。

最小二乘法的数学表达方式为 $Q = \Sigma(Y - a - bt)^2$。

采用求偏导数的方法得到下述方程组：

$$\begin{cases} \Sigma Y = na + b\Sigma t \\ \Sigma tY = a\Sigma t + b\Sigma t^2 \end{cases}$$

求解得出求 a、b 的线性方程组，求得 a，b：

$$\begin{cases} a = \bar{Y} - b\bar{t} \\ b = \dfrac{\Sigma tY - n\bar{Y}\bar{t}}{\Sigma t^2 - n\bar{t}^2} \end{cases}$$

上式中，$\bar{Y}$ 表示实际观察值的平均数，$\bar{t}$ 表示时间变量的平均数，若令 $\Sigma t = 0$，则 $\bar{t} = \dfrac{1}{n}\Sigma t = 0$，上式 a、b 公式就简化为：

$$\begin{cases} a = \bar{Y} = \dfrac{1}{n}\Sigma Y \\ b = \dfrac{\Sigma tY}{\Sigma t^2} \end{cases}$$

要满足 $\Sigma t = 0$，当时间序列数据个数为奇数项时，可将 $t = 0$ 放在时间序列最中间的数据上，其时间序列 t 取值分别为…，-3，-2，-1，0，1，2，3，…。

当时间序列数据个数为偶数项时，其时间序列 t 取值应分别为…，-5，-3，

−1，1，3，5，…。

【例10】

广州某家电企业 2011—2018 年产品销售量如表 8-10 所示，采用一元线性回归分析法预测 2019 年销售量。

表 8-10　产品销售量预测计算表　　　　　　　　　　　　　　　　　　　　单位：万件

观察期	实际销售量 Y	t	t^2	tY	$\hat{Y} = a + bt$	误差 e ($Y - \hat{Y}$)	e^2
2011	32	−7	49	−224	31.8	0.2	0.04
2012	39	−5	25	−195	38.7	0.3	0.09
2013	45	−3	9	−135	45.7	−0.7	0.49
2014	52	−1	1	−52	52.7	−0.7	0.49
2015	60	1	1	60	59.6	0.4	0.16
2016	67	3	9	201	66.6	0.4	0.16
2017	74	5	25	370	73.5	0.5	0.25
2018	80	7	49	560	80.5	−0.5	0.25
	$\sum Y = 449$	$\sum t = 0$	$\sum t^2 = 168$	$\sum tY = 585$			$\sum e^2 = 1.93$

具体步骤如下：

（1）确定时间变量 t，计算 t^2、tY，由于时间序列有 8 个数据，是偶数项，所以 t 取值依次应为 −7、−5、−3、−1、1、3、5、7，使 $\sum t = 0$。再依次计算 t^2、tY，$\sum t^2$，$\sum tY$。

（2）计算 a、b 参数，建立直线趋势预测模型。

将表 8-10 有关数据代入求 a、b 的参数公式，得：

$$a = \frac{\sum Y}{n} = \frac{449}{8} = 56.13$$

$$b = \frac{\sum tY}{\sum t^2} = \frac{585}{168} = 3.48$$

建立直线趋势的预测模型，即直线方程为：

$$\hat{Y}_t = a + bt = 56.13 + 3.48t$$

（3）对预测模型进行误差检验。

首先，要求出预测误差 $(Y - \hat{Y})^2$。Y 是已知时间序列的数据，下面要依次求出 $\hat{Y}_t$。分别把不同的时间变量 t 代入预测模型 $\hat{Y}_t = 56.13 + 3.48t$ 中，就可求出 $\hat{Y}_t$：

$$\hat{Y}_1 = 56.13 + 3.48 \times (-7) = 31.8 \text{（万件）}$$

$$\hat{Y}_2 = 56.13 + 3.48 \times (-5) = 38.7 \text{（万件）}$$

…

$$\hat{Y}_7 = 56.13 + 3.48 \times 5 = 73.5 \text{（万件）}$$

$$\hat{Y}_8 = 56.13 + 3.48 \times 7 = 80.5 \text{（万件）}$$

接下去再求 $(Y - \hat{Y}_t)^2$:

$$(Y_1 - \hat{Y}_1)^2 = (32 - 31.8)^2 = 0.2^2 = 0.04$$
$$(Y_2 - \hat{Y}_2)^2 = (39 - 38.7)^2 = 0.3^2 = 0.09$$
$$\cdots$$
$$(Y_8 - \hat{Y}_8)^2 = (80 - 80.5)^2 = (-0.5)^2 = 0.25$$

其次，令 $e = Y - \hat{Y}_t$，计算标准误差 S：

$$S = \sqrt{\frac{\sum(Y - \hat{Y}_t)^2}{n-1}} = \sqrt{\frac{\sum e_t^2}{n-1}} = \sqrt{\frac{1.93}{8-1}} = 0.53（万件）$$

估计标准误差 S 仅为 0.53 万件，说明预测模型较好。

（4）将预测模型延伸，确定预测值。

题目要求预测 2019 年销售量，2019 年在时间序列中，时间变量 t 应为 9（2018 年时间变量 t 为 7）。

将 $t = 9$ 代入直线方程，2019 年家电预测销售量为：

$$Y_9 = 56.13 + 3.48t$$
$$= 56.13 + 3.48 \times 9$$
$$= 87.45（万件）$$

同步案例

P 纸杯公司市场需求预测案例分析

背景资料

P 纸杯公司创立于 1999 年，当时国家经济贸易委员会提出在 2000 年前淘汰一次性发泡塑料餐具的要求，李总抓住机会创立了 P 纸杯公司，顺应国家绿色环保的生产要求，致力于纸杯等纸餐具的生产和销售。在市场一片欣欣向荣的同时，公司现任董事长李总发现他的工作变得越来越不轻松了，虽然公司各个部门工作都很努力，但是他感到这种努力有时候并没有带来理想的结果。

上周销售部门报上来的报表显示 5 盎司[①]和 8 盎司的冰激凌纸杯及 16 盎司的大饮料杯严重缺货，不得不追加生产，这样既影响了销售业绩也不利于控制生产成本，同时，会计部门报告，4 盎司冰激凌纸杯和 9 盎司的饮料杯已经严重积压，需要尽快处理。由于不能对纸杯的市场需求作出相对准确的预测，公司已经并且正在付出缺货和积压的代价。

下面我们就来探讨一下该如何使公司走出这一困境。

案例问题：

（1）公司应该如何走出目前困境？

（2）能够用到什么方法对 P 纸杯公司的具体需求量进行预测？

---

① 1 盎司 =28.35 克。

（3）就 PC 纸杯公司的现状来看，采取什么样的方式进行市场需求预测更为有效？

（4）请为 PC 纸杯公司设计出优秀的需求预测方案。

分析：

公司想要走出困境，就要有一个对产品需求量的估计，这一估计应该基于过往数据进行，才能够更精确对市场做出预测，下面我们就一一解决困难，给出可行解决方案。

一、可以有哪些方式对 PC 纸杯公司的需求量进行预测

1. 定性预测法

定性预测法是指预测者依靠熟悉业务知识、具有丰富经验和综合分析能力的人员与专家，根据已掌握的历史资料和直观材料，运用个人的经验和分析判断能力，对事物的未来发展做出性质和程度上的判断，再通过一定形式综合各方面的意见，作为预测未来的主要依据。定性预测法特别适合于对预测对象的数据资料（包括历史的和现实的）掌握不充分，或影响因素复杂；难以用数字描述，或对主要影响因素难以进行数量分析等情况。

2. 定量预测法

定量预测法又称为统计预测法，其主要特点是利用统计资料和数学模型来进行预测。然而，这并不意味着定量方法完全排除主观因素，相反，主观判断在定量方法中仍起着重要的作用，只不过它与定性方法相比，各种主观因素所起的作用较小。

综合上述方法，将 P 纸杯公司的需求预测转化为定性问题，再通过讨论以及以往模型给定的数据确定产品的权重，最后由时间序列模型和因果关系模型两种主要的定量预测方法分析结果，可以得出 P 纸杯公司需求量的预测值。

3. 具体想法

第一，可以通过对公司各部门近十年数据进行分析汇总并建立数学模型、绘制图表来预测下一月份的需求量；而且考虑到了相关商品及因素对纸杯需求量的影响。

第二，可以根据冰激凌消费量与典型纸杯的相关需求量作出相关折线图，得出纸杯与冰激凌的消费量之间存在的相关关系，并建立模型来预测纸杯的需求量。

第三，在采用销售数据时也要充分考虑数据的历史性，考虑顾客消费心理的变化以及社会大环境下对纸杯需求量的影响（潜在竞争者的影响、行业内企业的竞争、供应商的原材料供应能力及谈价能力、替代品的威胁以及自身的生产能力与资金）。

二、根据 P 纸杯公司现状，采取什么样的方式进行市场需求预测更为有效

现状：由于不能纸杯市场的需求做出相对准确的预测，公司已经并且正在付

出缺货和积压的代价；所以采用时间序列分解模型进行需求预测应该更为有效。

方式：

（1）采用部门主管集体讨论法，与会人员发表意见提出预测值，并采用销售人员意见汇集法，通过他们调查现实及潜在顾客的需求（定性问题）；

（2）通过讨论以及收集以往模型给定的数据估算产品的权重（加以权重）；

（3）运用时间序列分解模型，同时建立因果模型，计算一元线性回归方程，最终得出平均预测值（定量分析结果）。

三、为 P 纸杯公司设计出需求预测方案

（1）确定预测目的：估计 P 纸杯公司未来两年的需求预测；

（2）确定预测的时间范围：十年内的历史数据（2007—2018 年）；

（3）选择预测方法：时间序列分解模型；

（4）收集和分析数据；

（5）准备预测，得出预测值；

（6）对预测进行监控。

1. 求趋势直线方程

根据散点图得到代表趋势的直线，由此得出趋势直线方程。

2. 两个季度估计系数

分别估计夏（4月—10月）和冬（11月—次年3月）两季的系数。

3. 根据估计系数进行下一年两季的需求量预测

通过以上探讨可以看出预测的重要性。预测是决策的基础，预测的需求决定了生产活动的内容。在生产运作系统运行过程中，要编制生产计划和生产作业计划，进行库存控制和采购原材料等活动，都需要需求预测的信息。生产运作管理活动是建立在需求预测结果的基础上的，预测对生产运作活动具有指导意义。

一个公司想要正常的运转，离不开需求预测。要想往更好的方向发展，需要拥有一套科学的需求预测理论，将科学的理论运用到科学的生产管理中，并以此为公司赢得更高的效益。

课堂能力训练

1. 某企业在制定年度营销计划时，营销副总经理召集销售部和市场部经理对产品销售情况进行了预测。根据该企业以往内部管理情况，营销副总经理个人的判断对营销计划的确定有主导作用，且营销副总经理认为销售经理比市场部经理的判断更准确，他们的意见权重分别是 50%、30%、20%。表 8-11 说明他们对市场销售判断的情况。

表 8-11　各预测人员对市场销售判断的情况　　　　　　　　　　　　　单位：百万元

销售额	销售副总经理	销售经理	市场部经理	发生的可能性
最高销售额	210	200	220	0.3
最可能销售额	160	180	170	0.5
最低销售额	120	150	80	0.2
意见权重	50%	30%	20%	

请根据案例单项选择判断。

（1）营销副总经理预测年度市场销售可以达到（　　）百万元。

A. 167　　B. 156　　C. 171　　D. 149

（2）综合营销副总经理、销售经理和市场部经理的判断，预测该企业年度市场销售可以达到（　　）百万元。

A. 167.7　　B. 165.4　　C. 170.9　　D. 172.8

（3）这种预测属于哪种类型？通过比较影响条件和因素，评价这种预测的有效性。

2. 若用德尔菲法预测本市 2019 年居民网络购物消费的情况，你准备：

（1）如何挑选专家？挑选多少专家？

（2）设计咨询表应包含哪些内容？

（3）怎样处理专家意见？

（4）为了提高专家意见的回收率，你准备采用什么办法？

3. 案例分析。

中国（2004—2018）国内生产总值资料

国内生产总值（Gross Domestic Product，简称 GDP）是指在一定时期内（一个季度或一年），一个国家或地区的经济中所生产出的全部最终产品和劳务的价值，常被公认为是衡量国家经济状况的重要指标。它不但可反映一个国家的经济表现，还可以反映一国的国力与财富水平。

我国于 1985 年开始建立 GDP 核算制度，1993 年正式取消国民收入核算，GDP 成为国民经济核算的核心指标。读者可从表 8-12 的历史数据中了解我国经济（国内生产总值）增长过程。

表 8-12　中国近年国内生产总值表　　　　　　　　　　　　　　　　单位：人民币

年份	GDP（亿元）	人均 GDP(元)
2004	161 840.2	12 487
2005	187 318.9	14 368
2006	219 438.5	16 738

续表

年份	GDP（亿元）	人均 GDP(元)
2007	270 232.3	20 505
2008	319 515.5	24 121
2009	349 081.4	26 222
2010	413 030.3	30 876
2011	489 300.6	36 403
2012	540 367.4	40 007
2013	595 244.4	43 852
2014	643 974.0	47 203
2015	689 052.1	50 251
2016	743 585.5	53 935
2017	827 121.7	59 660
2018	900 309.0	64 644

资料来源：中国统计年鉴（2018 年）、2018 年国民经济和社会发展统计公报。

阅读材料完成以下任务：

要求依据市场数据资料，应用时间序列分析法对 2019、2020 年中国国内生产总值趋势进行分析预测。

职业资格与技能同步训练

一、单项选择题

1. 决定德尔菲法成败的关键性一步是（　　）。
　　A. 成立预测工作小组　　　　B. 选好专家
　　C. 制定征询表　　　　　　　D. 结果的汇总和整理
2. 向企业外部的有关人员征求意见，加以综合分析做出预测判断的一种判断方法是（　　）。
　　A. 意见交换法　　　　　　　B. 集合意见法
　　C. 消费者意向调查法　　　　D. 意见预测法
3. 在德尔菲法中，选择专家应该注意几个重要的方法，下列不属于其中之一的是（　　）。
　　A. 自愿性　　B. 专业性　　C. 广泛性　　D. 控制预测人数
4. 下列定性预测方法中，整个预测过程中需要匿名进行的是（　　）。

  A. 经验判断预测法   B. 专家意见集合法

  C. 德尔菲法   D. 调研判断预测法

5. 下列关系中，属于正相关关系的有（ ）。

  A. 合理限度内，施肥量和平均单产量之间的关系

  B. 产品产量与单位产品成本之间的关系

  C. 商品的流通费用与销售利润之间的关系

  D. 流通费用率与商品销售量之间的关系

6. 相关分析是研究（ ）。

  A. 变量之间的数量关系   B. 变量之间的变动关系

  C. 变量之间的相互关系的密切程度   D. 变量之间的因果关系

7. 下面属于函数关系的是（ ）。

  A. 销售人员测验成绩与销售额大小的关系

  B. 圆周的长度决定于它的半径

  C. 家庭的收入和消费的关系

  D. 数学成绩与统计学成绩的关系

8. 回归系数和相关系数的符号是一致的，其符号均可用来判断现象（ ）。

  A. 线性相关还是非线性相关   B. 正相关还是负相关

  C. 完全相关还是不完全相关   D. 单相关还是复相关

二、多项选择题

1. 下列哪些现象之间的关系为相关关系？（ ）。

  A. 家庭收入与消费支出关系   B. 圆的面积与它的半径关系

  C. 广告支出与商品销售额关系   D. 单位产品成本与利润关系

  E. 在价格固定情况下，销售量与商品销售额关系

2. 相关系数表明两个变量之间的（ ）。

  A. 线性关系   B. 因果关系   C. 变异程度

  D. 相关方向   E. 相关的密切程度

3. 对于一元线性回归分析，（ ）。

  A. 两变量之间必须明确哪个是自变量，哪个是因变量

  B. 回归方程是据以利用自变量的给定值来估计和预测因变量的平均可能值

  C. 可能存在着 y 依 x 和 x 依 y 的两个回归方程

  D. 回归系数只有正号

  E. 确定回归方程时，尽管两个变量也都是随机的，但要求自变量是给定的

4. 可用来判断现象相关方向的指标有（ ）。

A. 相关系数　　B. 回归系数　　　C. 回归方程参数 a

D. 估计标准误　E. x、y 的平均数

5. 估计标准误的作用是表明（　　　　）。

A. 回归方程的代表性　　　　　B. 样本的变异程度

C. 估计值与实际值的平均误差　D. 样本指标的代表性

E. 总体的变异程度

6. 销售额与流通费用率，在一定条件下，存在相关关系，这种相关关系属于（　　　　）。

A. 不相关　　　B. 单相关　　　　C. 负相关

D. 复相关　　　E. 完全相关

7. 在直线相关和回归分析中（　　　　）。

A. 据同一资料，相关系数只能计算一个

B. 据同一资料，相关系数可以计算两个

C. 据同一资料，回归方程只能配合一个

D. 据同一资料，回归方程随自变量与因变量的确定不同，可能配合两个

E. 回归方程和相关系数均与自变量和因变量的确定无关

8. 相关系数 r 的数值（　　　　）。

A. 可为正值　　B. 可为负值　　　C. 可大于 1

D. 可等于 -1　　E. 可等于 1

9. 在直线回归分析中，确定直线回归方程的两个变量必须是（　　　　）。

A. 一个自变量，一个因变量

B. 均为随机变量

C. 对等关系

D. 一个是随机变量，一个是可控制变量

E. 不对等关系

10. 配合直线回归方程是为了（　　　　）。

A. 确定两个变量之间的变动关系　　B. 用因变量推算自变量

C. 用自变量推算因变量　　　　　　D. 两个变量相互推算

E. 确定两个变量间的相关程度

综合实训

【实训目的】

通过本项目训练，帮助学生能够熟练地应用各种预测方法进行预测市场，掌握平均数法、指数平滑法和线性回归法对调查资料进行分析与预测的基本技能。

【实训内容与要求】

1. 要求学生根据教师确定的市场调研方案，搜集两密切相关经济现象动态数据资料。进行简要整理格式如下：

腾达文化公司每月的广告费用与销售金额的资料如表 8-13 所示，利用线性回归方程式等几种定量分析预测方法为企业下一期广告费投入进行销售额预测，假设广告费投入为 27 万元。

表 8-13　腾达文化公司每月的广告费用与销售金额的资料表

期数	1	2	3	4	5	6	7	8	9	10	11	12
广告费 X	20	30	40	25	40	20	50	35	25	40	30	50
销售额 Y	365	400	440	395	450	385	510	430	390	470	420	490

2. 要求学生按照分析与预测的基本技能要求完成市场调查资料的趋势预测。

3. 通过上述练习使学生掌握分析预测市场趋势的方法和技巧，了解其使用的适用范围。

【实训步骤】

1. 认真复习分析预测市场趋势的有关知识；
2. 教师讲解分析预测市场趋势的步骤、技巧和格式；
3. 完成分析预测报告。

【组织形式】

1. 以小组为单位，每 4～8 人为一组，选择一种方法进行市场预测；
2. 小组之间进行比较各种方法的差异及优缺点；
3. 交流预测方法的经验与体会。

【考核要点】

1. 以组为单位，每组要提供一份分析预测报告；
2. 在班级进行交流，每个小组推荐 1 个人进行介绍本组所选用的预测方法；
3. 由教师与学生共同评估并评定成绩。

项目九
市场调查报告的撰写

本项目知识点

- 市场调查报告的意义和特点
- 市场调查报告的基本格式和内容
- 市场调查报告的编写要求
- 市场调查报告的沟通技巧

本项目技能点

- 掌握市场调查报告的撰写程序
- 具备独立撰写市场调查报告的能力
- 掌握市场调查报告的沟通技巧

知识导图

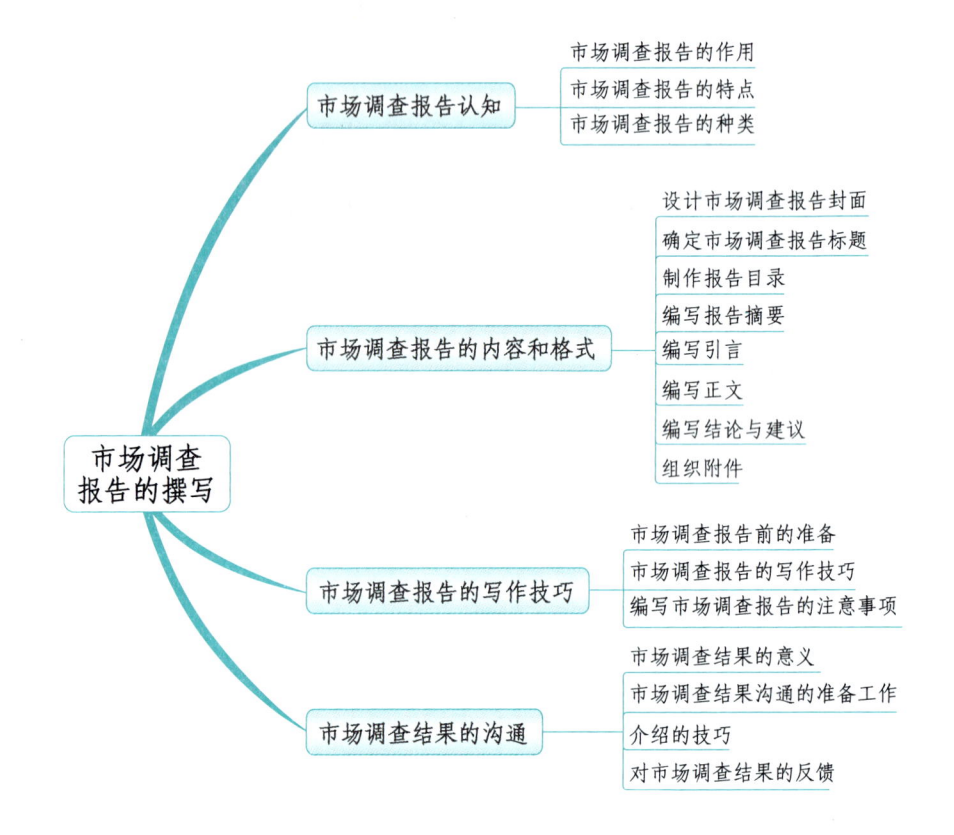

图：
市场调查报告撰写工作项目框架

市场调查报告的撰写
- 市场调查报告认知
  - 市场调查报告的作用
  - 市场调查报告的特点
  - 市场调查报告的种类
- 市场调查报告的内容和格式
  - 设计市场调查报告封面
  - 确定市场调查报告标题
  - 制作报告目录
  - 编写报告摘要
  - 编写引言
  - 编写正文
  - 编写结论与建议
  - 组织附件
- 市场调查报告的写作技巧
  - 市场调查报告前的准备
  - 市场调查报告的写作技巧
  - 编写市场调查报告的注意事项
- 市场调查结果的沟通
  - 市场调查结果的意义
  - 市场调查结果沟通的准备工作
  - 介绍的技巧
  - 对市场调查结果的反馈

案例引入

案例引入：决策者究竟想要什么

决策者究竟想要什么

市场调查员王强曾经接受一家化妆品公司的委托，调查研究我国化妆品市场现状及发展前景。王强带领他的团队，经过为期一年的调研，取得了大量珍贵的一手资料。最后，王强精心准备了一份近500页的调查报告，内含大量统计的数据和复杂的图表，包括很多待开发的细分市场和渠道管理方面的建议，准备向该企业负责经营的副总经理汇报。

一个半小时翔实的口头汇报后，副总经理起身说道："王强，我看得出你的用心，但这么枯燥无味的数据、图表把我完全搞糊涂了，听来听去我都不知道你给我的核心材料是什么，我更没有时间去自己归纳整理。所以，请你务必于明天前，整理出一份不超过5页的调查结果放在我的办公桌上。"王强一头雾水，突然反思起来，决策者究竟想要什么？

市场调查报告是用于向决策者或用户反映市场调查过程和调查结果的一种分析报告，是市场调查成果的集中体现。从案例中可以看出，清晰、

> 简明、扼要的市场调查报告是调研者与决策者进行有效沟通的重要依据。撰写市场调查报告之前，一定要了解决策者和用户的需求。本项目将进入调研报告的撰写和提交阶段，为了编写出一份高质量的调查报告，必须掌握以下要求：
> 第一，明确市场调查报告的基本框架和格式；
> 第二，掌握市场调查报告写作技巧；
> 第三，掌握调查报告的沟通形式。

9.1　市场调查报告认知

本部分重点和难点：
市场调查报告的
特点和结构

9.1.1　市场调查报告的作用

把调查结果整理成报告，这是市场调查的最后一步，之前的问卷设计和资料的收集、编辑都是为了最后能写出一份高质量的市场调查报告。如果是公共机构，报告原则上要公开。如果是企业，则多作为内部资料使用，报告拿来之后，将成为珍贵的经营资料。

市场调查报告是市场研究成果的一种表现形式。它通过文字、图表等形式将调查的结果表现出来，以使人们对所调查的市场现象或问题有系统性的了解和认识。

知识点：
调查报告的含义

既可以书面方式向管理者或用户报告调查的结果，也可作为口头报告和沟通调查结果的依据，亦可制作成多媒体演示课件，向决策者或用户进行演示、解说和沟通。

市场调查报告比起市场资料来，更便于阅读和理解，它能把死数字变成活情况，起到透过现象看本质的作用，是感性认识上升为理性认识，能更好地指导实践活动。所以，市场调查报告是市场调查的最后一步，是市场调查工作的最终结果，也对各部门管理者了解情况、分析问题、制定决策、编制计划、协调、监督等各方面都起到积极的作用。

要撰写好市场调查报告，必须了解调查报告的格式、撰写报告的基本要求，掌握整个调查报告的撰写步骤、撰写报告语言的使用方法和技巧，使市场调查报告在实际工作中发挥应有的作用。

9.1.2 市场调查报告的特点

1. 针对性

针对性包括选题上的针对性和阅读对象的明确性两方面。选题上的针对性，即市场调查报告必须做到目的明确、有的放矢，围绕主题展开论述；阅读对象的针对性是指谁是本报告的阅读者或使用者，阅读对象不同，他们的要求和所关心的问题的侧重点也不同。

> 知识点：
> 调查报告的特点

2. 新颖性

新颖性是指调查报告应从全新的视角去发现问题，用全新的观点去看待问题。市场调查报告要紧紧抓住市场活动的新动向、新问题等，从而提出新观点。

3. 时效性

市场调查报告的撰写，是为了向有关部门和单位说明调查得出的结论，这些结论都是根据目前的调查资料分析出来的，所以，具有很强的时间限制。调查报告只有及时迅速撰写，才能适应瞬息万变的市场变化。

4. 科学性

市场调查报告不是单纯报告市场客观情况，还要通过对事实作分析研究，寻找市场发展变化规律。这就需要写作者掌握科学的分析方法，以得出科学的结论、适用的经验和教训以及解决问题的方法。

5. 可读性

市场调查报告的观点要鲜明、突出，内容的组织安排要有序，且行文流畅、通俗易懂。

9.1.3 市场调查报告的种类

> 知识点：
> 市场调查报告的分类

> 技能点：
> 具有区分市场调查报告类型的能力

要写出一份好的市场调查报告，最根本的是要安排好调查报告的内容，形式是次要的。调查报告必须根据问题的特点、读者的思维习惯和偏好等来安排其形式和内容。市场调查报告可以从不同角度进行分类：按服务对象分，可分为市场需求者调查报告（消费者调查报告）与市场供应者调查报告（生产者调查报告）；按调查范围分，可分为全国性市场调查报告、区域性市场调查报告与国际性市场调查报告；按调查频率分，可分为经常性市场调查报告、定期性市场调查报告与一次性市场调查报告；按调查对象分，可分为商品市场调查报告、房地产市场调查报告、金融市场调查报告与投资市场调查报告；按照调查的性质分，可分为政策性调查报告、学术性调查报告与事务性调查报告；按照体例分，可分为独立式调查报告、组合式调查报告和系列式调查报告；等等。本书介绍几种常用的分类。

1. 按照市场调查报告的内容分类

市场调查报告按照其内容，可分为专题性调查报告与综合性调查报告。

（1）专题性调查报告是主要针对某个问题或者某个侧面撰写的调查报告。例如：针对某类社会问题的调查报告，如城市居民消费问题的调查报告；针对某类产品的调查报告，如手机市场调查报告；还有针对某些新鲜事物的调查报告，如利用微信平台购物情况的调查报告。专题性调查报告所涉及的范围相对来说比较窄，针对性较强，因此能做比较深入的调查。这种形式是我们常见的调查报告。

（2）综合性调查报告是围绕调查对象的基本状况和发展变化的过程，对全部调查的结果进行比较全面、系统、完整、具体反映的调查报告。综合性调查报告所涉及的内容和范围比较广泛，所依据的资料比较丰富，可以对调查对象横向和纵向两方面的发展变化情况进行介绍。

2. 按照客户对市场调查报告内容要求不同分类

按照客户对市场调查报告内容要求不同，可以分为数据型调查报告、分析型调查报告和咨询型调查报告。

（1）数据型调查报告的特征是在报告中只提供调查所获得的数据，这是调查报告的最简单的形式。产生这种情况的背景通常是客户方面有自己的分析人员队伍，客户对调查目标和需求非常明确，并且调查方案的设计是由客户自己完成的，只是把数据采集和数据处理的工作交给调研机构，以降低调查项目的成本。数据调查报告不必提供完整的分析报告，只提供常规的统计数据（一般以表格形式或图形的方式提供），或者由客户提出数据处理的具体要求。

（2）分析型调查报告是在数据型调查报告的基础上对数据反映的情况作进一步的分析，是专门的商业调查机构向客户提供报告的主要形式。调查机构长期从事数据的采集和分析工作，积累了众多的实践经验，对于各类数据反应十分敏捷，可以对数据中反映出来的问题做出系统和深入的分析。

（3）咨询型调查报告是在分析型调查报告的基础上进一步扩展和延伸，除了对调查结果进行分析外，还包括对市场的分析，并在此基础上提出进行决策、采取行动的咨询方案。为了做好咨询型调查报告，研究人员还需要广泛收集二手资料，组织专家进行座谈论证，有时还需要进行必要的专项调查，这种报告需要具备不同的专长和人员协作完成。

3. 按照写作方式不同分类

市场调查报告按照写作方式不同，可以分为反映基本情况的调查报告、总结典型经验的调查报告和揭露问题的调查报告。

（1）反映基本情况的调查报告。调查报告主要用于反映某一地区、某一领域或某一事物的基本面貌，目的在于报告全面情况，为决策者制定方针政策、规定任务、采取措施提供决策依据和参考。这类调查报告的写法注重反映客观事实，分析研究的成分相对少一点。

（2）总结典型经验的调查报告。此类调查报告主要用于对先进典型进行深入调查分析后，提炼出成功的经验和有效的措施，以指导和推动全面工作的开展。因此这类调查报告一般包括基本情况、突出成绩、具体做法、主要体会等。

（3）揭露问题的调查报告。此类调查报告主要针对某一方面的问题，进行专项调查，澄清事实真相，判明问题的原因和性质，确定造成的危害，并提出解决问题的途径和建议，为问题的最后处理提供依据，也为其他有关方面提供参考和借鉴的一种调查报告。揭露问题的调查报告，在格式上标题就非常醒目，还经常带有一定的感情色彩，如"转基因食品你敢吃吗？"这样的标题，不仅表明了调查的主要内容，而且起到了强烈的警示或提示作用，能吸引读者眼球。

4. 按照调查报告沟通的方式分类

按照调查报告沟通的方式，可分为书面调查报告和口头调查报告。

（1）书面调查报告是市场调查人员以书面的形式，反映市场调查内容及工作过程，并提出调查结论和建议的报告。由于市场调查报告是市场调查研究成果的集中体现，其撰写的好坏直接影响到整个市场调查研究工作的成果质量。一份好的市场调查报告，能给企业的市场经营管理活动提供有效的引导，为企业的决策提供客观依据。目前书面市场调查报告已经具备被大多数人所接受的固定的格式和内容，在后面将详细介绍。

（2）口头调查报告是指以口头方式提交市场调查结果。经验表明，口头简介的价值越来越为人们所认可。它不仅是对书面报告的有力补充和支持，并突出关键结果和回答决策者的问题，起到了书面调查报告所没有的功能。例如，它允许听众提问，并可以逐条回答；进一步强调报告中的重要内容，人们在阅读时并没有对此引起注意。

9.2 市场调查报告的内容和格式

本节重点和难点：
市场调查报告的内容

知识点：
市场调查报告的主要内容

市场调查报告的形式没有统一规范，不同的人对此有不同的设计。但以下一些部分都是市场调查报告不可缺少的组成部分，即包括开头部分、主体部分和附录部分等，每个部分又包括若干具体内容。

9.2.1　设计市场调查报告封面

封面包括报告的题目、报告的使用者、报告的编写者及提交报告的日期等内容。

作为一种习惯做法，调查分析报告题目的下方应注明报告人或单位、通信地址、电话、电子邮件、报告提出日期，然后另起一行注明报告呈交的对象，如图 9-1 所示。

```
             ×××大学生职业生涯规划调查分析报告

         调查单位 _____
         通信地址 _____
         电话     _____
         E-mail   _____
         报告提出日期 _____
         报告主送单位 _____
```

图 9-1　市场调查报告封面示例

媒体资源：
市场调查报告撰写的教学录像

9.2.2　确定市场调查报告标题

选题一般表现为调查报告的标题，也就是调查报告的题目，它必须准确揭示调查报告的主题思想，做到题文相符，高度概括，具有较强的吸引力。一般是通过扼要地突出本次市场调查全过程中最为有特色的环节的方式，揭示本报告所要论述的内容。标题是画龙点睛之笔，好的标题是报告成功的一半。好的标题必须准确揭示报告的主体思想，做到题文相符，让报告的使用者通过题目就能对报告想要表达的内容一目了然。标题要简单、明了，高度概括，具有强烈的吸引力。

例如，《大学生职业生涯规划调研分析报告——××学院在校生职业规划情况调查分析》。

一般标题可以采用下列三种写法，如表 9-1 所示。

表 9-1　调查报告标题的三种写法

标题写法	举例说明	优缺点比较
直叙式标题：即用调查对象和调查的主要问题作题目	如"小米智能电视市场占有率调查""中国联通市场竞争态势调查"	优点：简明扼要，比较客观；缺点：略嫌呆板

续表

标题写法	举例说明	优缺点比较
表明观点式标题：即直接阐明作者的观点、看法或对事物作出判断、评价	如"高档羊绒大衣在北京市场畅销""必须提高销售人员素质——A公司销售人员情况调查"	优点：既表明了报告编写者的态度，揭示了主题，又有一定的吸引力。 缺点：通常要加副标题才能将调查对象和内容表达清楚
提问式标题：即报告的题目是一个设问句或反问句，而报告的内容就是回答这个问题	"消费者愿意到网上购物吗？""为什么A公司在广东市场的分销渠道不畅通？""B公司的促销活动为什么没有达到预期的效果？"	优点：这类题目比较尖锐，具有较大的吸引力，一般用于揭露问题的调查分析报告

9.2.3 制作报告目录

目录是整个报告的检索部分，便于读者了解报告结构，有利于读者阅读某一部分内容。如果可能，目录应当非常详细。国外调查报告的惯例是将文字、表格和图形分别编写目录，这样如果读者不需要阅读某些文字，而只需检索某一张表格，也可以很轻松地找到。这种方法在国内的调研报告中也可以应用。例如：

目　录

一、摘要 ………………………………………………………………… 1
二、调查概况 …………………………………………………………… 3
　　1. 研究背景及目的 ………………………………………………… 3
　　2. 研究内容 ………………………………………………………… 4
三、研究方法 …………………………………………………………… 6
四、调查结果分析 ……………………………………………………… 8
　　1. ×××× …………………………………………………………… 9
　　2. ×××× …………………………………………………………… 12
　　3. ×××× …………………………………………………………… 15
五、结论及建议 ………………………………………………………… 30
附录一　消费者调查问卷 ……………………………………………… 32
附录二　消费者问卷的原始统计数据 ………………………………… 33
附录三　零售商调查问卷 ……………………………………………… 38
附录四　零售商问卷的原始统计数据 ………………………………… 40

9.2.4 编写报告摘要

摘要就是概括地说明调查活动所获得的主要成果，是为那些没有大量时间阅读整个报告的使用者（特别是高层管理人员）或者由于阅读者不具备太多的专业知识而只想尽快得到调查分析报告的主要结论，以及进行怎样的市场操作而准备的。

1. 报告摘要具体包括四个方面的内容

（1）简要说明调查目的。

（2）介绍调查对象和调查内容，包括调查时间、地点、对象、范围、调查要点及所要解答的问题。

（3）简要介绍调查研究的方法。

（4）简要说明调查结论与建议。

2. 调查分析报告的摘要书写要求

（1）从内容来讲，要做到清楚、简洁和高度概括，其目的是让阅读者通过阅读摘要不但能了解本项目调查的全貌，同时对调查结论也有一个概括性的了解。

（2）从语言文字来讲，应该通俗、精炼，尽量避免应用生僻的字句或过于专业性、技术性的术语。摘要一般在完成报告后再写。

9.2.5 编写引言

1. 引言的写作形式

引言即调研报告的开头。开头的形式有这样几种：

（1）开门见山，揭示主题。文章开始先交代调查的目的或动机，揭示主题。

例如：2019 年 3 月我们对 2018 级电子商务专业的学生进行了有关心理障碍的调查研究，目的是要有针对性地对学生进行健康教育，矫正疏导各种不良心理，使学生健康成长。

（2）结论先行，逐步论证。即将调查结论写出来，然后再逐步论证，这种开头形式，观点明确，一目了然。

例如：2019 年 3 月，我们对某校大一 300 名学生心理状况进行调查，调查结果表明，不少学生存在这样或那样的心理方面的障碍，大致可以分为以下几类：……

（3）交代情况，逐层分析。文章开头可先介绍背景，然后逐层分析，得出结论。也可交代调查时间、地点、对象、范围等情况，然后分析。这样可使读者有一个感性认识，然后再深入分析研究。

（4）提出问题，引入正题。用这种方式提出人们所关注的问题，引导读者进入正题。

2. 引言部分写作应把握的原则

开头部分的写作方式很多，可根据情况适当选择，但不管怎样，开头部分应围绕这样几个问题：① 为什么进行调查；② 怎样进行调查；③ 调查的结论如何。其作用是向报告阅读者提供进行市场研究的背景资料及其相关信息，使阅读者能够大致了解进行该项市场调查的原因和需要解决的问题，以及必要性和重要性。

9.2.6　编写正文

正文是调查报告的核心部分，一般由开头、主体、结束语三部分组成。这部分为整个市场调查的详细内容，包括调查使用方法，调查程序，调查结果。对调查方法的描述要尽量讲清使用何种方法，并提供选择此种方法的原因。

在正文中，相当一部分内容应是数字、表格，以及对这些的解释、分析，要用最准确、恰当的语句对分析作出描述，结构要严谨，推理要有一定的逻辑性。

调查报告正文的行文应当严谨、规范，不必追求华丽的辞藻，如果某些词可能引起读者的误解，则应当尽量避免出现，而采用更接近人们日常习惯的用语。与其他公文文体不同，调研报告应当不厌其详，对于所有调查中获得的数据都应当进行反映。

9.2.7　编写结论与建议

结论与建议是阅读者最为关注的部分。应根据调查结果总结结论，并结合企业或客户情况提出其所面临的优势与困难，提出解决方法，即建议。

结论和建议的几种表现形式：

（1）概括全文。综合说明调研报告的主要观点，深化文章的主题。

（2）形成结论。在对真实资料进行深入细致的科学分析的基础上，得出报告结论。

（3）提出看法和建议。通过分析，形成对事物的看法，在此基础上，提出建议或可行性方案。

结论和建议的语言要求：简明扼要，使读者明确题旨，加深认识，可以参考正文中的信息对建议进行判断、评价，能够启发读者思考和联想。

结论和建议与正文部分的论述要紧密对应，不可以提出无证据的结论，也不要没有结论性意见的论证。同时这部分内容要具有可行性和可操作性，且有应用价值。

例如：下面是移动通信行业满意度调查结论及建议。

结论：

① 中国移动的市场占有率高于中国联通；

② 中国移动重视网络覆盖及通话质量；

③ 中国联通主要以低价吸引消费者；

④ 中国移动的占有率虽然高，但顾客满意度仍处于一个优良的水平；而中

国联通占有率很低的情况下，顾客满意度却还有较高的不满意记录。

建议：

① 中国移动计费错误是流失客源的最大原因，有待改进；

② 中国联通在提供低廉的通话费用的同时应注重广告宣传与促销活动；

③ 中国联通应增加各个地区的经销网点，以增加购买量；

④ 随着 5G 时代的来临，中国联通在新业务上应有所优惠；

⑤ 中国移动应提高服务质量，留住老顾客，吸引新顾客。

技能点：
掌握调查报告的基本内容与格式

9.2.8 组织附件

附件是与调查过程有关的各种资料的总和，这些内容不便在正文中涉及，但在阅读正文时或者检验调查结果的有效性时，需要参考这些资料。附件中包括的主要内容有：

（1）项目策划书；

（2）抽样方案，包括样本点的分布和样本量的分配情况等；

（3）调查问卷；

（4）主要质量控制数据，如调查中的拒访率、无回答率等，一些有经验的市场研究人员可以根据这些内容判断结果的有效性。

如果在调查中使用了其他的二手资料，在允许的情况下也应当向客户提供，作为参照。对于具有保密价值的材料，调查公司应当提供多少，可以由双方在合同签订时予以确认，必要的时候客户方应当为获得这些材料付费并且做出保密的承诺。

9.3 市场调查报告的写作技巧

本节重点和难点：
调查报告的撰写技巧

9.3.1 市场调查报告前的准备

1. 访问委托人

在正式书写报告前，调研人员应该主动访问项目委托人，目的是了解他们对调研报告的建议和想法。比如，他们希望的报告形式是什么？他们希望通过阅读报告获得哪些信息？他们最迫切等待的结论是什么？他们最不想看到的结论是什么？只有掌握了这些信息，研究人员在书写报告时才有可能尽量满足委托人的意愿，做到对于他们关心的问题重点叙述，起码不会出现对有关内容的遗漏或忽

知识点：
调查报告写作前的准备及写作技巧

视，至于那些企业最不想看到的结论，调研人员一定要采取谨慎的态度，不可不叙述，但是，一定要避免过激的叙述。如果您能够做到这一点，您的调研报告必能得到最高的认可度。

2. 了解读者

报告是为特定的读者写作的，报告应该考虑到读者的专业背景和对项目的兴趣，以及在什么情况下他们会阅读和怎样使用报告。市场调研报告的读者一般是将要应用这些调研结果的市场经理以及相关人士。

报告应避免使用太专业化的术语，对于确实无法避免使用的专业术语，应在附录部分单独给出注解。事实上，调研人员经常需要面对具有不同专业特长及兴趣的人，对于这些相互矛盾的需要，可以通过为不同的需求者提供不同的阅读部分或干脆把报告分为几个部分的方法来解决。另外，在报告中，如果您需要叙述一件事，就一定要叙述清楚。要知道，人们宁可碰到一个不能解决的问题，也不想接受一个令他们不能理解的答案。

3. 数据分析与描述

数据的分析和描述是为调查报告汇报会和撰写调查报告做准备。一项调查所得的资料经过统计软件如 SPSS 的处理，通常会输出大量的结果，如果从页数来计算，有几页、几十页甚至上百页。这么多的数据资料若全部纳入调查报告之中，就会使得报告过于臃肿，不便于阅读。所以在计算机将数据结果输出来之后，研究人员必须先对大量的数据进行分析，了解各种数据说明了什么问题，揭示了什么规律，然后从中筛选或摘取出某些足以说明问题、规律的数据结果，并用一定的方法加以描述。

> 技能点：
> 掌握调查报告撰写的基本技巧

9.3.2 市场调查报告的写作技巧

1. 调查报告中语言运用技巧

（1）叙述技巧。市场调查的叙述，主要用于开头部分，叙述事情的来龙去脉表明调查的目的和根据，以及过程和结果。此外，在主体部分还要叙述调查资料取得的情况。市场调查报告常用的叙述技巧有：概括叙述、按时间顺序叙述、叙述主体的省略。

（2）说明技巧。市场调查报告常用的说明技巧有：数字说明、分类说明、对比说明、举例说明等。

（3）议论技巧。市场调查报告常用的议论技巧有：归纳论证和局部论证。归纳论证是在占有大量材料之后，作分析研究，得出结论，从而形成论证过程。这一过程，主要运用议论方式，所得结论是从具体事实中归纳出来的；局部论证是在情况分析、对未来预测中作局部论证。

（4）语言运用技巧。语言运用的技巧包括用词方面和句式方面的技巧。用词应以数量词、专业用词为主；句式方面大量使用陈述句，祈使句多用在提议部分，表示某种期望，但提议并非皆用祈使句，也可用陈述句。

2. 数字的使用技巧

调查报告中的数字与数学中的数字不同，它不是抽象数量表现，而是物的数量特征。所以，调查报告中的数字既要准确，又要讲究使用技巧，力求把数字用得恰到好处。

（1）防止数字文学化。把数字较多的段，尽量用一个图或表格表达。

（2）数字比较分析法。数字的比较中可分为纵比和横比，以此反映事物自身的发展变化，事物间的差距。

（3）数字的化小法。对于太大的数字，不易理解和记忆，如果把大数字换算成小数字，则便于记忆。

（4）数字的推算法。有时个体数字较小，不易引起人们的重视，但由此推算出的整体数量却大得惊人，以反映问题的严重性。

（5）使用数字的常规。在调查报告中，使用汉字和阿拉伯数字应统一，即凡是可用阿拉伯数字的地方，均用阿拉伯数字。

3. 表格的表现技巧

表格作为描述性统计方法，以直观、清晰、形象等特点广泛应用于报告中，在应用表格时应当注意：

（1）表格应用简明扼要的标题及清楚正确的号码。

（2）对于表格中的各种数字单位，应给出必要的说明和标注。

（3）表格中的数字、位数应对齐，必要时需有合计数。

（4）说明数据来源，特别是二手数据。

4. 图形的表现技巧

图形广泛应用到报告中，起到清楚、形象、直观、美观和富有吸引力的作用，可以帮助客户理解报告的内容。常用的图形有：直方图或条形图、饼形图、折线图等。制图时应注意：

（1）图形表明标题和号码。

（2）图形的位置恰当。

（3）图形的颜色和纹理选择有一定的逻辑性。

（4）图形的排列符合人们的视觉习惯。

（5）图形的数据来源说明清楚。

9.3.3　编写市场调查报告的注意事项

撰写一份好的调查报告不是件易事，调查报告本身不仅显示着调查的质量，也反映了作者本身的知识水平和文字素养。在撰写调查报告时，主要注意以下几个方面的问题：

（1）调查报告应有明确的针对性。报告应当是为特定的读者而撰写的，他（们）可能是领导、管理部门的决策者，也可能是一般的用户。不但要考虑这些读者的技术水平、对调查项目的兴趣，还应当考虑他们可能在什么环境下阅读报告，以及他们会如何使用这个报告。

（2）市场调研报告必须真实、准确。从事实出发，而不是从某人观点出发，先入为主地做出主观判断。凡是与事实不符的观点，都应该坚决舍弃，凡是暂时还拿不准的，应如实写明，或放在附录中加以讨论。

（3）报告的语言流畅，易读易懂。报告中的材料要组织的有逻辑性，使读者能够很容易弄懂报告各部分内容的内在联系。

（4）调查报告要图文并茂。

（5）报告中引用他人的资料，应加以详细注释，如被引用资料的作者姓名、书刊名称、所属页码、出版单位和时间等都应予以列明。

（6）报告外观制作要体现专业水平。

9.4 市场调查结果的沟通

9.4.1 市场调查结果沟通的意义

> 技能点：
> 调查结果的沟通方式

市场调查结果沟通是指市场调查人员同委托者、使用者以及其他人员之间就市场调查结果的一种信息交换活动。

其意义在于市场调查报告的沟通是调查结果实际应用的前提条件，有利于委托者及使用者更好地接受有关信息，做出正确的决策，发挥调查结果的效用，有利于市场调查结果的进一步完善。

9.4.2 市场调查结果沟通的准备工作

1. 汇报提要

为每位听众提供一份关于汇报流程和主要结论的汇报提要。提要应留出足够的空白，以利于听众做临时记录或评述。

2. 视觉辅助

使用手提电脑、投影设备，制作演示稿，内容包括摘要、调查方案、调查结果和建议的概要性内容。

3. 调研报告的复印件

报告是调研结果的一种实物凭证，鉴于调研者在介绍中省略了报告中的许多细节，为委托者及感兴趣者准备报告复印件，在听取介绍前就能思考所要提出的问题，就感兴趣的环节仔细阅读等。

9.4.3 介绍的技巧

（1）注意对介绍现场的选择、布置。
（2）语言要生动，注意语调、语速等。
（3）注意表情和形体语言的使用。

9.4.4 对市场调查结果的反馈

市场调查委托者和使用者还应把项目执行的情况及时反馈给市场调查人员，一方面使市场调查人员增加知识和经验；另一方面，委托者也能及时得到调查者的指导和帮助。

同步案例

《高职学生职业生涯规划现状的调查报告》

职业生涯是一个人一生之中的工作历程。职业生涯规划是指在对自身职业生涯的主客观条件进行测定、分析、总结的基础上，对自己的兴趣、爱好、能力、特长、优劣势等各方面进行综合分析与权衡，并结合时代特点，根据自己的职业取向，确定其职业奋斗目标，并为这一目标做出有效安排。做好高职学生的职业生涯规划工作，对学生、学校和社会都具有十分重要的意义。

一、问卷调查的情况

为详细了解高职院校实行职业生涯规划的现状，我们 36 名同学组成了 6 个调查小组，实施本次调查。我们采取了问卷调查、走访面谈的方式，调查了首钢工学院、北京农业职业技术学院、北京电子科技职业技术学院、北京工业职业技术学院共四所院校的包括物流管理、电子商务、会计、环境检测与保护等 14 个专业不同年级的学生。共发放问卷 290 份，收回有效问卷 285 份。

二、调查数据的统计和分析

（一）高职学生专业选择情况

专业选择对高职学生职业生涯规划具有很重要的导向性和约束性。专业选择如果适合自我、适合社会经济发展对人才的需求，就能够实现专业和职业的有效对接，也有助于学生职业生涯快速健康发展；反之，则会制约学生的职业生涯发展。

通过整理问卷，我们得出：根据父母的意见选择专业的高职学生占 47%，

市场调查学生作品——对大学生观看网络直播的调查分析报告

根据自己的意愿选择专业的仅占10%；根据自身兴趣爱好及能力优势选择专业的不足10%。因此，高职学生在选择专业方面存在较大盲目性。

（二）高职学生职业生涯规划意识

通过对自身职业奋斗目标和职业发展方向情况及有无做过职业生涯规划的问题调查结果显示，大部分学生对自身的职业奋斗目标和发展方向不太了解且普遍缺乏职业生涯规划，如图9-2、图9-3所示。可见，高职学生对自身职业发展目标和方向还不明确，缺乏自我职业生涯规划的意识。

图9-2 对自身职业奋斗目标和职业发展方向情况调查

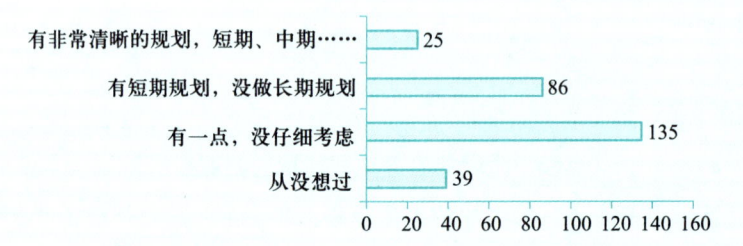

图9-3 学生自身有无做过职业生涯规划

（三）高职学生对职业生涯规划的认知度

高职学生自身是否了解和接受职业规划，是开展其职业生涯规划的关键因素。从调查表9-2中可以看出，只有5.8%的学生认为不重要，大部分学生已经认识到了职业生涯规划的重要性。

表9-2 学生对职业生涯规划的认知

题目	选项	百分比
您认为高职学生职业生涯规划是否重要	很重要	26%
	较为重要	53%
	一般重要	15.2%
	不重要	5.8%

（四）高职学生对学校职业生涯规划建设发展状况的满意和期望度

学校在学生职业生涯规划方面起到理念引导、条件保障、具体指导等方面的重要作用。从图9-4中我们可以看出50%的院校开设了职业生涯规划讲

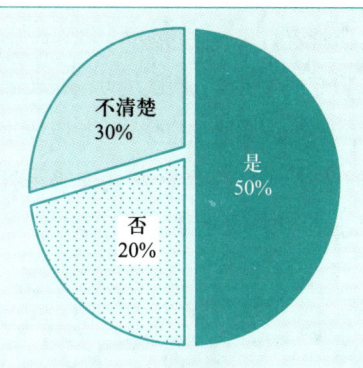

图 9-4　所在院校是否开设有职业规划的课程或相关讲座

座和课程，20% 未开设，还有 30% 不清楚；图 9-5 中可以看出有 74% 的学生接受过职业咨询和辅导；图 9-6 显示出学生期望学校提供职业规划跟踪辅导、课程讲座等相关平台。因此，学校要从多方面为学生提供职业生涯规划的教育，创造条件为学生提供全方位的指导和服务。

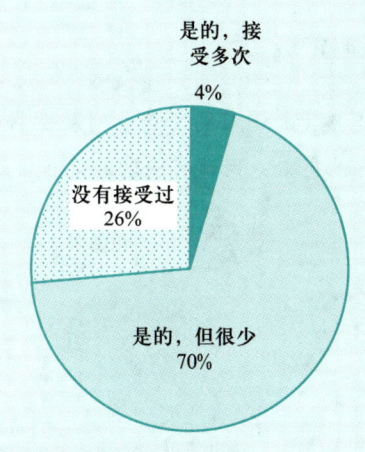

图 9-5　学生是否接受过职业咨询和职业生涯方面的指导

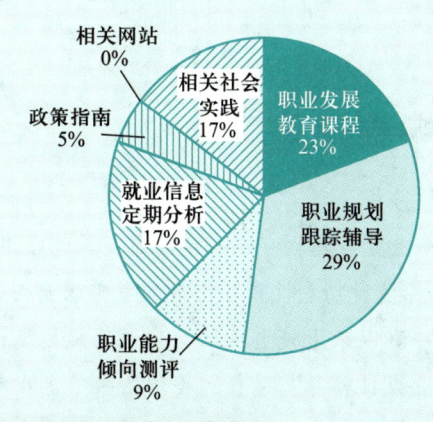

图 9-6　学生对学校提供职业生涯规划指导内容的期望

（五）高职学生就业情况

图 9-7 可以看出 40% 的学生就业压力大，担心找不到工作；30% 的学生缺乏清晰的职业规划，没有结合自身情况和市场标准就盲目择业，导致找不到合适的工作；23% 的学生认为自身能力、技能不符合企业用人的标准，只有 7% 的学生自信自己有能力解决就业。

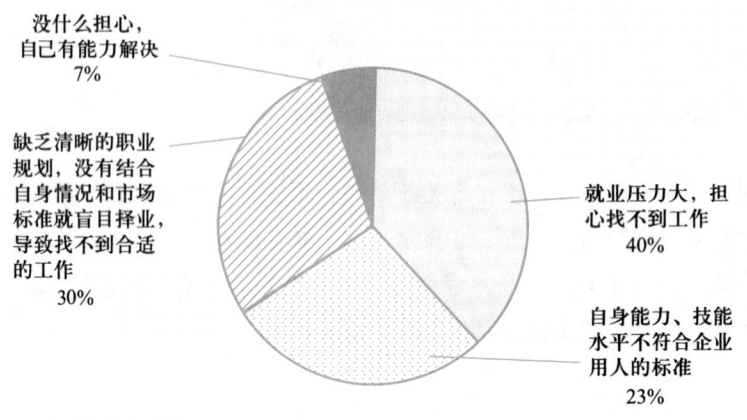

图 9-7　学生对就业担心的问题

图 9-8 调查显示只有 6% 还未确定自己的就业目标。可见，高职学生对自身的就业还存在些许的担心，但却有明确的就业目标和打算。

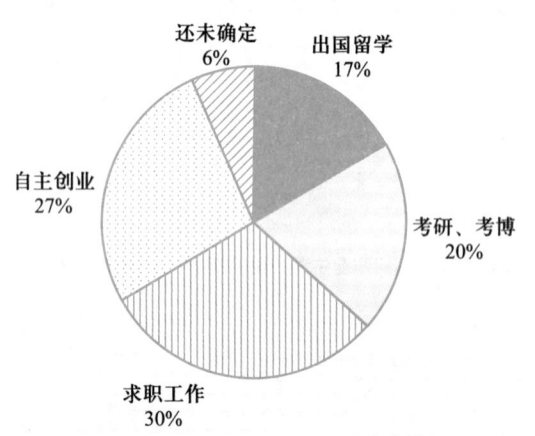

图 9-8　学生毕业后立即就业的打算

三、调查结果的分析

目前高职学生职业生涯规划存在一定问题，具体原因如下：

（一）学生选择专业时功利性较强，很少考虑职业兴趣和能力倾向

西方发达国家一直以来比较重视职业生涯的规划设计，许多国家的学校教育中设置了"职业设计辅导"课程。美国的孩子上八年级就要请专家为孩子进行职业兴趣分析。十几岁的孩子职业兴趣虽然没有定型，但通过系列职业实践活动，专家和老师会根据其显露出来的特征对其进行引导，从而达到

以兴趣、个性、能力帮助其选择专业和职业的目的。

相比之下，我国高中生在比较茫然的状态下被简单分为文科生和理科生，高考填报志愿时，大部分学生遵从父母的意愿进行填报，很少考虑职业兴趣和能力倾向问题，更多考虑的是薪金待遇和就业前景。同时，大学生对职业生涯设计与规划普遍不重视。据一份针对北京人文、经济类综合大学的在校大学生进行的一项调查显示：62%的大学生对将来的发展、工作、职业生涯没有规划，33%的大学生不明确，仅有5%的大学生有明确的规划。

（二）学生对职业生涯认识肤浅

在调查问卷中我们设置了"高职学生应如何设计自己的职业生涯"这一开放式问题，很多学生认为"要从自身实际出发，结合社会需要"或"为未来的职业方向确定一个明确目标"及"学好专业课、提高实践能力为职业发展打好基础"等，没有一位学生能明确、具体地描述自己的职业生涯设计方案。从中可以看出，在大多数学生的潜意识里已经形成了初步的职业规划想法，开始对未来的发展有所思考。但也有近1/3的同学表示"对未来一片茫然"或"还没想好"，也有极个别学生存在"车到山前必有路""是否规划无所谓"等错误的认识，急需加强引导。

（三）我国特有的国情，导致职业规划指导教育的缺失

我国就业指导工作起步比较晚，原因是我国高等教育自新中国成立以来一直实行按计划招生、统招统分的制度。几经改革该制度才发生了根本变化。进入到20世纪90年代中期，毕业生与用人单位的"双向选择、供需见面"的就业模式在全国普遍推行。这种状况导致各高校均普遍开展了一些就业指导活动，但对象仅限于即将毕业的学生，且就业指导的形式单一、内容比较简单。因此，学校实施职业生涯规划教育指导的力度普遍不够，既缺乏专业咨询和辅导，又缺乏条件保障和专业师资。

四、结论与建议

针对上述普遍性的问题提出以下几点建议：

（一）建立专业可行的职业指导机制，提供必要保障

学校应建立、健全职业生涯规划教育的工作机制，从制度上对职业生涯规划教育工作给予保障。出台职业生涯规划的相关规定，包括职业生涯指导的任务、内容、目标、计划、组织领导、条件保障、部门职责等，这些规定将成为学校全面开展学生职业生涯规划的保证和依据。同时，学校应为学生职业生涯规划指导工作提供必要的设施和经费支持，包括培训场地、辅导咨询室、测试软硬件设备等。

（二）提高师资力量，建立专业化师资队伍

目前配备专职职业规划教师的高职院校为数不多，职业生涯指导工作普遍归口在就业指导中心，教师多为兼职形式。职业生涯规划指导是就业指导

中的小部分内容，且多为针对即将毕业的学生，指导的时间不足且滞后。针对这一现象，各院校应建立一支以专职教师为主，兼职教师为辅，专、兼结合，以就业指导专职人员、学生辅导员、班主任和普通教师的全员育人体制的职业生涯规划指导队伍。同时，每一名学生从入校起就应配备一名职业规划导师作为该生在校期间的"职业导师"。帮助学生确立正确的职业意识，根据其个性及专业特点，辅助其设计适合自身发展的职业道路。

（三）开展多种形式的职业生涯规划活动

1. 全面开展职业兴趣测试，做好职业生涯规划

通过软件测试、专家咨询、情景模拟等手段，对学生的个性特点、兴趣倾向、职业发展潜能进行客观评价，帮助学生了解自己的性格、发现自己的兴趣、专长，全面了解自身智力水平及潜能，这对于辅导学生结合所学专业制定符合自身特点的职业发展规划非常有帮助。这也可以使学校的职业指导更具个性化，对职业兴趣倾向与专业不相符的学生，可以有针对性地采用多种形式在教学中逐步培养其兴趣，增强其学业成就感，让学生尽快地适应社会需要。

2. 从学生一入学就实施职业生涯规划教育

应将职业生涯规划教育贯穿于整个高职教育的全过程中，从学生一年级开始，就对他们进行职业生涯规划教育和指导。针对不同年级的特点，教育内容侧重点不同。大学一年级侧重学生对本专业的培养目标和就业方向的认识，大学二年级侧重职业素质的培养，鼓励学生参加各项社会实践活动，锻炼自己的综合能力；大学三年级侧重学生的专项指导，包括面试技巧、求职信的书写，组织学生参加招聘活动等。

3. 多提供交流机会与平台

邀请人力资源管理方面的专家来校座谈，或请本校优秀毕业生回母校演讲，感染、带动学生进一步思考如何有效地规划自己的职业生涯、怎样有效地度过大学时光，另外，还应多带领学生到企业参观学习，到人才市场亲身感受就业形势，这些都有利于学生建立理性的就业观念。

五、结束语

职业生涯规划是一项系统工程，高职院校要重视此项工作的开展，从机制建设入手，既要有合理的职业规划课程设置，又要形成专业化的师资队伍，再到多种形式活动的开展，从而有针对性地引导学生及早规划自己的职业生涯，确定职业奋斗目标，以便在竞争激烈的就业环境中找到合适的发展空间。

问题：

1. 请从报告的结构方面做出简要评述。
2. 你认为撰写报告时还应注意哪些问题？有哪些技巧可以运用？

分析：

1. 从报告的结构方面进行评价。作为市场调查报告的正文，该报告的结构基本上是完整的。有引言、调查情况、调查情况的分析、结论与建议等部分构成。但是由于一些管理者没有太多的时间阅读整个报告，想尽快了解整个报告的核心内容，所以该报告还需添加摘要；还应进一步说明调查方法与抽样的应用及局限性方面的内容。

2. 撰写报告时应注意：处理好篇幅和质量关系；避免解释不充分或不准确；把握不正确资料的取舍；避免提出不可行的建议；避免过度使用定量分析；合理利用版面设计；注意细节，消灭差错。

撰写市场调查报告，应掌握叙述技巧、说明技巧、议论技巧和语言运用技巧等方面。

课堂能力训练

1. 你同意市场调查报告应遵循客户导向原则吗？同样主题的调查报告提供给决策者和评审专家，在报告内容、结构和表达形式上有什么区别？

2. 为写一份《××大学食堂满意度调查》的调查报告，应做哪些准备工作？

3. 案例分析。

某区域餐饮状况及前景的调查分析

餐饮业是与人民生活息息相关的行业，其发展水平关系到人民的生活质量。某地区，是某市新开发的一个重要地点，正如我们所看到的，该地区的新区建设已经热闹地展开了，不久后一个高楼林立的新区将展现在大家面前。

面对大量的外来人口，该区域的餐饮业势必迎来蓬勃发展的机遇，面对这样的良好商业机会，不论是立足于该区域多年的老餐饮企业还是即将成立的新餐饮企业，势必要在这个庞大的市场中分一杯羹。这就需要政府部门在服务区设置时对这个市场有所了解，对于想要进军餐饮市场的企业对当前和未来的该区域餐饮市场要有清晰、理性的认识。所以，我们进行这项关于"某区域餐饮状况及前景的调查分析"。

一、调查背景和调查目的

为了响应某地开发战略，更好地了解该区域的餐饮企业基本情况、该区居民对餐饮的需求状况，以进一步了解该地区的餐饮市场，并对该地区的餐饮现状做出评估，从而对该区域未来的功能分区提出合理化建议。

二、调查意义

本次调查具有很强的市场性和实用性，能够为未来该区域的功能分区提出合理化建议，能够在一定程度上对未来新区的餐饮企业提供市场前景评估和预测。

三、调查对象和调查方法

（1）调查对象：此次对象分为两大类，一类为该区域居民（包含该区域内有餐饮需求的学生），一类为目前该地区的餐饮企业（以酒店、餐厅为主）。

（2）调查方法：本次调查采用抽样调查的方法。

四、问卷调查情况

本次调查共发放问卷 105 份，回收问卷 104 份，丢失问卷 1 份，作废问卷 4 份，修补问卷 3 份，实际有效问卷 100 份。

五、调查结果分析

（一）该区域消费者对目前餐饮业不满意

在接受调查的 100 位地区消费者中，有高达 68% 的人对该区的餐饮情况感到不满意，只有 32% 的人认为满意。

研究消费者不满意的原因，其中认为餐饮菜肴品质差的最多，高达 43%。其次有 36% 的消费者认为该地就餐环境差，有 5% 的消费者认为价格不合理，认为服务质量差的有 6%，而认为有其他原因的占到 10%，如图 9-9 所示。可见菜肴品质差是造成消费者不满意的最主要原因，而就餐环境差也是构造消费者不满意的重要原因。

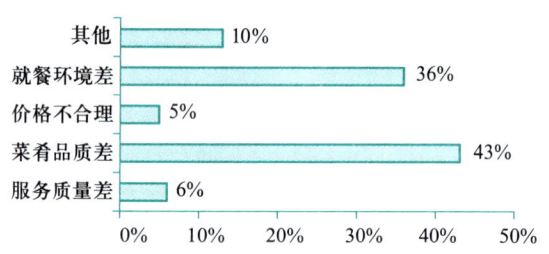

图 9-9　对餐饮不满意的原因

（二）性别差异与餐饮消费的关系

经过调查发现性别与餐饮消费有很大关系，在受访的 100 位消费者中，男性占到 55%，女性占 45%。

男性每月餐饮消费的次数平均为 37 次，而女性每月餐饮消费的次数平均只有 23 次，女性餐饮次数要远远小于男性的。

男性每次餐饮花费大多在 50~100 元每人，而女性每次餐饮花费大多集中在每人 50 元以内。

这些是与男性多社交活动和应酬有着紧密关系的。

（三）年龄差异与餐饮消费的关系

在受访者中，21—45 岁的消费者餐饮消费次数占总次数的比重最高，达到 77%，而其他年龄段的人群餐饮消费的次数要远低于 21—45 岁的消费者，如图 9-10。

可见年龄的差异与餐饮消费是有直接的关系的，儿童和老人对餐饮消费的需求不大，因为这两个年龄段的人大多时间都在家里，闲暇时间较多，不像中青年

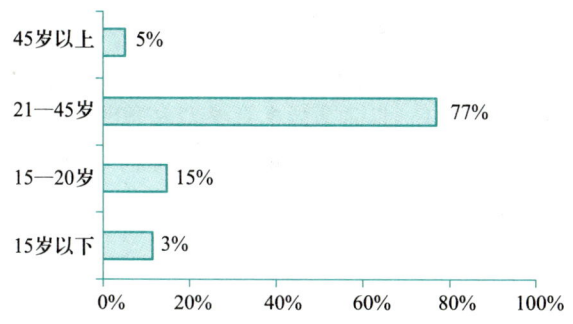

图9-10 不同年龄段的受访者所占餐饮消费次数的比重

人那样忙碌，有充足的时间在家里进行餐饮。

（四）收入水平差异是造成餐饮消费差异的重要原因

收入水平的不同造成餐饮消费差异的重要原因，收入水平较高的人群，其餐饮消费次数较多（如图9-11），消费档次及价格较高，其消费力较强。而收入水平偏低的人群，其餐饮消费次数较少（如图9-11），消费档次及价格也较低，其消费力稍弱。可见收入水平差异是造成餐饮消费差异的重要原因。

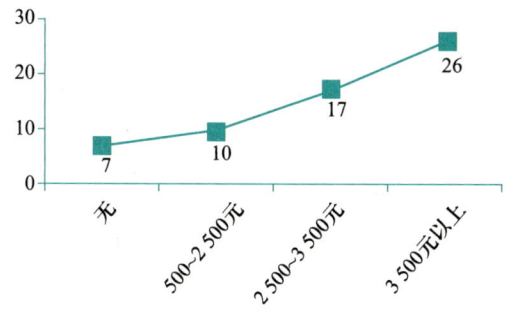

图9-11 收入水平与餐饮消费的关系

（五）该地区消费者餐饮消费的特点

经调查发现该地区消费者对于传统餐饮和快餐都很喜欢，但喜欢传统餐饮的人要多一些。如图9-12。

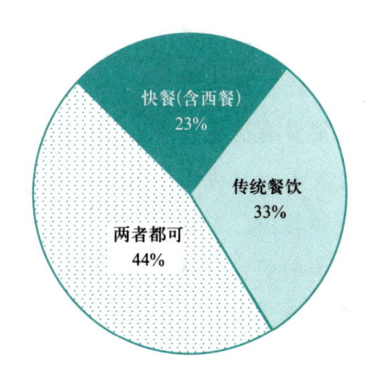

图9-12 消费者喜欢的餐饮类型

居民在与亲朋好友聚会时去餐馆的情况最多，占到所有情况的43%，逛街休闲时去餐馆的情况的比重为33%，上班上学时所占比重为10%。总体而言，选择区餐馆的情况多种多样，以亲朋好友聚餐尤为突出。经调查分析，去饭店就餐五个人以上一起占到10%，3—4个人占到26%，两个人占60%，超过调查人数的一半，有4%的人一个人去就餐的。总体来说两人就餐情况最多（如图9-13）。

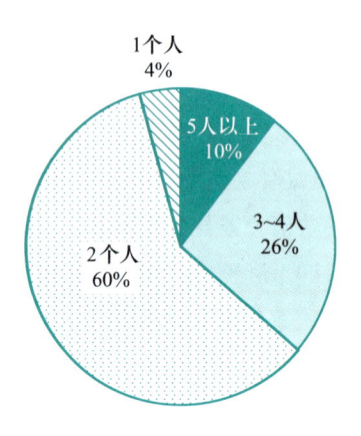

图9-13 就餐人数

通过调查，有高达45%的人喜欢东北菜，喜欢川菜的有12%，有30%的人更喜欢火锅，喜欢粤菜的有7%，其他的人占到6%。

（六）未来该地区餐饮业有较好的发展形势

在本次受访的100人中，男性占到55%，女性占45%。其中有高达70%的受访者认为未来该地的餐饮业能够得到较好发展，比较看好未来餐饮业的发展形势；只有20%的受访者认为未来的餐饮业不能够得到较好发展。

六、结论和建议

（一）结论

（1）从整体来说该地区消费者对目前的餐饮业是不满意的，不满意的原因也是多种多样的。

（2）性别差异和年龄差异与餐饮消费存在一定的关系，但造成餐饮消费差异的最重要原因是收入水平差异。

（3）该地区消费者餐饮消费有很多特点，比如喜欢传统餐饮的人要多于喜欢西餐的人，居民在与亲朋好友聚会时去餐馆的情况最多。从总体来说两人就餐情况要多于其他人。喜欢的菜种较多，东北菜、川菜、火锅、粤菜最受欢迎。

（4）未来该地区餐饮业有较好的发展形势，居民很看好其发展形势。更多的居民需要的餐饮类型以中餐为主。

（二）建议

（1）针对该地区餐饮的现状和不满意的原因，餐饮企业要努力提升餐饮质量，改善就餐环境，来吸引客流。

（2）餐饮企业要针对该地居民餐饮消费的特点，进一步制定出相应的措施，把握好主流市场，有针对性经营，提供利润。

（3）想要进一步开拓市场的餐饮企业，要充分迎合消费者的需要，把有限的资金投入到消费者最关心的环节，开办些中高档的餐饮场所，提升服务质量，营造发展机会。

七、附录（略）

以上案例是某高职院校学生按照老师任务安排进行的调查报告实例，请同学们讨论并思考：

（1）这是一份合格的调查报告吗？列出评价这份报告的标准，并加以说明。

（2）讨论报告的几个组成部分，如何修改和完善。

（3）在一份市场调查报告中哪些内容需要重点阐述，哪些内容可以略写？

职业资格与技能同步训练

一、单项选择题

1. 完成市场调查报告时，应在（　　）部分点明报告的主题。
   A. 标题　　　B. 目录表　　　C. 概要　　　D. 正文
2. 市场调查报告主要是指（　　）。
   A. 基础部分　　　　　　　B. 供管理人员使用的报告
   C. 专题报告　　　　　　　D. 供出版使用的报告
3. 市场调查报告是市场调查与分析的（　　）。
   A. 阶段性成果　　　　　　B. 最终成果
   C. 初始成果　　　　　　　D. 以上都不是
4. 撰写结论与建议的要求是（　　）。
   A. 多用专业术语　　　　　B. 用图表提出结论
   C. 简明扼要　　　　　　　D. 可以大篇幅提出
5. （　　）以一定类型的载体，反映市场状况的有关信息，包括调查与分析结论和建议的形式，是整个市场调查与分析工作最终成果的集中表现。
   A. 市场调查报告　　　　　B. 市场调查报告标题
   C. 市场调查报告摘要　　　D. 市场调查报告的结论与建议

二、多项选择题

1. 调查报告的类型包括（　　　　）。
   A. 一般性报告　　　　　　　　B. 专题报告
   C. 研究性报告　　　　　　　　D. 说明性报告

2. 市场调查报告标题的形式有（　　　　）。
   A. 直叙式标题　　　　　　　　B. 表明观点式标题
   C. 提问式标题　　　　　　　　D. 反问式标题

3. 市场调查报告的目录一般包括（　　　　）。
   A. 摘要　　　　　　　　　　　B. 调查概况
   C. 研究方法　　　　　　　　　D. 调查结果分析
   E. 结论及建议　　　　　　　　F. 附件

4. 引言即调查报告的开头，引言的形式有（　　　　）。
   A. 开门见山，直奔主题　　　　B. 交代情况，逐层分析
   C. 结论先行，逐步论证　　　　D. 提出问题，引入正题

5. 市场调查报告的沟通方式主要有（　　　　）。
   A. 书面呈交方式　　　　　　　B. 口头汇报方式
   C. 正式沟通方式　　　　　　　D. 非正式沟通方式

6. 市场调查报告中语言表述要注意的问题有（　　　　）。
   A. 用词精确　　　　　　　　　B. 简明扼要
   C. 通俗易懂　　　　　　　　　D. 严谨、简明和通俗

综合实训

文本资源：
学生完成市场调查报告撰写作品欣赏

【实训目的】
1. 通过本项目训练，让学生掌握市场调查报告撰写格式和内容。
2. 通过本项目的训练，让学生体验调查报告撰写技巧。
3. 提高学生的文字表达能力，进而提高学生的综合素质。

【实训内容与要求】
1. 各小组根据前面所做的调查项目，在已完成的调查资料的收集与数据的分析成果基础上，撰写该项目的调查报告。
2. 作业完成时间：在调查实施完成后 7 天内上交。
3. 作业以电子文本 Word 附件和 PPT 等格式提交给教师。

【实训步骤】
1. 以小组为单位，做好市场调查报告前的准备工作。
2. 组长将共用的市场调查数据分析资料汇总，并向组员讲解。

3. 每位组员根据所提供的资料进行市场调查报告撰写。

4. 组长听取小组成员调查报告结果，并汇总撰写小组的市场调查报告和演示文稿。

5. 小组之间进行交流，每个小组推荐 1 人进行介绍。

6. 由教师对学生根据所提交调查报告和现场介绍的情况进行评估打分。

【实训形式】

以小组为单位，分工协作，在老师的指导下完成。

【考核要点】

1. 市场调查报告的结构是否符合要求。

2. 市场调查报告的完整性。

3. 在撰写市场调查报告时的技巧应用。

4. 学习小组的团队合作能力。

参考文献

[1] 赵轶. 现代市场调查与预测：理论、实务与技能实训 [M]. 北京：中国人民大学出版社，2017.

[2] 杜明汉，刘巧兰. 市场调查与预测——理论、实务、案例、实训 [M]. 3版. 大连：东北财经大学出版社，2017.

[3] 刘学明. 汽车市场调查与预测 [M]. 重庆：重庆大学出版社，2017.

[4] 郑方华. 营销策划——技能案例训练手册 [M]. 北京：机械工业出版社，2016.

[5] 李灿. 市场调查与预测 [M]. 北京：清华大学出版社，2012.

[6] 孟蕾，李宏伟. 市场调查与预测 [M]. 2版. 北京：清华大学出版社，2019.

[7] 王秀娥，夏冬. 市场调查与预测 [M]. 北京：清华大学出版社，2012.

[8] 杨静. 市场调研基础与实训 [M]. 北京：机械工业出版社，2011.

郑重声明

高等教育出版社依法对本书享有专有出版权。任何未经许可的复制、销售行为均违反《中华人民共和国著作权法》，其行为人将承担相应的民事责任和行政责任；构成犯罪的，将被依法追究刑事责任。为了维护市场秩序，保护读者的合法权益，避免读者误用盗版书造成不良后果，我社将配合行政执法部门和司法机关对违法犯罪的单位和个人进行严厉打击。社会各界人士如发现上述侵权行为，希望及时举报，本社将奖励举报有功人员。

反盗版举报电话 （010）58581999 58582371 58582488
反盗版举报传真 （010）82086060
反盗版举报邮箱 dd@hep.com.cn
通信地址 北京市西城区德外大街4号
　　　　 高等教育出版社法律事务与版权管理部
邮政编码 100120

防伪查询说明

用户购书后刮开封底防伪涂层，利用手机微信等软件扫描二维码，会跳转至防伪查询网页，获得所购图书详细信息。用户也可将防伪二维码下的20位密码按从左到右、从上到下的顺序发送短信至106695881280，免费查询所购图书真伪。

反盗版短信举报

编辑短信"JB,图书名称,出版社,购买地点"发送至10669588128

防伪客服电话

（010）58582300

资源服务提示

访问国家精品开放课程共享平台——爱课程网（http://www.icourses.cn），以前未在本网站注册的用户，请先注册。用户登录后，在"资源共享课"频道搜索本书对应课程"市场调查与分析"进行在线学习。用户可以在爱课程网主页下载移动客户端，在线学习本书对应课程的教学视频。

授课教师如需获得本书配套教辅资源，请登录"高等教育出版社产品信息检索系统"（http://xuanshu.hep.com.cn/）搜索下载，首次使用本系统的用户，请先注册并进行教师资格认证。

也可电邮至资源服务支持邮箱：songchen@hep.com.cn，申请获得相关资源。

欢迎加入高教社市场营销专业教学研讨交流QQ群：20643826